高职高专示范专业课程改革创新教材

电控柴油发动机结构原理与维修

第 2 版

杨维俊　主编

机械工业出版社

本书首先对电控柴油发动机控制系统的基本组成、控制原理及控制功能进行了讲解，然后以电控柴油机为研究对象，详细地介绍了直列柱塞泵和分配泵燃油喷射系统、电控泵喷嘴和电控单体泵燃油喷射系统、共轨式电控燃油喷射系统的结构原理及相关检修方法；并对电控柴油发动机传感器、进排气控制系统的结构原理及检修方法进行了深入与细致的讲解；同时对电控柴油发动机的故障诊断方法进行了总结。

本书许多检测数据都经过实测验证，并配有故障案例分析。本书适合汽车维修人员、汽车维修专业的师生作为汽车维修的参考书使用，也适合汽车维修企业相关的管理人员参考阅读。

图书在版编目（CIP）数据

电控柴油发动机结构原理与维修/杨维俊主编. —2版. —北京：机械工业出版社，2020.6（2024.7重印）
高职高专示范专业课程改革创新教材
ISBN 978-7-111-65857-3

Ⅰ.①电… Ⅱ.①杨… Ⅲ.①汽车—电子控制—柴油机—构造—高等职业教育—教材　②汽车—电子控制—柴油机—车辆修理—高等职业教育—教材　Ⅳ.①U464.172.03　②U472.43

中国版本图书馆CIP数据核字（2020）第102283号

机械工业出版社（北京市百万庄大街22号　邮政编码100037）
策划编辑：赵海青　　责任编辑：赵海青　刘　煊
责任校对：王　延　　封面设计：陈　沛
责任印制：单爱军
北京虎彩文化传播有限公司印刷
2024年7月第2版第5次印刷
184mm×260mm·15.25印张·371千字
标准书号：ISBN 978-7-111-65857-3
定价：49.00元

电话服务　　　　　　　　　网络服务
客服电话：010-88361066　　机　工　官　网：www.cmpbook.com
　　　　　010-88379833　　机　工　官　博：weibo.com/cmp1952
　　　　　010-68326294　　金　书　网：www.golden-book.com
封底无防伪标均为盗版　　　机工教育服务网：www.cmpedu.com

前　言

随着电子技术的不断提升与广泛应用，柴油机在我国的装车率越来越高，这个行业的人才需求量也越来越大。为了适应企业与市场的需求，同时为了实现学子从校园到职场的顺利转型，我们编写了本书。

为了保证书中检测数据的真实可靠，编者尽可能通过实践进行了检验，以体现本书的权威性，并且为了配合不同层次读者的需求，本书配备了大量的图片，在大部分章末都配有相关的故障案例，以保证读者的准确理解与学习。本书为《电控柴油发动机结构原理与维修》第2版，第1版发行之后深受广大读者的欢迎，在第2版编写过程中，我们继续保持第1版的风格，并增加不少新内容，同时对之前书中存在的不足进行了修改。相信与第1版相比，本书一定能够"更上一层楼"。

本书在第一章对电控柴油发动机的基本知识进行了讲解；第二、三、四章则由浅入深地对电控柴油发动机常见的燃油喷射系统进行了讲解；第五、六章对电控柴油发动机的传感器、进排气系统的原理及检测方法进行了讲解；第七章则从总体的角度全方位地对柴油发动机的维修方法与思路进行讲解。相信本书的出版一定会给广大读者技术的提高带去新的助力。

本书由杨维俊主编，孟媛媛、孟军、赵明参加了编写，在编写过程中，我们参考了许多著作及技术资料，在这里向著作及技术资料的编写者表示衷心的感谢。由于编者水平有限，在编写过程中难免出现不足与纰漏之处，敬请广大读者批评指正。

编　者

目　　录

前言
第一章　了解电控柴油发动机 ………………………………………………………………… 1
　任务一　了解电控柴油发动机的优点与分类 ……………………………………………… 1
　　一、电控柴油发动机的优点 ………………………………………………………………… 1
　　二、柴油机电控喷油系统的分类 …………………………………………………………… 2
　任务二　掌握柴油机电子控制系统的组成及控制原理 …………………………………… 7
　　一、柴油机电子控制系统的组成 …………………………………………………………… 7
　　二、柴油机电子控制系统的控制原理 ……………………………………………………… 9
　任务三　掌握电控柴油发动机的控制内容及功能 ………………………………………… 10
　　一、燃油喷射的控制 ………………………………………………………………………… 10
　　二、怠速的控制 ……………………………………………………………………………… 10
　　三、废气涡轮增压控制 ……………………………………………………………………… 10
　　四、进气控制 ………………………………………………………………………………… 11
　　五、废气再循环控制 ………………………………………………………………………… 11
　　六、故障自诊断控制 ………………………………………………………………………… 11
　任务四　掌握柴油发动机基础理论 ………………………………………………………… 12
　　一、汽油机与柴油机的异同 ………………………………………………………………… 12
　　二、柴油的型号识别 ………………………………………………………………………… 12
　　三、柴油的环保及使用注意事项 …………………………………………………………… 13
　　四、柴油机的工作原理 ……………………………………………………………………… 13
　　五、燃烧的四个阶段及对混合气的要求 …………………………………………………… 14
　　六、柴油的性能指标 ………………………………………………………………………… 15
　　七、柴油机燃烧室 …………………………………………………………………………… 16
　复习与思考 ……………………………………………………………………………………… 17
第二章　掌握直列柱塞泵和分配泵燃油喷射系统结构原理及故障检修 …………………… 19
　任务一　知道普通柴油机燃料供给系统的组成 …………………………………………… 19
　　一、燃油供给装置 …………………………………………………………………………… 19
　　二、空气供给装置 …………………………………………………………………………… 26
　　三、混合气形成装置 ………………………………………………………………………… 28
　　四、废气排放装置 …………………………………………………………………………… 28
　　五、普通柴油发动机燃料供给系统的保养与检修 ………………………………………… 29
　任务二　掌握普通直列柱塞泵燃油喷射系统的结构原理与故障检修 …………………… 31
　　一、柱塞分泵 ………………………………………………………………………………… 33
　　二、油量调节机构 …………………………………………………………………………… 35

三、分泵的传动机构 ………………………………………………………………… 36
　　四、泵体 ……………………………………………………………………………… 37
　　五、调速器 …………………………………………………………………………… 37
　　六、联轴器与供油提前角调节装置 ………………………………………………… 42
　　七、普通直列柱塞泵的拆装与检查 ………………………………………………… 43
　任务三　掌握电控直列柱塞泵燃油喷射系统的组成及结构原理 ………………………… 45
　　一、电控直列柱塞泵燃油喷射系统的特点 ………………………………………… 45
　　二、直列柱塞泵电控系统控制原理 ………………………………………………… 46
　　三、直列柱塞泵电控系统组成及工作过程 ………………………………………… 46
　任务四　掌握普通分配泵燃油喷射系统的结构原理与故障检修 ………………………… 50
　　一、分配（VE）泵主要零件 ………………………………………………………… 50
　　二、供油分配过程 …………………………………………………………………… 53
　　三、喷油量的调节 …………………………………………………………………… 55
　　四、喷油提前角的调整 ……………………………………………………………… 55
　　五、电磁式停油装置 ………………………………………………………………… 56
　　六、分配泵的检修 …………………………………………………………………… 56
　任务五　掌握电控分配泵燃油喷射系统的组成及结构原理 ……………………………… 58
　　一、电子控制分配泵的结构 ………………………………………………………… 58
　　二、电子控制分配泵工作原理 ……………………………………………………… 59
　任务六　实践总结 …………………………………………………………………………… 61
　　一、五十铃汽车发动机不能熄火故障排除 ………………………………………… 61
　　二、五十铃汽车发动机动力不足故障排除 ………………………………………… 62
　　三、五十铃汽车起动困难故障排除 ………………………………………………… 62
　　四、五十铃热车难起动故障排除 …………………………………………………… 63
　　五、柴油机冒白烟故障排除（一） ………………………………………………… 63
　　六、柴油机冒白烟故障排除（二） ………………………………………………… 64
　　七、捷达柴油轿车，更换喷油泵后无法起动故障排除 …………………………… 64
　　八、东风康明斯柴油车动力不足，排气有黑色烟雾故障排除 …………………… 65
　　九、EQ2102 牵引车动力不足，加速不良故障排除 ……………………………… 65
　复习与思考 …………………………………………………………………………………… 65
第三章　掌握电控泵喷嘴和电控单体泵燃油喷射系统结构原理与故障检修 ……………… 67
　任务一　掌握电控泵喷嘴燃油喷射系统结构原理与故障检修 …………………………… 67
　　一、泵喷嘴燃油供给系统低压部分 ………………………………………………… 68
　　二、泵喷嘴燃油供给系统高压部分 ………………………………………………… 73
　　三、泵喷嘴燃油供给系统的工作原理 ……………………………………………… 76
　　四、泵喷嘴电子控制系统的控制原理 ……………………………………………… 77
　　五、电控泵喷嘴燃油喷射系统的检修 ……………………………………………… 78
　任务二　掌握电控单体泵燃油喷射系统结构原理与故障检修 …………………………… 84
　　一、电控单体泵燃油喷射系统的优点 ……………………………………………… 84

二、电控单体泵燃油喷射系统的组成 85
三、电控单体泵系统的检修 87
四、锡柴国Ⅲ系列发动机电控单体泵系统控制功能及故障分析 89

任务三 实践总结 93
一、宝来轿车TDI柴油发动机不易起动故障排除 93
二、厦门金龙旅行客车电控柴油机不能起动故障排除 93
三、大柴CA4DF3电控柴油机加速不良故障排除 95
四、道依茨电控单体泵柴油机加速踏板无反应故障排除 95
五、道依茨电控单体泵柴油机抖动故障排除 96
六、道依茨电控单体泵柴油机起动困难故障排除 96

复习与思考 96

第四章 掌握共轨式电控燃油喷射系统结构原理与故障检修 98

任务一 了解共轨式燃油控制系统 98
一、电控共轨式燃油喷射系统的优点 98
二、电控共轨式燃油控制系统的分类 99

任务二 电子控制高压共轨燃油喷射系统组成及工作原理 100
一、低压部分 101
二、高压部分 102
三、电子控制部分 111

任务三 掌握电子控制中压共轨燃油喷射系统 112
一、美国卡特匹勒公司开发的HEUI型电控喷油系统 112
二、美国BKM公司开发的Servojet型电控喷油系统 114

任务四 掌握高压共轨柴油发动机的检修 114
一、高压共轨柴油发动机维护 114
二、高压共轨柴油发动机的维修注意事项 117
三、部件安装的注意事项 117
四、高压共轨系统的常见故障排除 118

任务五 实践总结 122
一、长城汽车功率不足故障排除 122
二、长城2.8TC发动机难起动故障排除 122
三、华泰汽车急加速熄火故障排除 123
四、华泰汽车冷起动困难故障排除 123
五、玉柴6J电控柴油机起动困难故障排除 123
六、玉柴国Ⅲ发动机突然熄火,不能起动故障排除 124
七、陕汽WP10-336发动机无法起动故障排除 125
八、华泰圣达菲加速不良、行驶时熄火故障排除 126
九、潍柴发动机"跛行回家"故障排除 126

复习与思考 126

第五章 掌握电控柴油机常见传感器结构原理及检修方法 128

任务一 掌握温度传感器的结构原理及检修方法 128

目录

一、发动机冷却液温度传感器 ·· 129
二、排气温度传感器 ··· 130
三、燃油温度传感器 ··· 130
四、进气温度传感器 ··· 131
五、温度传感器的检测 ·· 131

任务二　掌握位置传感器的结构及检修方法 ··· 132
一、曲轴位置传感器 ··· 132
二、凸轮轴位置传感器 ·· 135
三、加速踏板位置传感器 ··· 138
四、针阀升程传感器 ··· 140
五、齿杆位移传感器 ··· 142

任务三　掌握压力传感器的结构原理及检修方法 ·· 145
一、共轨压力传感器 ··· 145
二、机油压力传感器 ··· 147
三、进气歧管压力传感器 ··· 148
四、大气压力传感器 ··· 150
五、燃烧压力传感器 ··· 151

任务四　掌握车速传感器的结构原理及检修方法 ·· 151
一、车速传感器结构原理 ··· 151
二、车速传感器检测方法 ··· 155

任务五　掌握空气流量传感器的结构原理及检修方法 ·· 156
一、热线式空气流量传感器 ·· 156
二、热膜式空气流量传感器 ·· 158
三、空气流量传感器的检修 ·· 158

任务六　掌握气体浓度传感器的结构与工作原理 ·· 159
一、氧传感器 ·· 159
二、柴油机排烟传感器 ·· 163

任务七　掌握其他传感器的结构原理与检修方法 ·· 165
一、着火正时传感器 ··· 165
二、含水率传感器 ·· 165
三、离合器开关信号 ··· 167
四、制动灯开关和制动踏板开关 ·· 167
五、空调开关 ·· 167

任务八　实践总结 ·· 167
一、宇通客车途中熄火，无法起动故障排除 ·· 167
二、宇通客车不能起动故障排除 ·· 168
三、福特轿车行驶中熄火，起动困难故障排除 ··· 168
四、朝柴发动机无法起动故障排除 ··· 168
五、锡柴国Ⅲ电控柴油机低速时，间歇性矬车故障排除 ··· 169

六、6DF3 发动机加速不良故障排除 169
　　七、奥铃汽车行驶中突然熄火，不能起动故障排除 169
　　八、安凯客车高速行驶动力不足故障排除 170
　　九、潍柴发动机"跛行回家"故障排除 170
　复习与思考 171

第六章　掌握柴油机的进排气控制系统结构原理及检修方法 172
　任务一　掌握柴油机的空气预热系统结构原理及检修方法 172
　　一、分类 172
　　二、进气预热系统的控制 176
　　三、预热系统电路 176
　　四、预热塞的检修 177
　任务二　掌握柴油发动机常见的进气控制系统 178
　　一、进气节流控制系统 178
　　二、进气涡流控制系统 179
　　三、怠速控制系统 181
　任务三　掌握柴油机的增压控制系统结构原理及检修方法 182
　　一、废气涡轮增压系统 182
　　二、可变截面涡轮增压器 188
　　三、其他增压控制 190
　任务四　掌握柴油机废气再循环控制系统结构原理与检修方法 191
　　一、废气再循环控制系统的作用 191
　　二、废气再循环系统的分类 191
　　三、废气再循环的故障表现 192
　　四、废气再循环系统诊断的注意事项 192
　　五、废气再循环系统的诊断 193
　任务五　掌握柴油机尾气净化处理系统 193
　　一、柴油机的尾气及危害 193
　　二、常用的控制手段 194
　任务六　实践总结 197
　　一、捷达 SDI 柴油车加速无力故障排除 197
　　二、捷达 SDI 柴油车熄火后无法起动故障排除 198
　　三、捷达 CDX 柴油车熄火后不能起动故障排除 198
　　四、捷达 SDI 柴油车加速无力，偶尔冒黑烟故障排除 199
　　五、捷达柴油车，发动机舱内有异响，加速无力且费油故障排除 200
　复习与思考 200

第七章　电控柴油发动机的故障排除方法 202
　任务一　了解柴油机故障检修的基础知识 202
　　一、柴油机汽车使用注意事项 202
　　二、冬季柴油汽车使用注意事项 203

三、柴油机燃油供给系统的维修注意事项 …… 204
四、柴油机电控系统维修注意事项 …… 204
五、柴油机故障诊断的必备条件 …… 205
六、故障诊断基本原则 …… 205
七、电控柴油机故障诊断的一般程序 …… 206

任务二　掌握基础方法对电控柴油发动机进行故障检修 …… 207
一、直观诊断法 …… 207
二、故障征兆的模拟试验方法 …… 208
三、观察法 …… 209
四、听诊法 …… 209
五、断缸法 …… 209
六、替换法 …… 210
七、万用表检测法 …… 210

任务三　掌握自诊断法对电控柴油发动机进行故障检修 …… 211
一、通过故障指示灯读取故障码 …… 211
二、通过专用故障诊断仪读取故障描述 …… 212

任务四　掌握数据流分析法对电控柴油发动机进行故障检修 …… 212
一、数据流常用分析方法 …… 213
二、利用数据流排除间歇性故障 …… 213
三、使用电脑通信方式获得数据流 …… 214
四、数据流分类 …… 214
五、数据流分析举例 …… 214

任务五　电控柴油发动机常见故障诊断方法 …… 216
一、电控柴油发动机不能起动及起动困难 …… 216
二、发动机减速或自动熄火 …… 217
三、发动机动力不足或加速不良 …… 217
四、跛行回家 …… 217

任务六　实践总结 …… 218
一、五十铃汽车发动机动力不足故障排除 …… 218
二、锡柴国Ⅲ电控柴油机功率不足故障排除 …… 218
三、亚星客车一加油就熄火故障排除 …… 218
四、锡柴国Ⅲ柴油发动机起动困难故障排除 …… 219
五、锡柴国Ⅲ柴油发动机不着火故障排除 …… 219
六、依维柯国Ⅲ共轨柴油机加速无力故障排除 …… 219
七、解放汽车无法起动故障排除 …… 220

复习与思考 …… 220

附录　捷达电控柴油车电路图 …… 222
参考文献 …… 231

第一章 了解电控柴油发动机

学习目标：

1. 了解电控柴油发动机的优点与分类
2. 掌握电控柴油发动机的组成及控制原理
3. 掌握电控柴油发动机的控制内容及功能
4. 掌握电控柴油发动机的重要基础理论

★★★ 任务一 了解电控柴油发动机的优点与分类 ★★★

知识链接

普通柴油机具有热效率高、功率范围宽、适应性好等优点，被广泛应用在现代建设的各个领域，在大功率车用发动机中居主导地位（如大货车、大客车等）。但柴油机同时也存在振动、噪声大，排放污染严重以及冷起动困难等缺点，这些缺点使得柴油机在整个车用发动机的竞争中仍处于劣势。

自20世纪70年代以来，电子技术在汽车上的应用不断增加，世界上许多发达国家的汽车公司竞相开发柴油机电子控制系统（如英国卢卡斯公司、德国博世公司、奔驰汽车公司、美国通用的底特律柴油机公司、康明斯公司、日本五十铃汽车公司等），柴油机电子控制系统在汽车上的应用（见图1-1），使得柴油发动机各方面的性能都得到明显提高，在汽车上的应用比例也日益提高。

一、电控柴油发动机的优点

与普通柴油发动机相比，电控柴油发动机有着许多的优点，具体见表1-1。

表1-1 电控柴油发动机的优点

优点	相 关 说 明
动力性和经济性提高	普通柴油发动机机械磨损较为严重，会使喷油量、喷油正时产生较大的误差，动力性和经济性较差
	电控柴油机的电子控制单元（ECU），能根据各种传感器信号精确计算喷油量和喷油正时，不会产生机械误差，从而可以提高柴油机的动力性和经济性

（续）

优点	相 关 说 明
排放性提高	普通柴油发动机由于不能对喷油量和喷油正时进行精确控制，因此污染较大 电控柴油机可精确控制喷油量和喷油正时，使发动机在稳态及瞬态工况下的烟度大大降低，从而提高汽车的排放性能。此外，电控柴油机还采用选择性催化还原技术，可有效地减少和抑制颗粒物和氮氧化物，或采用微粒捕集器技术有效地减少颗粒物以降低排放量
低温起动性得到改善	为了改善柴油机的冷起动性能，柴油车上一般加装有起动预热系统，普通柴油发动机起动预热系统需要人工操作 电控柴油机进气预热装置由电控单元直接控制。发动机在低温起动时，由电控单元直接对预热装置进行控制，使柴油机能够低温快速起动，极大地改善了柴油机低温起动性能
运转平稳性提高	电控柴油机取消了机械式调速器，改用电子调速器。电子调速器响应性良好，无论负荷怎样增减，都不会使发动机运转产生波动，保证发动机运转平稳
ECU的适应性广	只要改变ECU的控制程序和数据，即对ECU重新编程，一种喷油泵就能广泛地应用在各种柴油机上。柴油机的燃油喷射技术可与变速器控制、怠速控制等各种控制系统进行组合，实行集中控制，缩短柴油机电控系统开发周期，并可降低成本，从而扩大柴油机电控系统的应用范围
维修变得相对简单	ECU能够不断对柴油机电控系统中的传感器、执行器和连接线路进行监测，当传感器及其连接电路出现故障时，ECU会确定故障，并以故障码的形式进行存储，为排除故障带来方便

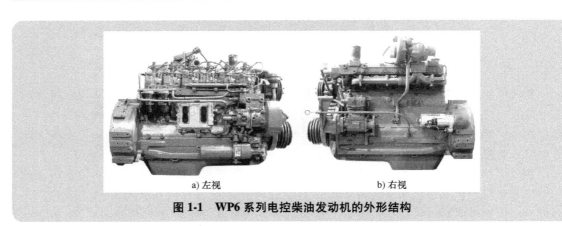

a）左视　　　　　　　　　　b）右视

图1-1　WP6系列电控柴油发动机的外形结构

二、柴油机电控喷油系统的分类

1. 按喷油量控制方式分类

随着柴油机电控技术的发展，从20世纪70年代开始至今，已先后在普通柴油机的基础上推出了位置控制式燃油系统、时间控制式燃油系统、时间-压力控制式燃油系统三代产品（见图1-2）。

（1）位置控制式燃油系统

位置控制式燃油系统可分为直列柱塞泵式和分配（VE）泵式两种，下面以直列柱塞泵式为例进行说明。

普通直列柱塞泵柴油机喷油量的大小通过机械方式进行控制，即由喷油泵柱塞顶面封住径向油孔到柱塞斜槽露出油孔的距离来决定，也就是由喷油泵的供油有效行程决定（见图1-3）。驾驶员踩下加速踏板，拉动控制齿条使柱塞转动，改变柱塞与开有回油孔的柱塞套筒的相对位置，增加或减小柱塞的供油有效行程，从而调节喷油量。加速踏板通过调速器与控制齿条联动，根据发动机的转速和负荷的变化调节供油量。喷油正时则由安装在发动机和喷油泵之间的供油提前角自动调节器，根据发动机的转速调节凸轮轴的相对位置来调节。所以供油量、喷油正时的控制精度、供油特性、响应性等较差。

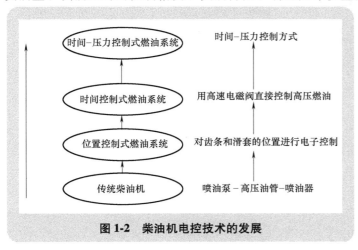

图 1-2　柴油机电控技术的发展

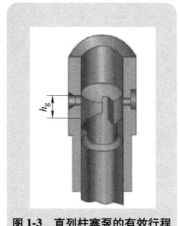

图 1-3　直列柱塞泵的有效行程
h_g—柱塞的有效行程

第一代位置控制式燃油系统的主要特点是保留了大部分传统的燃油系统部件，如普通柴油机的高压油泵、高压油管、喷油器、控制齿条、齿圈、滑套、柱塞上的螺旋槽等油量控制机构，只是对齿条或滑套的移动位置进行电子控制。用电子调速器代替了传统机械式离心调速器，用发动机转速传感器和加速踏板位置传感器代替了原有的转速和负荷传感机构（如离心飞块、真空室等），用 ECU 控制的电子执行机构代替了机械离心式调速执行机构和加速踏板传动机构，使得供油量的调整更为灵敏和精确。

（2）时间控制式燃油系统

位置控制式燃油系统的特点是以模拟量来控制执行元件的工作，通过对喷油泵油量控制机构的定位来获得所需的供油量。控制供油量的反馈信号由模拟信号传感器检测，ECU 对模拟信号进行 A/D 转换后才能处理，所以供油量控制精度和执行元件的响应速度也较差。在位置控制方式中，所用的电子调速器也是由部分机械装置完成对喷油泵的调节，这也会降低控制精度和响应速度。采用时间控制方式，可以弥补这方面的不足。

时间控制式燃油系统保留了普通柴油机燃油系统的组成和结构，通过新增加的传感器、ECU 和高速电磁阀（执行器）组成的数字式调节系统，由高速电磁阀直接控制高压燃油的喷射正时和喷油量。电磁阀关闭，执行喷油，电磁阀打开，喷油结束。因此，喷油量和喷油正时是由电磁阀通电时间和通电时刻来控制的（在电控泵喷嘴燃油系统和电控单体泵燃油喷射系统中，就是采用时间控制式，电控单元通过对电磁阀的控制，即可实现喷油量和喷油正时的控制，见图 1-4）。时间控制式燃油系统控制自由度大，供油加压和供油调节在结构上相互独立，可以简化喷油泵的结构，泵的强度得到提高，高压燃油喷射能力加强。它的不足之处在于供油压力不好控制。

（3）时间-压力控制式燃油系统

时间-压力控制式燃油系统，即电控共轨系统。在电控高压共轨系统中（见图 1-5），各

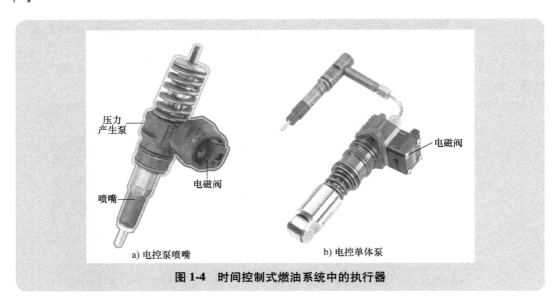

图1-4 时间控制式燃油系统中的执行器

缸喷油器共用一个高压共轨（又称高压蓄能器），这个高压共轨是用无缝钢管制成的，用于储存高压燃油（见图1-6）。在高压共轨系统中，电控单元直接对电磁喷油器的喷油量、喷油正时、喷油速率和喷油规律、喷油压力等进行时间-压力控制。高压油泵并不直接与喷油器连接，它的主要作用是向共轨油管供油以维持所需要的共轨油压。设在共轨油管上的压力阀可以连续调节共轨压力，进而控制喷油压力。

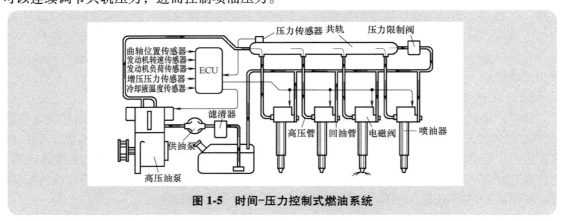

图1-5 时间-压力控制式燃油系统

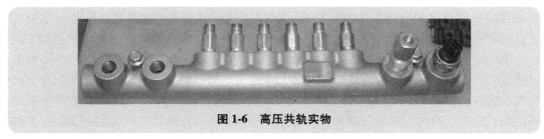

图1-6 高压共轨实物

高压共轨系统是目前世界上最先进的燃油系统，其优点是可实现高压喷射，最高的喷油压力已达到200MPa，喷油压力独立于发动机转速（即与发动机转速无关），喷射性能和喷射规律十分理想,可实现多次喷射,能有效地抑制和减少尾气排放物中的有害成分。目前,高压共轨系统已得到了广泛应用。

2. 按柴油机高压燃油机构分类

电控柴油发动机按高压燃油机构的不同分类,可分为电子控制直列泵燃油喷射系统(见图1-7)、电子控制分配泵燃油喷射系统(见图1-8)、电子控制泵喷嘴燃油喷射系统(见图1-9)、电子控制单体泵燃油喷射系统(见图1-10)、电子控制共轨式燃油控制系统

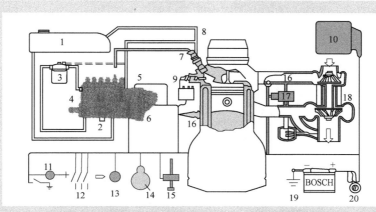

图1-7 博世(BOSCH)电子控制直列泵燃油喷射系统的组成

1—燃油箱 2—输油泵 3—燃油滤清器 4—直列式喷油泵 5—定时装置 6—调速器 7—喷油嘴及喷油嘴体 8—回油管 9—插入式预热塞及其控制电路 10—电子控制单元 11—故障指示灯 12—离合器、制动器和排气制动开关 13—速度选择杆 14—加速踏板位置传感器 15—发动机转速传感器 16—温度传感器(冷却液、空气、燃油) 17—进气压力传感器 18—涡轮增压器 19—蓄电池 20—预热塞和起动开关

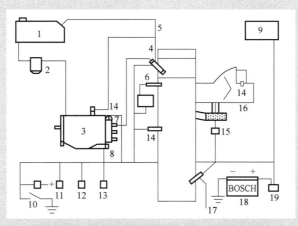

图1-8 电子控制分配泵燃油喷射系统的组成

1—燃油箱 2—燃油滤清器 3—分配(VE)泵 4—带针阀运动传感器的喷油器 5—回油管 6—预热塞 7—断油电磁阀 8—喷油定时控制电磁阀 9—电控单元 10—故障指示灯及故障诊断开关 11—巡航控制开关 12—加速踏板位置传感器 13—车速传感器 14—温度传感器(冷却液、燃油、进气) 15—EGR阀 16—空气流量传感器 17—曲轴转速传感器 18—蓄电池 19—预热塞和起动开关

（见图1-11）。不同的系统有不同的特点。各系统的结构与工作原理，我们会在后面的章节给予详细的介绍。

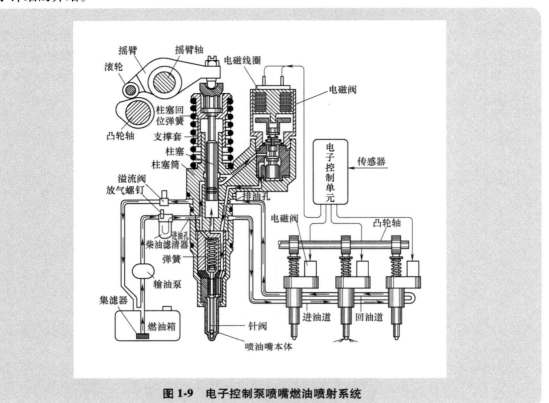

图1-9 电子控制泵喷嘴燃油喷射系统

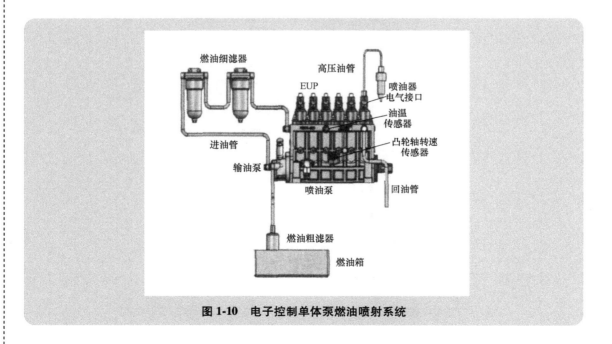

图1-10 电子控制单体泵燃油喷射系统

第一章　了解电控柴油发动机

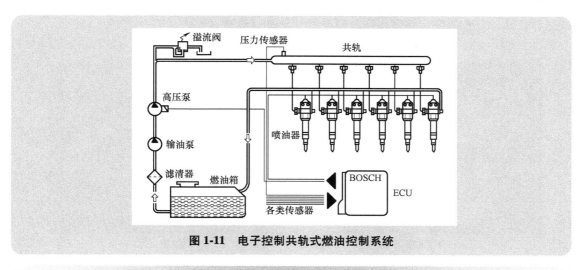

图 1-11　电子控制共轨式燃油控制系统

任务二　掌握柴油机电子控制系统的组成及控制原理

一、柴油机电子控制系统的组成

与汽油机电子控制系统一样，柴油机电子控制系统仍然是由传感器、电控单元（ECU）和执行器组成的（见图 1-12）。

1. 传感器

传感器是安装在汽车上的一种测量装置，它不断采集柴油发动机运行过程中的各项状态参数，并将这些参数物理量转换成电量，然后将这些电量输送到 ECU。ECU 根据传感器的信号进行不断的测算，并控制执行器工作。

在电控柴油发动机中，有许多传感器，将在第五章中对它们进行深入与细致的讨论。

2. 电控单元

电控单元的英文为 Electronic Control Unit，缩写为 ECU。它放置在一个金属壳体内，其外形结构如图 1-13 所示，传感器、

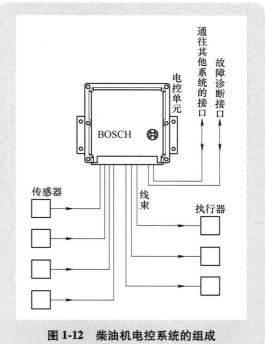

图 1-12　柴油机电控系统的组成

执行器和电源装置通过一个多针电气插头与与电控单元相连。它的功用与汽油机 ECU 基本相同。ECU 的功用是接收各种传感器和开关信号，进行运算、分析、比较、判断，并根据 ECU 存储的发动机控制程序向执行器发出指令，实现喷油量和喷油正时的控制。ECU 还具有故障诊断功能，当控制系统出现故障时，它会进行识别，当确认为故障时，以故障码的形

7

式进行存储，并使故障指示灯点亮，提醒驾驶员进行检修。

a) 外形结构

b) 内部结构

图 1-13　柴油机 ECU 的实物图

ECU 通常能完成以下各项任务：
1）处理输入信息，将全部输入信息转换为微机所能接收的信号。
2）存储输入信息，以供微机在合适的时刻使用。
3）存储各种程序、数据和表格等。
4）计算并处理各种信息，产生控制命令和发出控制指令。

3. 执行器

ECU 根据传感器的信号进行不断测算，然后发出指令控制执行器工作。执行器是执行指令的部件，如果把传感器比成人的眼、鼻、耳，ECU 比成人的大脑，那么执行器即可比成人的手和脚，在汽车电控系统上的执行器主要由各种电动机、电磁阀、继电器、指示灯等组成，图 1-14 所示为电控泵喷嘴系统所用的泵喷嘴实物，图 1-15 所示为高压共轨系统中喷油器电磁阀的实物，它们就是执行器，ECU 通过对它们内部的电磁线圈进行控制，即可控制喷油量和喷油正时。

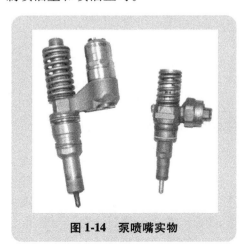

图 1-14　泵喷嘴实物

图 1-15　喷油器电磁阀实物

在柴油机电子控制系统中，执行器主要有齿杆或油量控制套筒驱动执行器、预行程控制套筒驱动执行器、正时活塞行程驱动执行器、油量控制电磁阀、废气再循环控制电磁阀、增压控制电磁阀、冷起动预热塞继电器、空调压缩机继电器、冷却风扇继电器、冷却液加热装置继电器、进气阀板继电器、自诊断显示与警告装置、仪表显示器等。

二、柴油机电子控制系统的控制原理

汽车电子控制系统是由信号的输入装置、ECU、执行器三部分组成的。无论是哪种电子控制系统，其控制基本原理都是相同的，即以 ECU 为控制核心，以各传感器为控制基础，以执行器为控制对象，保证各系统都能在最佳的工作状态工作（见图 1-16）。

柴油机 ECU 对电控系统传感器输入的各种信息进行运算、处理、判断，然后输出指令，控制有关执行器动作，达到快速、准确、自动控制各系统工作的目的。下面以电控直列泵喷射系统的控制原理为例进行说明（见图 1-17）。

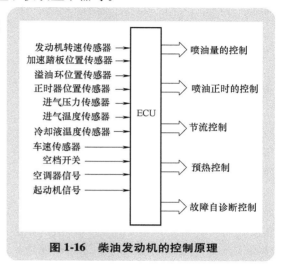

图 1-16　柴油发动机的控制原理

信号的输入装置包括柴油发动机转速传感器、加速踏板位置传感器、控制套筒位置传感器、针阀运动传感器、车速传感器及空气流量传感器、进气温度传感器、燃油温度传感器、冷却液温度传感器等。ECU 根据各种传感器实时检测到的柴油机运行参数，与 ECU 中预先已经存储的参数或参数图谱相比较，按其最佳值或计算后的目标值，把指令输送到执行器。执行器根据 ECU 的指令，控制喷油量和喷油正时。柴油机的电控喷油系统还可与其他系统的 ECU 进行数据通信，从而实现整车的电子控制。

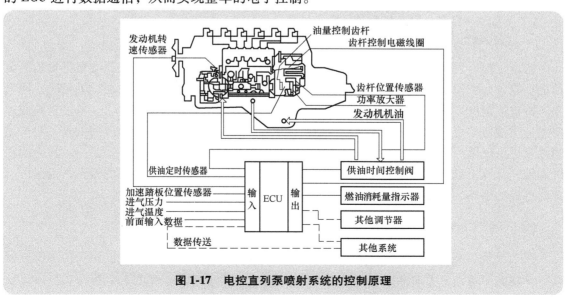

图 1-17　电控直列泵喷射系统的控制原理

任务三　掌握电控柴油发动机的控制内容及功能

一、燃油喷射的控制

1. 喷油量的控制

柴油发动机产生的动力来自柴油在气缸内燃烧所做的功，柴油发动机输出的动力大小取决于供入气缸内的柴油量的多少。喷油量的控制是电控柴油发动机中十分重要的功能。

ECU 根据加速踏板位置传感器和发动机转速传感器的输入信号，计算出基本喷油量；然后根据冷却液温度传感器、进气温度传感器、进气压力传感器以及电动机等信号，对基本喷油量加以修正；再与控制套筒位置传感器的信号进行比较后，产生与两者差值成比例的驱动电流，执行器根据此驱动电流进行动作，使油门拉杆移动到目标位置，最后确定最佳喷油量。

2. 喷油正时的控制

电控柴油喷射系统能够较精确地控制喷油正时。首先，根据柴油机转速、负荷和冷却液温度信号计算确定喷油始点的目标值。其次，通过检测上止点参考脉冲和喷油嘴针阀升程传感器输出脉冲之间的夹角，计算实际喷油始点。将两者相比较，决定最佳喷油始点后，控制电磁阀确定作用在喷油提前器活塞上的控制油压移动活塞位置，从而改变发动机驱动轴和凸轮轴之间的相位，以调节喷油正时。

3. 喷油量不均匀的修正

在多缸柴油机工作时，即使喷油量控制指令值一定，各缸喷油泵的性能差异仍将导致各缸喷油量的差异，从而引起发动机转速波动，造成怠速不稳。柴油机电控系统可通过各缸在做功行程时的曲轴转速变化判断各缸喷油量的差异，利用电磁阀的快速响应特性及时修正各缸的喷油量，即按各缸间转速无波动偏差控制各缸的喷油量，以降低发动机转速的波动。

二、怠速的控制

怠速工况为发动机对外无功率输出而维持自身工作运转的状态。电控系统根据发动机负荷的变化，如空调离合器是否接合、空气压缩机是否工作、自动变速器的档位等情况，同时参考冷却液温度、进气温度等修正因素，按预先确定的怠速转速控制目标值。电控系统通过对怠速喷油量的控制，使柴油发动机在适当的怠速转速运转，并通过各种反馈信息，对怠速喷油量进行反馈控制，以保证怠速转速的稳定。同时，电控系统通过对发动机曲轴转速的精确测定，计算出怠速时各缸工作的循环差，然后对各缸的喷油量进行相应的修正，以保证怠速时各缸的不均匀性保持在允许的范围内。

三、废气涡轮增压控制

在电控柴油发动机中，废气涡轮增压器采用的是电子控制，目的是既能保证柴油机在低速时有较高的转矩，又能保证柴油机在标定转速附近增压压力不至于过高，以防止负荷过高而导致的功率下降和涡轮增压器超速。

四、进气控制

进气控制是电控柴油发动机的又一个重要控制功能，进气控制包括可变进气涡流控制、可变配气正时控制、进气节流控制和进气预热控制等内容。

1. 可变进气涡流控制

电控系统以柴油发动机转速和负荷为基本控制参数，按预设的最佳进气涡流比脉谱图对进气涡流强度进行控制，以满足高、低转速工况时对进气涡流强度不同的要求。

2. 可变配气正时控制

电控系统以柴油发动机的转速和负荷信息为基本控制参数，按预设的最佳配气相位，通过各种电控可变配气正时机构，改变柴油发动机的配气相位，以满足不同工况时对配气正时不同的要求。

3. 进气节流控制

电控系统以柴油发动机转速和负荷信息为基本控制参数，通过对进气管中节流阀开度的控制，适应高、低转速工况对进气流量的不同要求。另外，为降低怠速时的振动、噪声和柴油发动机停车时的振动，电控系统通过怠速时节流控制和停车时中断进气来减轻发动机的振动。

4. 进气预热控制

电控系统以柴油发动机冷却液的温度为基本的控制参数，通过对加热塞通电时间的控制，对进气进行预热，以提高柴油发动机的低温起动性能和低温下的怠速稳定性。

五、废气再循环控制

废气再循环（EGR）控制的功能是通过控制参与再循环的废气量以减少废气中的 NO_x 排放量，其与汽油机电控系统相同。EGR 系统工作时，将一部分废气引入进气系统，与新鲜的可燃混合气混合，使混合气变稀，从而降低了燃烧速度，燃烧温度随之下降，可有效减少 NO_x 的生成。

六、故障自诊断控制

电控柴油发动机故障自诊断与带故障运行控制的内容同汽油发动机基本相同，当电控系统出现故障时，自诊断系统将对驾驶员发出提示警告信息，并存储故障信息，修理人员通过故障诊断仪与汽车上的故障诊断插座进行连接（见图1-18），可以将故障信息调取出来，以便于维修。同时电控系统进入带故障运行控制程序，仍能维持最基本的行驶功能，以便使汽车开到修理厂进行检修。

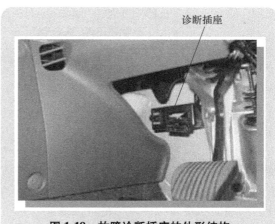

图1-18　故障诊断插座的外形结构

任务四 掌握柴油发动机基础理论

一、汽油机与柴油机的异同

汽油发动机和柴油发动机都属于内燃机，都是燃烧燃料后通过推动气缸内活塞往返运动来将燃料中的化学能量转换成为驱动车辆前进的机械能量，因此两者的工作原理大体是相同的。汽油发动机与柴油发动机最主要的区别，在于燃料物理特性所带来的点火方式的区别（见图1-19），从而表现出各自不同的热效率、经济性，以及外形特点等（见表1-2）。

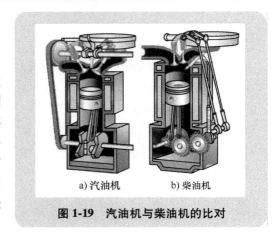

图1-19 汽油机与柴油机的比对

表1-2 汽油机与柴油机的区别

机型	汽油发动机	柴油发动机
燃料	汽油	柴油
燃料能量密度	柴油在各类常规燃料中最高，比液化天然气高出近1倍，比汽油高出10%以上	
燃料挥发性	较强	不易挥发
燃料燃点	220~250℃	燃点较高
点火方式	火花塞点燃	压燃式
压缩比	一般≤10	一般为16~22
热效率	≈35%	≈45%
经济性	柴油机较高，比汽油机节油15%~30%	
特点	体积小、重量轻、起动性好、价格便宜，最大功率时的转速高；振动及噪声小	可靠性高，比较笨重，体积较大，成本较高，振动噪声大；柴油不易蒸发，冬季冷车时起动困难
应用	载客汽车、轿车	大、中型货车（近年来在轿车上的应用逐渐增多）

二、柴油的型号识别

车用柴油也称轻柴油。同车用汽油一样，车用柴油也有不同的标号，不同的是汽油标号由辛烷值确定，而划分柴油标号的依据则是柴油的凝固点。目前国内应用的轻柴油按凝固点分为6个标号：5#柴油、0#柴油、-10#柴油、-20#柴油、-35#柴油和-50#柴油。选用不同标号的柴油应主要根据使用时的气温决定。

一般来讲，5#柴油适合于气温在8℃以上时使用；0#柴油适合于气温在4~8℃时使用；-10#柴油适合于气温在-5~4℃时使用；-20#柴油适合于气温在-14~-5℃时使用；-35#柴油适合于气温在-29~-14℃时使用；-50#柴油适合于气温在-44~-29℃或者低于该温度时使用。选用柴油的标号如果不适合使用温度区间,发动机燃油系统中的柴油就可能结蜡,堵塞油路,影响发动机的正常工作。

三、柴油的环保及使用注意事项

1. 环境保护

1)柴油是对水有污染的物质,不能让柴油流入下水道,作业时只能在防渗的地面上进行。
2)进行接触柴油的工作时,必须远离火源并禁止吸烟。
3)有柴油溢出时,必须立即用吸附材料进行处理。
4)用合适的容器收集污染过的柴油和柴油滤清器,并妥善保管和回收利用。
5)沾上柴油的抹布或物品,不得作为生活垃圾处理。

2. 安全措施

1)应避免使柴油接触到皮肤、眼睛或衣服。
2)沾上柴油的衣服或鞋子,必须立即更换。
3)皮肤接触到柴油后,立即用大量清水和肥皂冲洗。
4)柴油溅入眼睛后,撑开眼皮并用清水彻底冲洗眼睛,然后马上到眼科医生处治疗。
5)误食柴油后,立即漱口并喝下大量水,并尽快去医院治疗。

四、柴油机的工作原理

内燃机按冲程分:有四冲程和二冲程之分,最常用的是四冲程发动机。四冲程柴油机和四中程汽油机一样,每个工作循环是由进气行程、压缩行程、做功行程和排气行程组成的(见图1-20)。但不同的是,柴油机采用的是压燃式点火,而汽油机采用的是点燃式点火。它们的工作过程如下:

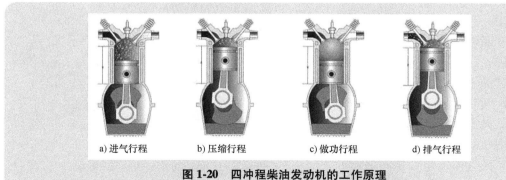

a) 进气行程　　b) 压缩行程　　c) 做功行程　　d) 排气行程

图1-20　四冲程柴油发动机的工作原理

1. 进气行程

活塞由曲轴带动从上止点向下止点运动,此时排气门关闭,进气门开启。活塞移动的过程中,气缸内的容积逐渐增大,形成一定的真空度,于是经过空气滤清器过滤的空气通过进气门进入气缸。直至活塞到达下止点时,进气门关闭,停止进气。对于柴油机,进气行程进入气缸的工质是纯空气。

2. 压缩行程

进气行程结束时，活塞在曲轴的带动下，从下止点向上止点运动，气缸容积逐渐减小，由于进排气门均关闭，气体被压缩，气缸内温度上升，直至活塞到达上止点时，压缩行程结束。压缩行程由于压缩的工质是纯空气，因此柴油机的压缩比比汽油机高。

3. 做功行程

做功行程在压缩行程后面，高压喷油器喷出高压燃油与空气混合，在高温、高压下混合气体迅速燃烧，使气体的温度、压力迅速升高而膨胀，从而推动活塞由上止点向下止点运动，再通过连杆驱动曲轴转动做功，至活塞到下止点时，做功行程结束。

4. 排气行程

在做功行程结束时，排气门被打开，曲轴通过连杆推动活塞由下止点向上止点运动，废气在自身剩余压力和活塞的推力作用下，被排出气缸，直至活塞到达上止点时，排气门关闭，排气结束。排气行程终了时由于燃烧室容积存在，气缸内还存少量废气，气体压力也因排气门和排气管的阻力而仍高于大气压。

五、燃烧的四个阶段及对混合气的要求

1. 燃烧的四个阶段

柴油机的燃烧过程如图1-21所示，可以分为以下几个阶段。

（1）Ⅰ—备燃期

备燃期是喷入气缸的燃料经历一系列物理和化学变化的过程，包括燃料的雾化、加热、蒸发、与空气混合等准备阶段，虽然时间比较短，但对于整个燃烧过程的影响很大。

（2）Ⅱ—速燃期

在速燃期燃料快速燃烧，气缸压力急剧增加。压力的升高速度决定了柴油机运转的平稳性，如果压力升高速度太大，则柴油机工作粗暴，运动零件受到很大负荷。

（3）Ⅲ—缓燃期

缓燃期在气体工作容积不断增大的时候开始。必须保持燃烧的快速性，才能使气缸内的压力保持不变或稍有上升。所以，只有在缓燃期加速空气混合，才能使燃料迅速燃烧。

（4）Ⅳ—后燃期

后燃期的能量对发动机的做功作用不大，但会增加零件的热负荷，使燃烧情况不好，排放恶化。因此，必须尽量减少后燃期内的燃烧。

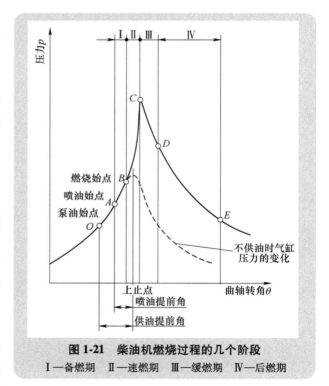

图1-21 柴油机燃烧过程的几个阶段
Ⅰ—备燃期　Ⅱ—速燃期　Ⅲ—缓燃期　Ⅳ—后燃期

2. 对混合气的要求

要使燃烧过程进行得好，混合气形成的好坏是关键，所以对混合气形成的要求如下。

（1）过量空气系数要适当

因为柴油燃烧放出热量是由于柴油和空气中的氧气，在一定温度和压力条件下产生化学作用的结果，所以空气与柴油是放热的两个重要因素。空气量与柴油量比例不同，所形成的可燃混合气的成分也不同，一般要求过量空气系数 λ 在 1.3~1.5 之间（过量空气系数=实际空燃比/理论空燃比），λ 过大，混合气过稀，燃烧速度慢，散发热量多，功率下降。λ 过小，混合气过浓，燃烧不完全，油耗增加，冒黑烟，经济性变坏。

（2）喷油时刻要准确，混合气形成的规律应合适

气缸中燃烧过程的主要放热阶段应该在上止点稍后，此时容积小可得到较高的压力，同时热效率高，热损失小，所以要求喷油时刻要准确。喷油过早、过晚对发动机工作都是不利的。喷油过早，混合气提前形成，并在活塞到达上止点前像爆炸似的同时着火燃烧，结果给正在上行的活塞造成一个短时间的阻力，并严重"敲缸"——工作粗暴。喷油过迟，混合气在活塞下行时才开始形成和燃烧，结果燃烧空间增大，从气缸壁面传走的热量增加，造成发动机过热，燃烧压力降低，气体压力推动活塞的效果减小，甚至有可能使部分混合气来不及燃烧而随废气排出去。

最好的喷油时刻与燃烧室的型式和发动机转速有关，对于一定结构的发动机在规定转速下，可通过试验找到一个功率大、油耗低的最好喷油时刻，通常用曲轴距活塞到达上止点的转角表示，称为喷油提前角。供油提前角必须是可变的，应随着转速的增加而增加。

六、柴油的性能指标

柴油是从石油中提炼出来的碳氢化合物，其中碳、氢、氧的质量百分数分别是 87%、12.6%、0.4%。柴油的使用性能指标主要是发火性、蒸发性、黏度和凝点。

1. 蒸发性

蒸发性是指柴油汽化的特性，是通过蒸馏试验来确定的。同一相对蒸发量的馏出温度越低，越有利于可燃混合气的形成与燃烧，越有利于起动，但同时也会使柴油机工作粗暴。若燃料中重馏分含量过多，则会造成雾化不良，汽化缓慢，使燃烧不完全而产生严重的积炭现象。

2. 黏度

黏度决定柴油的流动性。黏度过大的柴油，流动阻力也过大，难以沉淀、滤清，影响喷雾质量；黏度过小的柴油，将增加精密偶件工作表面间的柴油漏失量，并加剧这些表面的磨损，因此应选用黏度合适的柴油。

3. 凝点

凝点是表示柴油冷却到开始失去流动性的温度。柴油的凝点应比柴油机最低工作温度低 3~5℃以上。凝点过高将造成油路堵塞。

4. 发火性

发火性是指柴油的自燃能力。柴油机工作时，柴油被喷入燃烧室后，并非立即着火燃烧，而要经过一段时间的物理和化学准备，即备燃期阶段。

备燃期过长，在燃烧开始前燃烧室内积存的柴油过多，致使燃烧开始后气缸内压力升高

过快,使柴油机工作粗暴。反之,备燃期过短,会使发动机工作柔和,而且可在较低温度下发火,有利于起动。柴油的发火性用十六烷值表示,十六烷值越高,发火性越好。但十六烷值过高的柴油喷入燃烧室后,还来不及与空气充分混合就着火,使柴油在高温下裂解分离出大量的游离碳,造成油耗、烟度上升。因此,一般车用柴油的十六烷值应在40~50范围内。

七、柴油机燃烧室

由于柴油机可燃混合气的形成和燃烧主要是在燃烧室内进行的,燃烧室的形状对可燃混合气的形成和燃烧有着直接的影响。柴油机燃烧室按结构形式分为两大类:统一式燃烧室和分隔式燃烧室。

1. 统一式燃烧室

又称直接喷射燃烧室。它的结构特点是只有一个燃烧室,位于活塞顶面与气缸盖底面之间,喷油器直接向燃烧室内喷射15~30MPa的高压柴油,借助油束形状与燃烧室形状的合理匹配,以及空气的涡流运动,迅速形成可燃混合气的燃烧,故这种燃烧室又称为直喷式燃烧室。

统一式燃烧室主要集中在活塞顶的凹坑内,如图1-22所示。统一式燃烧室要求燃油的喷射压力高,一般与孔式喷油器配合使用。

2. 分隔式燃烧室

分隔式燃烧室由两部分组成,即主燃烧室和副燃烧室。主燃烧室位于活塞顶与气缸盖底面之间,副燃烧室位于气缸盖内。主、副燃烧室之间用一个或几个直径较小的通道相连。燃油则是喷入到副燃烧室内的。分隔式燃烧室常见的结构形式有涡流室式和预燃室式两种。

(1) 涡流室式燃烧室

涡流室式燃烧室(见图1-23)的副燃烧室多为球形或锥形。涡流室与主燃烧室用一个或数个通道连通。在压缩行程中,空气从气缸内被挤入涡流室时,形成强烈的、有规则的涡流运动,喷入涡流室内的燃油,在强烈的空气涡流作用下迅速与空气混合形成可燃混合气。着火后大部分柴油在涡流室内燃烧,没有来得及燃烧的部分燃油,在做功行程初期与高压燃气一起通过通道喷入主燃烧室,形成二次涡流,使之进一步与空气混合燃烧。

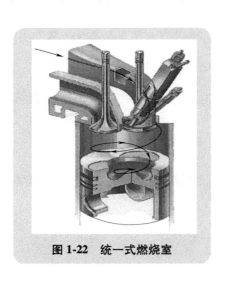

图1-22 统一式燃烧室

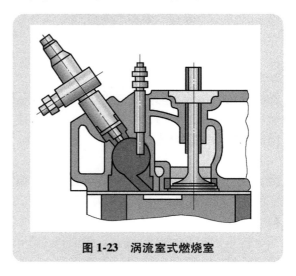

图1-23 涡流室式燃烧室

涡流室式燃烧室的优点是能形成强烈的涡流运动，对柴油喷雾质量要求低，可以采用喷油压力较低的轴针式喷油器。为了保证冷机起动，一般设置电热塞等起动辅助装置。

（2）预燃室式燃烧室

预燃室式燃烧室（见图1-24）的副燃烧室多是长条形结构，连通预燃室与主燃烧室的通道面积较小。燃料通过喷油器喷入预燃室，预燃室着火后温度、压力迅速上升，利用这部分燃料的燃烧能量，将集中于下部通道口附近已预热的燃油高速喷向主燃烧室。预燃室式燃烧室要求的喷射压力比统一式燃烧室低，一般也与轴针式喷油器配合使用，发动机起动时一般需要电热塞先预热。

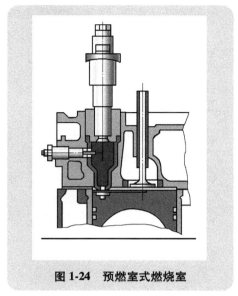

图1-24　预燃室式燃烧室

复习与思考

一、选择题

1. 0#柴油适合气温在（　　）℃时使用。
   A. 4~8　　　　　B. -5~4　　　　　C. -14~-5　　　　　D. 0
2. 四冲程柴油机在进气行程时，进入气缸的是（　　）。
   A. 燃油　　　　B. 纯空气　　　　C. 可燃混合气　　　　D. 不一定
3. 高压共轨式燃油控制系统是目前世界上最先进的燃油控制系统，其最大优点是可实现高压喷射，其最高的喷油压力可以达到（　　）MPa。
   A. 50　　　　　B. 100　　　　　C. 150　　　　　D. 200
4. 在电控柴油发动机中，一般加装有废气再循环控制系统，加装这个系统是为了减小排气中的（　　）生成量。
   A. HC　　　　　B. CO　　　　　C. NO_x　　　　　D. CO_2
5. 时间控制式燃油系统的喷油量是由（　　）决定的。
   A. 喷油器阀体的升程　　　　　　B. 电磁阀开启的持续时间
   C. 喷油器喷孔的大小　　　　　　D. 喷油器的雾化情况

二、判断题

1. 传感器不断采集柴油发动机在运行过程中的状态参数，然后向执行器发出指令，控制执行器工作。　　　　　　　　　　　　　　　　　　　　　　　　　　　　（　　）
2. 在电控柴油发动机中，ECU一般具有故障自诊断功能，当控制系统出现故障时，它会进行识别，当确认为故障时，以故障码的形式进行存储，并使指示灯点亮。（　　）

3. 就经济性而言，汽油机比柴油机更好些。（　　）

4. 在电控柴油发动机中，ECU 根据加速踏板位置传感器和冷却液温度传感器的信号计算基本喷油量。（　　）

5. 柴油的标号是由柴油的辛烷值决定的。（　　）

三、简答题

1. 柴油机有哪些优点与缺点？
2. 柴油机与汽油机有哪些区别？
3. 按照喷油量的控制方式分类，电控柴油发动机可以分为哪些类型？
4. 简述柴油机电子控制系统的控制原理，请举例进行说明。
5. 电控柴油发动机的控制内容有哪些？简述各控制的功能。

第二章

掌握直列柱塞泵和分配泵燃油喷射系统结构原理及故障检修

学习目标：

1. 知道普通柴油机燃料供给系统的组成
2. 掌握普通直列柱塞泵燃油喷射系统的结构原理与故障检修
3. 掌握电控直列柱塞泵燃油喷射系统的组成及结构原理
4. 掌握普通分配（VE）泵燃油喷射系统的结构原理与故障检修
5. 掌握电控分配（VE）泵燃油喷射系统的组成及结构原理
6. 经典案例分析

―★★★ **任务一 知道普通柴油机燃料供给系统的组成** ★★★―

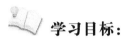

> 普通柴油发动机与电控柴油发动机的主要区别在于燃油供给系统的不同，前者采用的是机械式燃油喷射系统，而后者采用的是电控燃油喷射系统。普通柴油机燃料供给系统一般由燃油供给装置、空气供给装置、混合气形成装置和废气排放装置四大部分组成。电控柴油机燃料供给系统则是在普通柴油机燃料供给系统的基础上加装电控系统发展而来的。

普通柴油机燃料供给系统的功用是根据柴油机的工况，定时、定量、定压地把柴油按一定的规律喷入气缸，与吸入气缸的清洁空气迅速地混合燃烧，并将燃烧后生成的废气排到大气中。

普通柴油机燃料供给系统一般由燃油供给装置、空气供给装置、混合气形成装置和废气排放置四大部分组成（见图 2-1 和图 2-2）。

一、燃油供给装置

柴油供给装置包括油箱、柴油滤清器、油水分离器、低压油管、输油泵、喷油泵（包括调速器）、喷油器、高压油管和回油管。

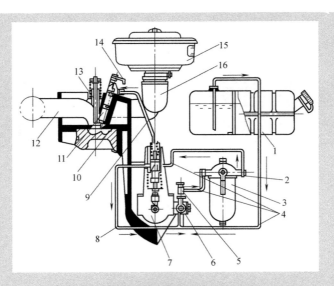

图 2-1 柴油机燃料供给系统示意图（一）

1—柴油箱 2—溢流阀 3—柴油滤清器 4—低压油管 5—手动输油泵 6—输油泵
7—喷油泵 8—回油管 9—高压油管 10—燃烧室 11—喷油器 12—排气管
13—排气门 14—排油管 15—空气滤清器 16—进气管

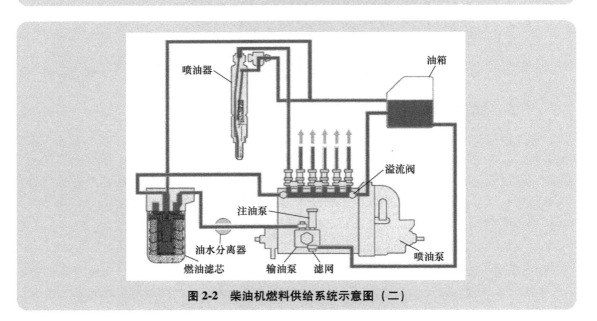

图 2-2 柴油机燃料供给系统示意图（二）

油箱内储有经过沉淀和滤清的柴油。柴油从油箱被吸入输油泵并被泵出，经柴油滤清器滤去杂质后，进入喷油泵。自喷油泵输出的高压柴油经高压油管、喷油器喷入燃烧室。由于输油泵的供油量比喷油泵供油量大得多，过量的柴油便经回油管回到输油泵。

从油箱到喷油泵入口这段油路称为低压油路。低压油路只用于向喷油泵供给滤清的燃油。从喷油泵到喷油器这段油路中的油压是由喷油泵建立的，一般在 10MPa 以上，故称此段油路为高压油路。高压柴油通过喷油器呈雾状喷入燃烧室，与空气混合形成可燃混合气。

第二章 掌握直列柱塞泵和分配泵燃油喷射系统结构原理及故障检修

1. 油箱

油箱是用来存放柴油的容器（油箱的外形结构见图2-3），一般用钢板冲压经过焊接而成。为了防止油箱内部的柴油受到剧烈冲击后形成泡沫，油箱内部表面除做防锈处理外，有的还用隔板隔成较多的空间。加油口位于油箱的顶部，加油口下边一般都装有滤网。为避免油箱内部出现真空，油箱盖上部一般都加装有通气孔，油箱底部一般都装有放油口。

2. 柴油滤清器

柴油滤清器有粗、细之分。柴油粗滤器一般安装在输油泵之前，用来清除柴油中颗粒较大的杂质，滤芯有纸质式、金属缝隙式、片式和网式等。柴油细滤器一般安装在输油泵之后，用来清除柴油中的微小杂质，它的滤芯有毛毡式、金属网式和纸质式等。

图2-3 柴油机的油箱外形结构

纸质滤芯柴油滤清器的结构如图2-4所示，来自输油泵的柴油从进油口进入滤清器壳体与纸质滤芯之间的间隙，然后经过滤芯过滤之后，由中心杆经出油口流出。在滤清器盖上设限压阀，当油压超过标准时，限压阀打开，多余的柴油由进油口经限压阀直接返回柴油箱。

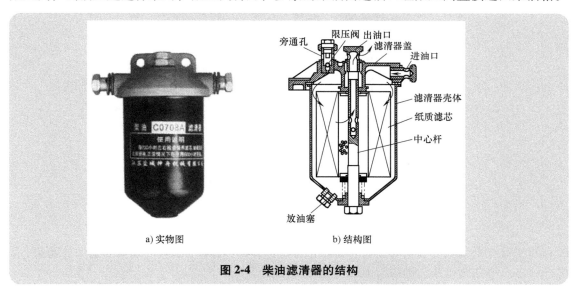

图2-4 柴油滤清器的结构

3. 油水分离器

油水分离器的作用是分离混在油中的水，它是利用油轻水重的原理制成的，若浮标达到或超过红线时必须松开排放塞放水，放水后应通过手油泵排掉燃油系统内的空气（见图2-5）。

4. 带油水分离器的柴油滤清器

带油水分离器的柴油滤清器如图2-6所示，顾名思义，就是将油水分离器与柴油滤清器集成在一起的装置。

5. 输油泵

输油泵的作用是将油箱中的燃油输送到喷油泵。可以分为直列型和分配型两种，在这里

21

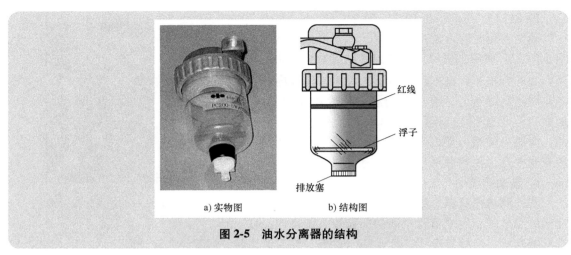

图 2-5 油水分离器的结构

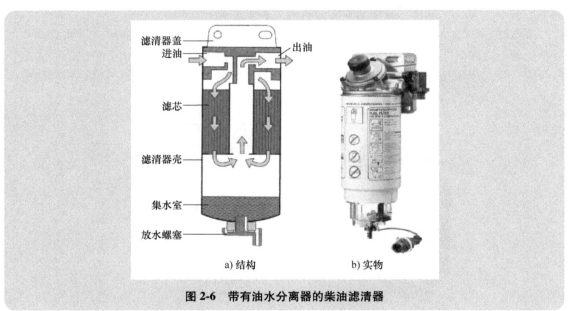

图 2-6 带有油水分离器的柴油滤清器

以直列型输油泵为例进行讲解。直列型输油泵由进口单向阀、活塞、活塞弹簧、柱塞挺杆、推杆、出口单向阀以及注油泵、泵体等构成（见图2-7）。

输油泵安装在喷油泵的侧面，它是利用喷油泵凸轮轴中设置的偏心凸轮来驱动的（见图2-8），通过柱塞挺杆和推杆使活塞往复运动，将压力燃油送到喷油泵中。这种输油泵有时需要将燃油系统低压一侧（从输油泵到喷油泵）燃油中的空气排出，所以准备了将燃油输送到喷油泵的手动输油泵。

输油泵按照燃油的路径不同可以分为水平式和上下式两种（见图2-9），按照功能可分为单动式和复动式。

（1）单动式输油泵

如图2-10a所示，凸轮轴通过推杆带动活塞向上运动，进口单向阀关闭，内室的燃油将出口单向阀压开，其中大部分的燃油溢出到外室，一部分从输出口被输送到喷油泵。

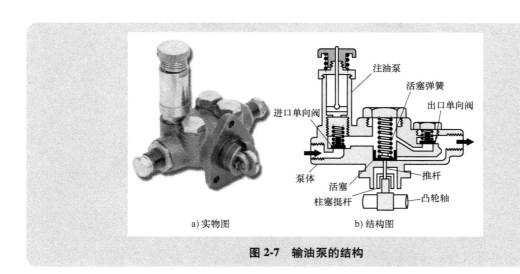

图 2-7 输油泵的结构

图 2-8 喷油泵凸轮轴实物

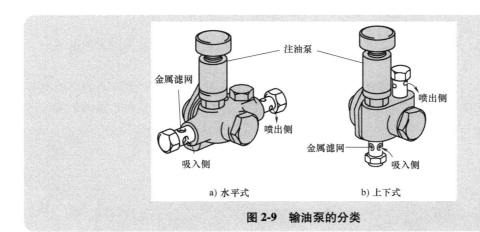

图 2-9 输油泵的分类

凸轮继续旋转,达到图 2-10b 的状态,通过弹簧向下压活塞,在外室的燃油被从输出口挤压到喷油泵。这时内室的压力下降,出口单向阀会关闭,进口单向阀开启,将燃油吸入到燃油内室。

通过输油泵反复的工作,燃油经过燃油滤清器被输送到喷油泵。输送出的燃油产生剩余,外室的燃油压力超出额定的压力(输出压力)时,活塞如图 2-10c 所示,被外室的燃油压力压到上部,与推杆分离,燃油供给暂时中断。

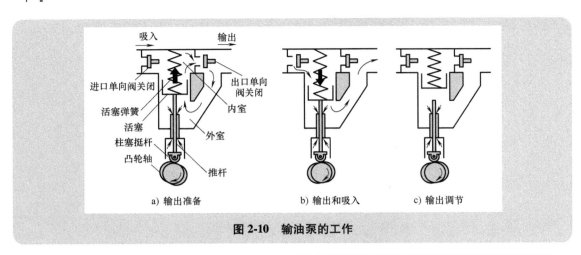

图 2-10 输油泵的工作

因此,输油压力是由活塞弹簧的弹力所决定的。由此可知,输油泵是防止油压超过额定值的装置。而驱动输油泵的凸轮,一般有单凸轮和双凸轮(可减少输送油压波动)两种形式(见图 2-11)。

(2)复动式输油泵

复动式输油泵的输油量较大,一般应用在大型发动机上。复动式输油泵中设计了两个进口单向阀和两个出口单向阀,活塞往复运动中都进行燃油吸入与输出。

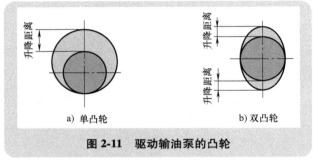

图 2-11 驱动输油泵的凸轮

6. 喷油泵

喷油泵又称高压泵,其结构与原理较为复杂,我们将在以后的章节里进行详细讲解。

7. 喷油器

喷油器是一种向柴油机燃烧室喷射高压燃油的装置(见图 2-12)。根据不同的柴油机要求,将喷油泵送来的柴油以一定的喷油压力、喷雾细度、喷油规律、射程和喷雾锥角喷入燃

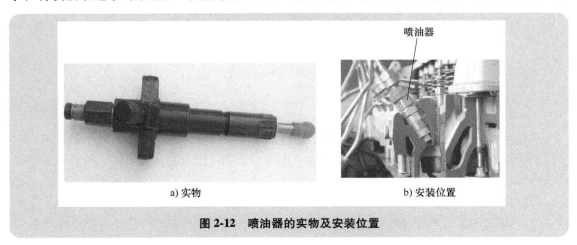

图 2-12 喷油器的实物及安装位置

第二章 掌握直列柱塞泵和分配泵燃油喷射系统结构原理及故障检修

烧室特定位置,与空气混合燃烧。喷油器是由喷油嘴和喷油嘴固定器组成的,喷油嘴被嵌入到喷油嘴固定器中,安装到气缸盖上。喷油嘴的结构形式可分为开式和闭式两种,开式喷油嘴的高压腔通过喷油孔直接与燃烧室相通,而闭式喷油嘴则在其间加针阀进行隔断。现代柴油汽车发动机基本采用闭式喷油嘴,闭式喷油嘴又分为孔式喷油嘴和轴针式喷油嘴等,分别用于不同的燃烧室。

(1) 孔式喷油嘴

汽车用柴油机喷油器大多采用孔式喷油嘴,其基本构造如图 2-13 所示。

孔式喷油嘴的特点是喷油嘴偶件中的针阀不直接伸出喷孔,喷油嘴头部的喷孔小且多,一般有喷孔 1~7 个,直径 0.2~0.5mm。孔式喷油嘴又分为短型和长型两种(见图 2-14),长型孔式喷油嘴的针阀导向圆柱面远离燃烧室,减少了针阀受热变形卡死在针阀体中的可能,常用于热负荷较高的柴油机。

喷油嘴的主要部件是一对精密偶件——针和针阀体。它们用优质轴承钢制成,其相互配合的滑动圆柱面间隙仅为 0.001~0.0025mm,通过高精密加工或研磨选配而得,不同喷油嘴偶件不可互换。该间隙过大,会使喷油压力下降,喷雾质量变差;间隙过小,则针阀容易卡死。

如图 2-13 所示,喷油嘴工作时,来自喷油泵的高压柴油,经进油管接头 15 进入喷油嘴体上的进油道 14,再进入针阀体中部的环形油腔 12,作用在针阀的承压锥面上,对针阀形成一个向上的轴向推力,此推力一旦大于喷油器调压弹簧 16 的预压力时,针阀立即上移,打开喷孔 10,高压柴油随即喷入燃烧室中。喷油泵

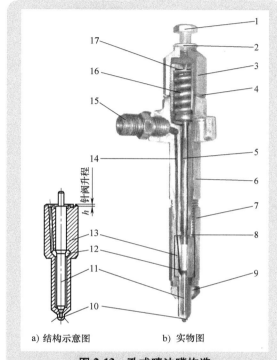

a) 结构示意图　　　b) 实物图

图 2-13　孔式喷油嘴构造
1—回油管螺钉　2—回油管垫片　3—调压螺钉护帽
4—垫片　5—顶杆　6—喷油器体　7—紧固螺套
8—定位销　9—油嘴垫　10—喷孔　11—针阀
12—环形油腔　13—针阀体　14—进油道
15—进油管接头　16—调压弹簧
17—调压螺钉

停止供油时,高压油道内压力迅速下降,针阀在调压弹簧作用下及时回位,将喷孔关闭,停止喷油。

进入针阀体环形油腔 12 的少量柴油,经喷油嘴偶件配合表面之间的间隙流到调压弹簧端,进入回油管,流回滤清器,用来润滑喷油嘴偶件。

针阀开启压力(喷油压力)的大小取决于调压弹簧的预紧力。不同的发动机有不同的喷油压力要求,可通过调压螺钉 17 调整,旋入时压力增大,旋出时压力减小。

(2) 轴针式喷油嘴

轴针式喷油嘴的结构如图 2-15 所示,特点是喷油嘴偶件中的针阀伸出喷孔,喷孔一般

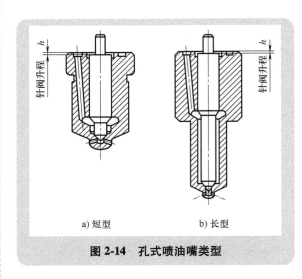

图 2-14 孔式喷油嘴类型
a) 短型　b) 长型

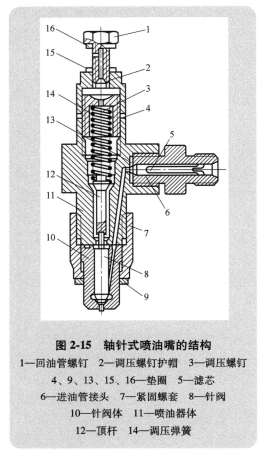

图 2-15 轴针式喷油嘴的结构
1—回油管螺钉　2—调压螺钉护帽　3—调压螺钉
4、9、13、15、16—垫圈　5—滤芯
6—进油管接头　7—紧固螺套　8—针阀
10—针阀体　11—喷油器体
12—顶杆　14—调压弹簧

只有一个，直径也较大，可达 1~3mm，工作时轴针在喷孔中上下运动，能自动清除喷孔积炭。针阀头部可制成各种形状（见图 2-16），使柴油以不同油束锥角喷入气缸，适应不同发动机的需要。

二、空气供给装置

空气供给装置由空气滤清器、进气歧管和气缸盖上的进气道组成。

1. 空气滤清器

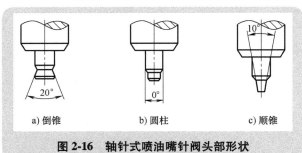

图 2-16 轴针式喷油嘴针阀头部形状
a) 倒锥　b) 圆柱　c) 顺锥

按照过滤的材料不同，空气滤清器可分为纸质滤芯、织物滤芯、油浴滤芯三类（见图 2-18）。

1）纸质滤芯。它具有质量轻、成本低等优点。

2）织物滤芯。织物滤芯可以在清洗后重复使用，应用也较为广泛。

3）油浴滤芯。油浴滤芯由金属纤维制成，在滤清器底部是一个环形的机油盘，盘内盛装一定量的润滑油，空气穿过滤芯之前急转弯，由于惯性作用使大部分杂质被机油吸附，少量杂质被滤芯过滤并被带上来的油滴"清洗"下来。

第二章 掌握直列柱塞泵和分配泵燃油喷射系统结构原理及故障检修

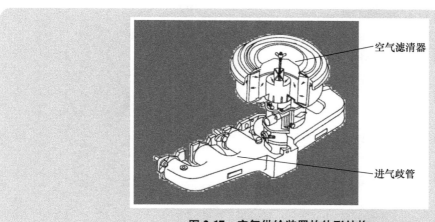

图 2-17 空气供给装置的外形结构

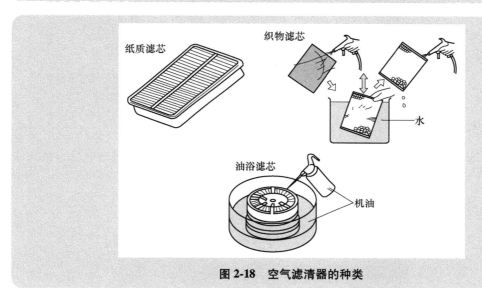

图 2-18 空气滤清器的种类

纸质滤清器主要由滤清器滤芯和滤纸壳体组成（见图 2-19）。空气以很大的速度从进气口进入滤芯纸格的外表面，尘土等杂质被粘附在纸格的外表面，而透过滤纸的空气就变得清洁，并通过进气支管流向气缸参加燃烧。

大中型发动机中一般使用图 2-20 所示的离心分离式空气滤清器。这种空气滤清器为了将吸入空气中的杂质去除掉，在过滤部分设置有叶片，通过叶片使吸入的空气进行旋转运动，利用离心力将大颗粒的杂质分离出

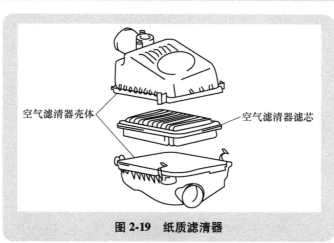

图 2-19 纸质滤清器

来，细小的杂质则通过过滤材料进行过滤，从而达到非常高的清洁效率。

离心分离出的灰尘存储在外壳的底部，在这里安装有清除阀，通过吸气的振动来开闭，自动进行灰尘的排放。

2. 进气歧管

进气歧管是将在空气滤清器中滤清后的空气平均分配到各个气缸中的装置，要求具有较小的吸气阻力。但是柴油机不需要考虑像汽油发动机那样的可燃混合气微粒化等因素，所以它的形状是比较简单的。

进气歧管中一般还设置有降低柴油发动机特有的低速转动时的振动和噪声的进气节流装置、作为发动机停止装置的吸入口关闭装置，以及在寒冷时使发动机具有良好起动性能的进气加热器。

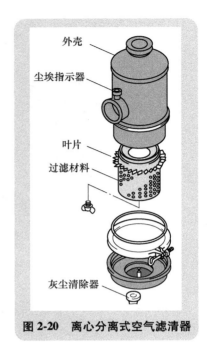

图 2-20　离心分离式空气滤清器

三、混合气形成装置

柴油机的可燃混合气的形成阶段与汽油机不同，汽油机一般是在缸外进行混合，而柴油机是在缸内进行混合。所以混合气形成装置就是燃烧室。

四、废气排放装置

废气排放装置是由气缸盖内的排气道、排气管和消声器组成的（见图 2-21）。

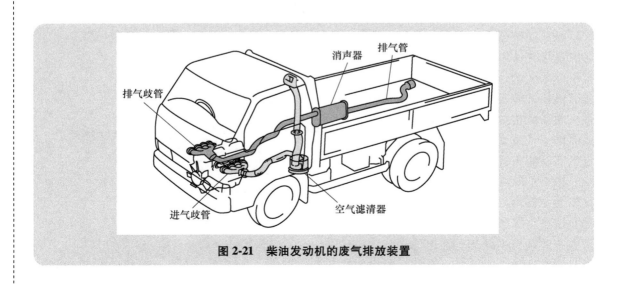

图 2-21　柴油发动机的废气排放装置

五、普通柴油发动机燃料供给系统的保养与检修

1. 定期清洗油箱

油箱是储存柴油的地方,如果油箱不干净就很难保证所提供的柴油的清洁。

1) 平常要注意观察加油口滤网,如发现有沉淀颗粒就要清洗,一旦滤网破损应立即更换;油箱要盖好,丢失后要及时补上。

2) 油箱要定期进行清洗。清洗的方法是:拆下留有少量油的油箱,来回晃动油箱,而后放出柴油。如果放出的柴油不干净,可反复几次。在清洗油箱时,禁止用棉布、棉丝擦洗,以免在其中残留纤维物堵塞油道。

2. 要定期更换柴油机的燃油滤清器

现在的柴油滤清器多数为一次性使用,按期更换即可。在更换滤清器时,注意滤芯两端橡胶密封垫一定要完好,不然,柴油就不经过滤芯而直接流过。

3. 输油泵的检查

1) 检查手动输油泵手柄是否灵活,缸筒是否磨损,如损坏应更换。

2) 检查推杆、柱塞和泵体是否松旷,必要时应更换新品。

3) 检查单向阀弹簧有无变形或损坏,必要时应更换。

4) 检查油管接头、衬垫和滤网有无损伤,若破损应更换。

5) 输油泵的试验。

① 渗漏试验。拧紧手油泵手柄,堵住出油口,从进油口输入 200kPa 的压缩空气,将泵浸在煤油内,如果气泡从管接头处或接合部位漏出,说明输油泵需要检修。

② 手动输油泵试验。在进油口接头处接上长 2m、内径 8mm 的软管,并将手柄压紧。在出油口接上一根软管插入容器中,以一定的速度压动手柄,查看能否在压动 30 次以前吸进或泵出煤油。如果压动 60 次,仍不能吸进或泵出煤油,说明手油泵应进行修理。

③ 输油量试验。按照上述方法在出油口接上 2m 长的软管,把软管插入比输油泵高 0.3m、容积为 500 mL 的容器内。在输油泵转速为 100r/min、出油压力为 160kPa 时,15s 内的输油量超过 300mL,表明输油泵正常,少于 200mL,则应更换或修理。

4. 普通喷油器的检查

(1) 喷油嘴磨损

喷油嘴(轴针式)经常发生磨损的部位有密封锥面、喷孔、针阀与针阀孔导向面。

密封锥面(针阀锥面与针阀体锥面)的磨损是由于喷油嘴弹簧的冲击与柴油中杂质的作用所致。密封锥面磨损后会使锥面密封环带接触面加宽、锥面变形,表面粗糙度提高。其结果是造成喷油嘴滴油,喷孔附近形成积炭,甚至堵塞喷孔。滴油严重的喷油嘴,在工作中还会出现断续的敲击声,导致柴油机工作不均匀,排气冒黑烟等。排除的方法为:拆开喷油嘴,在针阀头部涂上少许氧化铬细研磨膏对锥面进行研磨,然后用柴油洗净,最后装入喷油嘴进行性能检测。若性能检测不合格,则需更换针阀偶件。实际维修过程中,特别要注意不要将研磨膏粘到针阀孔内,维修中如没有研磨膏也可用牙膏或机油替代。

喷孔扩大是由喷油嘴工作时高压油流不断喷射冲刷喷孔导致。喷孔扩大导致喷油压力下降,喷射距离缩短,柴油雾化不良,缸内积炭增多。对于多孔直喷式喷油器,由于孔数多、孔径小,喷孔扩大的维修难度较大。一般情况下采取更换针阀偶件的办法来修复喷油嘴。如

暂时没有针阀偶件可供更换，则用高速钢磨制的冲样在各孔端轻轻敲击，使喷孔塑性变形变小，若经调试仍不合格，则应更换针阀偶件。

针阀与针阀孔导向面磨损是由于柴油中含有杂质所致。磨损后使导向部分磨成锥形（下端磨损大）。其结果使喷油嘴的回油量增多，供油量减少，喷油压力降低，喷油时间延迟。这种状态下，柴油机既不能全负荷工作，也会造成起动困难。为防止针阀及针阀孔导向面磨损，应按时保养柴油滤清器，经常排放滤清器和油箱内的沉淀油，以防灰尘杂质的侵入而加速针阀偶件的磨损。对于磨损严重的针阀，应及时更换新的针阀偶件。

(2) 针阀卡住

针阀卡住的主要原因有：喷油器安装不当，导致喷油嘴局部温度过高而烧坏；喷油嘴没有定期保养和调整喷油压力；柴油中含有杂质或过多的水分；喷油嘴针阀锥面密封不严，渗漏到喷油器端面的柴油燃烧时导致喷油器烧坏；柴油机的工作温度过高。

针阀如果在开启状态时卡住，则喷油嘴喷出的柴油不能雾化，造成不完全燃烧，同时还会有冒大量黑烟现象发生。此外，未燃烧的柴油还会冲刷到气缸壁上稀释机油，加速活塞环及气缸套的磨损。如果针阀在关闭状态时卡住，不管喷油泵的供油压力多大，都不能使针阀打开，并且还会在燃烧系统中产生高压敲击声，甚至损坏喷油泵柱塞。

喷油嘴卡住后不一定全部报废。有时用较软的物体（如棒等）除去针阀上的积炭，并用机油进行适当的研磨后，仍可继续使用。若喷油嘴卡住后针阀拔不出来，可将喷油器放入盛有柴油的容器中，然后将喷油嘴加热至柴油沸腾并开始冒烟为止。此时，将喷油器取出并夹在台虎钳上，然后用一把鲤鱼钳（钳口应包着铜皮等软物）夹住针阀用力往外拔，一面拔，一面旋转，反复多次即可将喷油器针阀拔出。

如果针阀无法用上述方法拔出或拔出过程中损坏，则必须更换新的喷油嘴偶件。为溶解新的喷油嘴偶件上的防锈油，此时应把新的喷油嘴偶件放在 70~80℃ 的柴油里煮 10min，然后在干净柴油中将针阀在阀体内来回抽动，以便将防锈油彻底清洗干净。如果只清洗而不煮，就不能完全洗净喷油嘴偶件内的防锈油，工作时容易使针阀积炭、胶结甚至卡住。另外，清洗针阀偶件时，不得与其他硬物相碰，防止刮伤针阀导向面。

(3) 喷孔阻塞

喷孔阻塞的主要原因：柴油机长期放置、喷嘴锈蚀导致喷孔半阻塞或完全阻塞、燃油中混进了固体杂质微粒或因燃烧不良产生积炭，使喷孔呈半阻塞状态。

喷孔一旦被阻塞，喷油泵的供油压力就会上升并伴有敲击声音发出。防止喷油孔阻塞的方法，一方面是对于进入喷油器的燃油要经过严格的多道过滤，目前，大多数喷油器在其内部增加了油滤偶件；另一方面通过改进燃烧的办法，防止因积炭过多而阻塞喷孔。

喷孔阻塞的排除方法：先将喷油器拆下来，用机械或弱腐蚀的方法清除掉喷油器上的积炭或铁锈。在保护好密封座面不受损伤的情况下，用钢丝或喷孔加工时使用的钻头清理喷孔内的积炭或铁锈。使用钢丝清除喷孔内的积炭或铁锈时，必须将钢丝装在夹头中进行，并且钢丝露出喷孔的长度不应超过 2mm，以便得到较大的弯曲强度，防止钢丝折断在孔中。

(4) 喷油压力过高或过低

喷油压力过高的原因是：针阀粘住或卡死在针阀体内；调压弹簧压力过大；喷孔堵塞。

喷油压力过低的原因是：针阀导向部分与针阀体间隙过大或针阀锥面密封不严；喷油嘴与喷油器体接触面密封不严；调压螺钉松动；调压弹簧压力太小或折断。

第二章　掌握直列柱塞泵和分配泵燃油喷射系统结构原理及故障检修

出现喷油压力过高或过低现象时，应将喷油器拆开清洗，并进行相应的调试和修理。喷油压力调整得过高或过低，都会导致柴油机工作不稳定和功率不足，甚至导致燃烧室及活塞等零件的早期磨损。一般来说，喷油压力如果调整过低，将使得喷油的雾化质量大大降低，柴油消耗量增加，且不易起动柴油机。即使能起动，因柴油机燃烧不完全，排气管会一直冒黑烟，喷油嘴针阀也容易积炭。如果喷油压力调整过高，则易引起柴油机在工作时产生敲击声，并使功率下降，同时也容易使喷油泵柱塞偶件及喷油器早期磨损，有时还会把高压管胀裂。

通过加强柴油机喷油嘴的故障分析及排除工作，能有效降低柴油机的故障率。喷油嘴的故障会直接导致柴油机工作不正常，但柴油机的故障并非都由喷油嘴引起。因此，对喷油嘴故障的判断应仔细，不可贸然对喷油嘴进行拆检，从而破坏其加工与装配精度，造成不必要的损失。此外，为减少喷油嘴故障，延长喷油嘴的使用寿命，平时应做好对喷油嘴的维修、保养工作。

任务二　掌握普通直列柱塞泵燃油喷射系统的结构原理与故障检修

普通直列柱塞泵燃油供给系统如图 2-22 所示。发动机工作时，输油泵经吸油管将柴油自油箱吸出，并将柴油压力提高到 0.15～0.30MPa，再经柴油滤清器滤去杂质后送至喷油泵，喷油泵将柴油压力进一步提高至 10MPa 以上，通过出油阀、高压油管泵入喷油器，喷油器再将柴油以雾状喷入燃烧室并与空气混合自行着火燃烧。输油泵供给的多余的柴油以及喷油器顶部回油孔流出的少量柴油，都经回油管流回到柴油箱。

油箱、柴油滤清器、输油泵、喷油器在上一节中已经做了详细的讲解，这里不再赘述，以下将着重对普通直列柱塞泵燃料供给系统的喷油泵进行介绍。

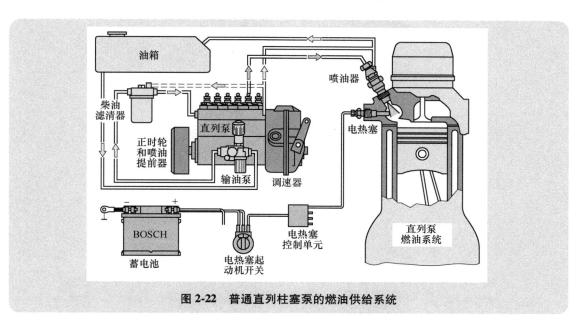

图 2-22　普通直列柱塞泵的燃油供给系统

普通直列柱塞式喷油泵的每个气缸都需要有一套泵油机构。几个相同的泵油机构装置

（分泵）在同一泵体上就构成了多缸发动机的柱塞泵。柱塞泵一般固定在柴油机机体一侧的支架上，由柴油机曲轴通过齿轮驱动，齿轮轴和喷油泵的凸轮轴用联轴器连接，调速器安装在喷油泵的后端。

柱塞式喷油泵的结构如图 2-23 和图 2-24 所示，它是由分泵、油量调节机构、调速机构、传动机构、供油提前角调节装置和泵体等部分组成的。

图 2-23　普通直列柱塞式喷油泵（一）

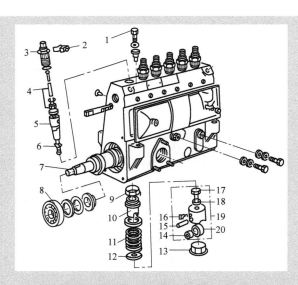

图 2-24　普通直列柱塞式喷油泵（二）

1—放气螺钉　2—夹板　3—出油阀固定座　4—出油阀弹簧及出油阀副　5—柱塞套筒　6—柱塞
7—喷油泵凸轮轴　8—轴承　9—齿圈　10—控制套筒　11—柱塞弹簧　12—弹簧座　13—螺塞
14—内滚轮　15—销轴　16—滑板　17—调整螺母　18—固定螺母　19—挺杆体　20—外滚轮

一、柱塞分泵

柱塞分泵主要由柱塞偶件（柱塞和柱塞套）、柱塞弹簧、出油阀偶件（出油阀和出油阀座）、出油阀弹簧等组成（见图 2-25）。柱塞上部的圆柱表面铣有斜槽，斜槽底部与柱塞顶面有孔道相通。柱塞套装入喷油泵体的座孔中，柱塞套上有进油孔，此孔与泵体内的低压油腔相通。柱塞弹簧通过上支座支撑于泵体上，弹簧下端通过下支座支撑在柱塞上，装配时有预紧力，依靠弹簧力把柱塞压紧在滚轮架的上端面上。柱塞由喷油泵凸轮轴上的凸轮驱动，并在柱塞弹簧的作用下，在柱塞套内做往复运动。此外，它还可以绕自身轴线在一定角度范围内转动。出油阀偶件位于柱塞套的上面，两者接合平面要求密封。

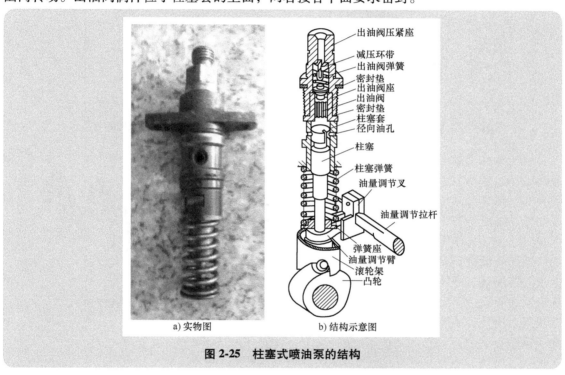

图 2-25　柱塞式喷油泵的结构

分泵的工作原理如图 2-26 所示。当柱塞向下移动时，见图 2-26a，燃油自低压油腔经柱塞套上的油孔被吸入并充满泵腔，在柱塞自下止点上移的过程中，开始有一部分燃油被从泵腔挤回低压油腔，直到柱塞上部的圆柱面将两个油孔完全封闭为止。此后柱塞继续上移，见图 2-26b，泵腔内的燃油压力迅速增高，当此压力增高到足以克服出油阀弹簧的作用力时，出油阀即开始上移。当出油阀的圆柱形环带离开出油阀座时，高压燃油便自泵腔通过高压油管流向喷油器。当柱塞继续上移至图 2-26c 所示位置时，斜槽同油孔开始接通，于是泵腔内的油压迅速下降，出油阀在出油阀弹簧的作用下迅速回位，喷油泵停止供油，在柱塞上移的整个行程中，并非全部供油。柱塞由下止点到上止点所经历的行程为柱塞行程，它的大小取决于驱动凸轮的轮廓。而喷油泵只是在柱塞完全封闭油孔之后，到柱塞斜槽和进油孔开始接通之前的这一部分柱塞行程内才泵油，这称为柱塞的有效行程。显然，喷油泵每次的泵油量取决于柱塞的有效行程的大小。因此，欲使喷油泵能随发动机工况不同而改变供油量，只需改变柱塞有效行程即可，这一般是通过改变柱塞斜槽和柱塞套油孔的相对位置来实现的。

如将柱塞按图 2-27a 所示箭头方向转动一个角度，柱塞有效行程就增加，供油量也增加；反之供油量则减少。当柱塞转到图 2-27b 所示位置时，柱塞根本不可能封闭油孔，因而有效行程为零，即喷油泵处于不泵油状态。

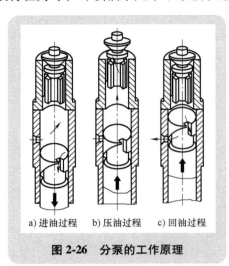

图 2-26　分泵的工作原理

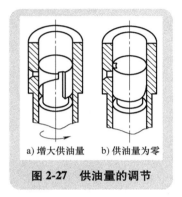

图 2-27　供油量的调节

出油阀的实物如图 2-28 所示，出油阀工作过程如图 2-29 所示。出油阀的上部呈圆锥形，与出油阀座相应的锥面配合。锥面下有一个短的圆柱面，称为减压环带，其作用是在喷油泵停止供油后迅速降低高压油管中的燃油压力，使喷油器能够立即停止喷油。减压环带从出油阀导管中冲出后，出油阀就会被燃油压力抬升，从而将燃油压送到喷油泵（见图 2-29a）。

图 2-28　出油阀的实物

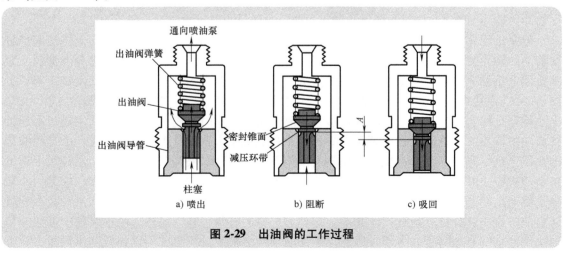

图 2-29　出油阀的工作过程

柱塞达到喷射结束状态后,输油压力下降,出油阀会依靠出油阀弹簧的弹力而下降。这时,出油阀减压环带的底端会达到与出油阀导管的顶端相同的位置,柱塞套内的高压部分和喷油泵之间被阻断(见图 2-29b)。其后出油阀的密封锥面和出油阀导管的顶端紧贴在一起下降。

出油阀的密封锥面在防止从喷油泵喷出来的燃油回流的同时,还具有保持残留压力的作用。但是如果残留压力过高,喷射结束后也会有从喷油嘴喷射燃油的情况,从而影响发动机的性能和排放。因此为了防止这种情况,需要将适量的燃油吸回(见图 2-29c)。实现这个功能的是减压环带,图 2-29b、图 2-29c 之间的移动量 A 称为容积增加行程。

二、油量调节机构

油量调节机构的作用是根据柴油机负荷和转速的变化,相应地改变喷油泵的供油量并保证各缸的供油量一致。由喷油泵的工作原理可知,喷油泵的供油量可通过转动柱塞以改变柱塞的有效行程的方法来改变。油量调节机构一般有拨叉式、齿条齿圈式、钢球销式三种形式。

1. 拨叉式油量调节机构

拨叉式油量调节机构见图 2-30。在柱塞的下端压套着调节臂,调节臂的端头插入固定在供油拉杆的拨叉的凹槽内。拨叉数与分泵数相同,供油拉杆装在泵体的导向套管中,其轴向位置受驾驶员或调速器控制。移动供油拉杆,柱塞就相对柱塞套转动,从而调节供油量。

2. 齿条齿圈式油量调节机构

齿条齿圈式油量调节机构如图 2-31 所示。柱塞下端有条状凸块伸入控制套筒的缺口内,控制套筒则套在柱塞套的外面,控制套筒的上部用紧固螺钉紧锁住一个齿圈,齿圈与供油齿条相啮合,供油齿条的轴向位置由驾驶员或调速器控制。移动供油齿条时,齿圈连同控制套筒带动柱塞相对于不动的柱塞套转动,以改变供油量(图 2-32 所示为四缸发动机齿条与齿圈的连接)。当需要调整某个缸的供油量时,先松开齿圈的紧固螺钉,然后转动控制套筒,并带动柱塞相对于齿圈转动一个角度(即相对柱塞套),再将齿圈固定。

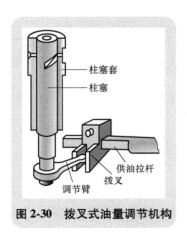

图 2-30 拨叉式油量调节机构

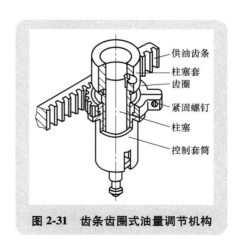

图 2-31 齿条齿圈式油量调节机构

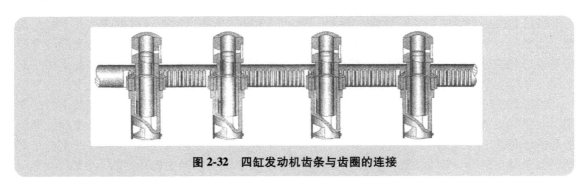

图 2-32 四缸发动机齿条与齿圈的连接

3. 钢球销式油量调节机构

如图 2-33 所示，它的工作原理与齿条式油量调节机构比较相似。油量调节套筒 3 松套在柱塞套 5 上，在下面缺口中嵌入十字形凸缘 4，其上部镶嵌一个钢球 1。在油量调节拉杆 2 水平的直角边上开有小槽，工作时槽口和油量调节套筒上的钢球啮合。当移动油量调节拉杆时，槽口就带动钢球使调节套与柱塞一起转动，从而达到调节供油量的目的。

三、分泵的传动机构

分泵传动机构的功用是驱动柱塞在柱塞套筒内往复运动，使喷油泵完成供油过程。分泵驱动机构主要包括喷油泵凸轮轴和滚轮传动部件。

1. 凸轮轴

凸轮轴通过两个轴承支承在喷油泵体上，如图 2-34 所示。凸轮轴的结构原理与汽油机中的凸轮轴的原理其本相同，在这里不做过多的阐述。

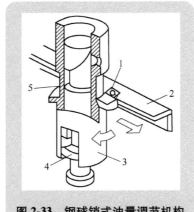

图 2-33 钢球销式油量调节机构
1—钢球 2—油量调节拉杆 3—油量调节套筒 4—凸缘 5—柱塞套

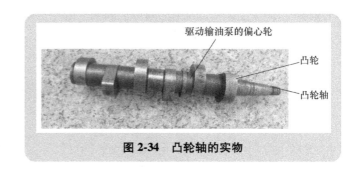

图 2-34 凸轮轴的实物

2. 滚轮传动部件

滚轮传动部件（见图 2-35）的功用是将凸轮的旋转运动转变为柱塞的往复直线运动，推动柱塞上行供油，此外，滚轮传动部件还可以用来调整各分泵的供油提前角。为了保证供油提前角的正确性，滚轮传动部件的高度一般都是可调的，可分为调整垫块式和调整螺钉式两种（见图 2-36 和图 2-37），通过对滚轮传动部件高度的调整，可以调整分泵的供油提前角。

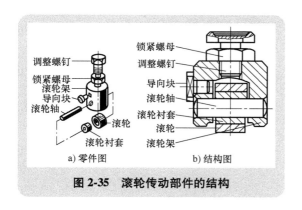

图 2-35 滚轮传动部件的结构

图 2-36 调整垫块式滚轮传动部件
1—调整垫块 2—滚轮 3—滚轮衬套
4—滚轮轴 5—滚轮架

四、泵体

泵体是喷油泵的骨架,所有的零部件都通过它组合在一起构成喷油泵整体。泵体在工作中还承受很大的载荷,因此要求泵体要有足够的强度、刚度,而且密封性好,拆装方便。泵体有分体式和整体式两种。分体式泵体分上、下两部分,用螺栓连接在一起,上体用来安装分泵,下体用来安装油量调节机构和驱动机构。整体式又分为整体侧窗式和整体封闭式。由于整体式泵体刚度好、密封性强,是目前国内外新型泵体的主要形式。

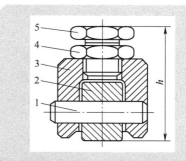

图 2-37 调整螺钉式滚轮传动部件
1—滚轮轴 2—滚轮 3—滚轮架
4—锁紧螺母 5—滚轮螺钉

五、调速器

1. 作用

普通直列柱塞泵燃料供给系统的调速器的安装位置如图 2-38 所示,它有以下几个作用:
1) 调速器控制调节齿条动作以改变喷油量。
2) 当发动机负荷变大,转速下降时,调速器自动增加喷油量,防止发动机停机。
3) 当发动机负荷变小,转速提高时,调速器自动减少喷油量,防止发动机转速过高。
4) 操作驾驶室内的油门控制杆,调节调速器,可在全程范围内改变发动机转速。

2. 调速器的分类

1) 双速调速器。它只限制发动机最高转速和最低稳定转速,在最高和最低转速之间不起作用。

2) 全速调速器。它不仅能控制发动机最高转速和最低稳定转速,而且能自动控制从急速到最高转速全部转速范围内的供油量,保证发动机在任何给定转速下稳定运转。

3) 综合调速器。又称两用调速器。此类调速器构造能当成双速调速器使用,经过调整后也具有全速调速器的功能。

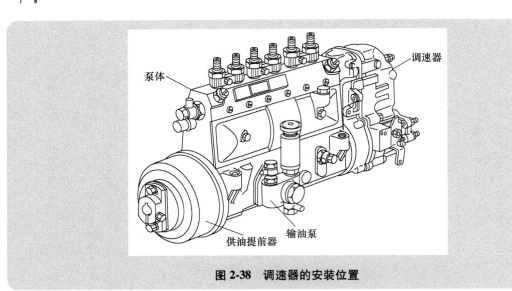

图 2-38 调速器的安装位置

3. 工作原理

（1）机械离心式双速调速器

双速调速器又称两速调速器，它适用于一般条件下使用的柴油发动机。下面以玉柴 YC6105QC 柴油机所配用的 RAD 型离心式双速调速器为例进行说明（见图 2-39）。

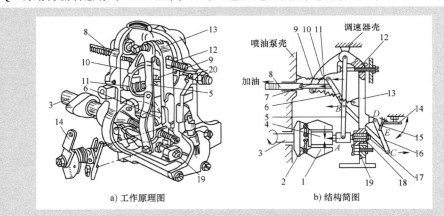

图 2-39 RAD 型双速调速器

1—飞块　2—滚轮　3—凸轮轴　4—滑套　5—导动杆　6—浮动杠杆　7—齿杆连接杆　8—供油齿杆　9—起动弹簧
10—速度调节杠杆　11—调速弹簧　12—速度调整螺栓　13—拉力杆　14—控制标杆　15—曲柄销轴
16—支撑杠杆　17—怠速调整螺钉　18—怠速弹簧　19—齿杆行程调整螺栓　20—稳速弹簧

调速器通过螺钉与喷油泵连接。飞块总成固装在喷油泵凸轮轴 3 上，两飞块 1 分别用销轴与飞块座连接。当飞块向外张开时，飞块背上的滚轮 2 推动滑套 4 沿轴向移动（图 2-39b）。导动杆 5 的上端与装在调速器壳上的销轴相连，并可绕其摆动，下端紧靠在滑套 4 的端面上。在导动杆 5 的中部松套着凸轮轴，轴的两端分别与上、下浮动杠杆 6 固定连接。上浮动杠杆通过齿杆连接杆 7 与供油齿杆 8 相连接。起动弹簧 9 装在上浮动杠杆顶部，弹簧的另一端与调速器壳连接。下浮动杠杆的下端有一销轴，插在支撑杠杆 16 下端的凹槽内。控

38

制杠杆14通过一根小连杆与支撑杠杆16相连,操纵控制杆便可转动支撑杠杆16。控制杠杆14是由驾驶员通过加速踏板与杆系操纵的。速度调节杠杆10、拉力杆13和导动杆5均悬套装于调速器壳的销轴上。调速弹簧11拉住拉力杆13与速度调节杠杆10,用速度调整螺栓12顶住速度调节杠杆10,使调速弹簧保持拉伸状态。在正常工作范围内,由于调速弹簧11的作用,拉力杆13始终紧靠在齿杆行程调整螺栓19上。在拉力杆13的中下部有一轴销,它插在支撑杠杆16上端的凹槽内。怠速弹簧18装在拉力杆13的下部,用于控制怠速。双速(两速)调速器的工作原理:

1)起动加浓工况。发动机停止运转时,飞块1在怠速弹簧18和起动弹簧9的作用下而闭合。起动前,将控制杠杆14推至全负荷供油位置(见图2-39b)。此时,支撑杠杆16绕D点逆时针方向转动,浮动杠杆6绕B点逆时针方向转动,因此,上浮动杆通过齿杆连接杆7推动供油齿杆8向增加供油的方向移动。起动弹簧9的作用是对浮动杆有一向左的拉力,使其绕C点作逆时针方向的摆动,同时带动B点(销轴)和A点(套筒)进一步向左移动,直到飞块1完全闭合时为止,从而保证供油齿杆8越过全负荷进入发动机起动时的最大供油量位置,即起动加浓位置。

2)怠速工况(见图2-40a)。将控制杠杆14拉回到怠速位置Ⅱ,发动机进入怠速工况。

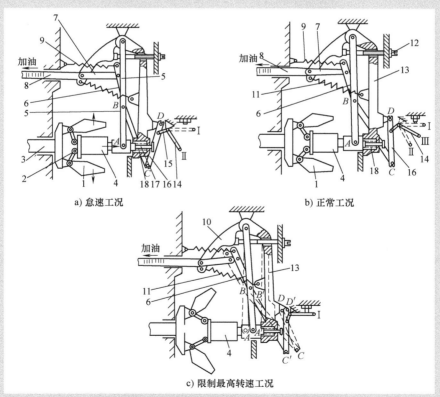

图2-40 RAD型双速调速器调速工况示意图

1—飞块 2—滚轮 3—凸轮轴 4—滑套 5—导动杆 6—浮动杠杆 7—齿杆连接杆 8—供油齿杆 9—起动弹簧 10—速度调节杠杆 11—调速弹簧 12—速度调整螺栓 13—拉力杆 14—控制杠杆 15—曲柄销轴 16—支撑杠杆 17—怠速调整螺钉 18—怠速弹簧

飞块 1 离心力的增减取决于发动机转速的变化。在怠速范围内，飞块 1 离心力使滑套 4 压缩怠速弹簧 18，当飞块 1 离心力与怠速弹簧 18 及起动弹簧 9 的合力平衡时，供油齿杆 8 便保持在某一位置，发动机就可以在怠速稳定地工作。若此时发动机的转速降低，飞块 1 离心力就随之减小，滑套 4 便在怠速弹簧 18 及起动弹簧 9 的作用下左移，从而使导动杆 5 向左摆动，带动 B 点及浮动杠杆 6 绕 C 点逆时针转动，通过连接杆 7 推动供油齿杆 8 左移，增加了供油量，使发动机转速回升。若发动机转速升高，则飞块 1 离心力增加，滑套 4 右移，通过导动杆 5、浮动杠杆 6 传于齿杆 8，使供油量减小，发动机转速就下降。由于上述作用，便可保证发动机在怠速稳定运转。

3) 正常工作的供油调节（见图 2-40b）。当发动机转速超过怠速时，怠速弹簧 18 完全被压入拉杆 13 内，滑套 4 直接与拉杆 13 接触。由于拉杆 13 被很强的调速弹簧 11 拉住，在转速小于最大工作转速的条件下，飞块 1 的离心力不能推动拉杆 13，拉杆 13 不会右移而始终靠紧在齿杆行程调整螺栓上。因而支点 B 也不会移动，只有当改变控制杠杆 14 的位置时才能使供油齿杆 8 向左或向右移动，从而增加或减少供油量。由此可见，正常工作时供油量的调节是由驾驶员操纵的，调速器不起作用。

4) 限制最高转速工况（见图 2-40c）。不管发动机是部分负荷工作还是全负荷工作，只要是由于外界负荷变化，引起发动机转速超过规定的最大转速时，飞块 1 离心力就能克服调速弹簧 11 的拉力，使飞块 1 进一步张开。这个动作推动滑套 4 和拉杆 13 右移，使支点 B 移到 B′，拉杆 13 的 D 点移到 D′，浮动杠杆 6 的下支点 C 移到 C′。结果供油齿杆 8 向右移动，供油量减少，从而保证了发动机转速不会超过规定的最大转速值。

被限制的发动机最大转速，可通过改变调速弹簧 11 的预紧力来调节。从图 2-40b 可以看出：当速度调整螺栓 12 向里旋进时，顶住速度调节杠杆 10 绕其支点向左移动，调速弹簧 11 的预紧力增大，发动机的最高转速升高。如果和上述情况相反时，发动机的最高转速降低。

（2）机械离心综合式调速器

下面以 CA6110A 型柴油机喷油泵所配用的 RFD 型综合式调速器为例进行说明。

RFD 型调速器结构（图 2-41）与 RAD 型调速器结构的主要不同之处是除了负荷控制手柄 15 外，还有速度控制手柄 8。速度控制手柄 8 与速度调整杠杆 14 装在同一摆动轴上，从而使调速弹簧 13 由一端固定式变为端部位置可摆动式。当速度控制手柄摆动时，速度调整杠杆 14 同步摆动一定角度，使调速弹簧 13 的预紧力改变。此时，将速度控制手柄固定在全负荷限位螺钉 16 的位置上，即为摆动弹簧式的全速调速器。如果将速度控制手柄固定在调速弹簧 13 预紧力最大的调速限位螺钉的位置上，而将加速踏板与负荷控制手柄相连，即为双速调速器。当 RFD 型调速器具有全速调速功能时，其工作原理如下。

1) 起动加浓工况（见图 2-41a）。驾驶员将加速踏板踩到底，使速度控制手柄处于和调速限位螺钉相靠的位置 A 处，此时调速弹簧 13 的弹力最大，其作用过程同 RAD 型双速调速器。

2) 怠速工况（见图 2-41b）。发动机起动后，放松加速踏板，即速度控制手柄 8 转至怠速位置 B，此时调速弹簧 13 完全松开，弹力为零，飞块 3 的离心力使滑套 20 推动导动杠杆 10 逆时针方向摆动，浮动杠杆 12 带动供油齿杆 4 向右拉至怠速供油位置。滑套 20 和怠速弹簧推杆 22 接触，将怠速弹簧 21 压缩，拉力杆 9 向右摆动脱离齿杆行程调整螺钉 19，发动机

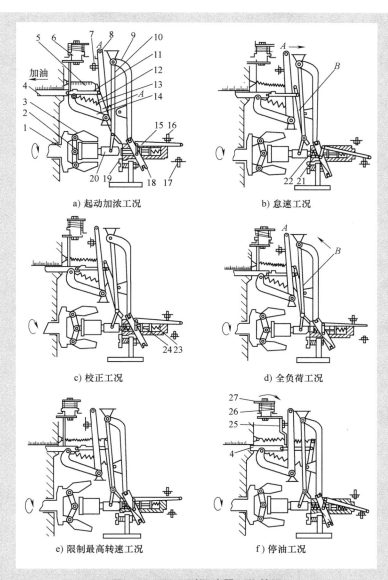

图 2-41 RFD 型调速器工作简图

1—凸轮轴 2—滚轮 3—飞块 4—供油齿杆 5—起动弹簧 6—停油装置组件 7—调速限位螺钉 8—速度控制手柄 9—拉力杆 10—导动杠杆 11—齿杆连接杆 12—浮动杠杆 13—调速弹簧 14—速度调整杠杆 15—负荷控制手柄 16—全负荷限位螺钉 17—怠速限位螺钉 18—拨叉 19—齿杆行程调整螺钉 20—滑套 21—怠速弹簧 22—怠速弹簧推杆 23—转矩校正弹簧 24—转矩校正推杆 25—停油拨叉 26—扭簧 27—停止供油手柄

处于怠速运转。

若发动机转速降低，飞块离心力减小，怠速弹簧的弹力推动滑套 20 左移，供油齿杆向增油方向移动，发动机转速提高而使怠速稳定。若发动机转速下降过多，拉力杆 9 向左摆动又触及齿杆行程调整螺钉 19，怠速弹簧完全伸张而失去作用，起动弹簧 5 的拉力使浮动杠杆 12 进一步向左摆动，供油量增加，使发动机转速升高，起到自动稳定转速的作用。

3）校正工况（见图2-41c）。该形式调速器由转矩校正推杆24和转矩校正弹簧23组成校正装置。其作用是当柴油机在额定转速下运转时，而外界负荷瞬间增加使发动转速降低，此时校正装置能使供油齿杆超过额定供油位置而自动额外供油，使发动机转矩增加而不熄火。

校正装置和怠速装置均安装在拉力杆9下端的同一腔内。在全负荷工况时，怠速弹簧和校正弹簧均被压缩。在外界负荷增加时，发动机转速下降，飞块离心力减小，校正弹簧和怠速弹簧将伸张而推动滑套左移，带动导动杠杆和浮动杠杆再向左摆动一定量，使供油齿杆超越额定供油位置增加供油量，使发动机转矩增大，阻止了转速的下降。

4）全负荷工况（见图2-41d）。驾驶员将加速踏板踩到底，即速度控制手柄8处于全负荷位置A，此时调速弹簧的张力最大，调速弹簧拉动拉力杆9、滑套20、导动杠杆10、浮动杠杆12、将供油齿杆4拉至全负荷供油位置，当调速弹簧的张力和飞块离心力对滑套20产生的轴向推力相等而处于平衡时，发动机在全负荷工况下稳定运转。

5）限制最高转速工况（见图2-41e）。当发动机转速超过额定转速时，飞块离心力加大，使滑套的推力大于调速弹簧的拉力，拉力杆向右摆动与齿杆行程调整螺钉相接触，导动杠杆、浮动杠杆将供油齿杆向供油减小方向拉动，使供油量减小，直至滑套的推力与调速弹簧的拉力又重新平衡时，发动机又稳定运转。

6）一般工况。当速度控制手柄处于全负荷位置A和怠速位置B之间的某一位置时，调速弹簧有一定的预紧力，随着发动机转速的变化，飞块离心力产生的轴向推力也在变化，随时与调速弹簧的拉力进行平衡，使供油量达到新的平衡。

六、联轴器与供油提前角调节装置

1. 联轴器

柴油机每个工况都有一个确定的最佳供油提前角，这个最佳供油提前角是通过联轴器的结构来保证的；当柴油机转速发生变化时，通过供油提前角调节装置来改变发动机曲轴和喷油泵凸轮轴之间的相位角，从而得到新的最佳供油提前角。

联轴器一般位于驱动齿轮与供油提前角自动调节器之间（见图2-42），它是用来连接喷油泵凸轮轴与其驱动轴的，其结构如图2-43所示。锁紧螺栓将联轴器主动盘固定在驱动轴上，两个连接螺钉穿过主动盘上的弧形孔A将主动盘和中间凸缘盘连接在一起，中间凸缘盘和从动盘上两个矩形凸块B、C分别插入十字胶木盘的矩形切口中，从动盘用键和喷油泵凸轮轴

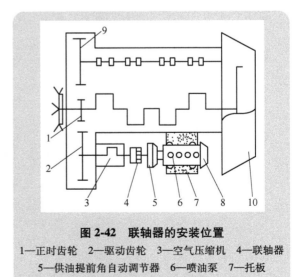

图2-42 联轴器的安装位置
1—正时齿轮 2—驱动齿轮 3—空气压缩机 4—联轴器
5—供油提前角自动调节器 6—喷油泵 7—托板
8—调速器 9—配气机构驱动齿轮
10—飞轮上的喷油正时标记

连接，从而将动力传到凸轮轴。若旋松连接螺钉，沿弧形孔A转动主动盘即可调节主动盘和中间凸缘盘之间的角度，从而调节了供油提前角。

第二章　掌握直列柱塞泵和分配泵燃油喷射系统结构原理及故障检修

2. 供油提前角调节装置

供油提前角调节装置的功用是在柴油机整个工作转速范围内，使喷油泵供油提前角随柴油机转速升高而自动相应提前。供油提前角调节器位于联轴器和喷油泵之间，常见的机械离心式供油提前角调节装置的结构如图 2-44 所示。

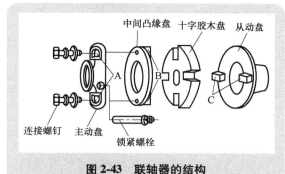

图 2-43　联轴器的结构

飞块一端套在从动盘的支承销 B 上，并以支承销为转动中心，另一端的曲面与主动盘上的支承销 A 相接触。当柴油机转速增大时，作用在飞块上的离心力增大，飞块位置发生变化导致主动盘与从动盘，即柴油机曲轴和喷油泵凸轮轴之间的相对角度变大，从而使供油提前角变大。

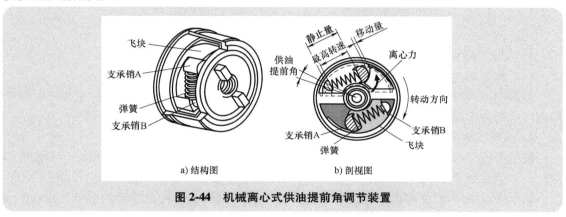

图 2-44　机械离心式供油提前角调节装置

七、普通直列柱塞泵的拆装与检查

1. 直列柱塞泵的拆卸

拆卸的顺序按图 2-45 中数字所示，安装的顺序与拆卸的顺序相反。

1）拆下发动机熄火油量调节杆的连接销，取下连杆。
2）拆下燃油回油管。
3）拆下高压油管。
4）拆下进气歧管。
5）拆下油量控制杆。
6）拆下输油泵到燃油滤清器的油管。
7）拆下燃油滤清器的燃油回流管。
8）拆下燃油滤清器到喷油泵的燃油管。
9）拆下孔盖。
10）拆下橡胶密封圈。
11）拆下喷油泵前端的六个螺栓。
12）拆下喷油泵紧固螺栓。

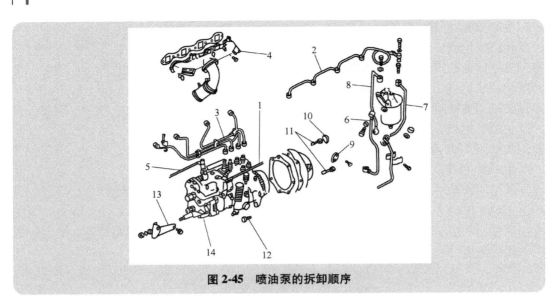

图 2-45 喷油泵的拆卸顺序

13）拆下托架。

14）取下喷油泵总成。

拆卸喷油泵时，为了安装方便，应转动曲轴，使喷油泵齿轮上的切口线标记和正时齿轮箱盖上的箭头标记对齐，如图 2-46 所示。

2. 直列柱塞泵的安装

喷油泵经过检修和调试后，重新安装到发动机上的顺序与拆卸时的顺序相反。安装喷油泵时，必须保证喷油提前器上的切口线标记和正时齿轮盖上的箭头标记对齐。

如果正时齿轮标记不能对齐，应顺时针转动曲轴，使曲轴带轮上的记号与壳上的记号对齐，将第一缸活塞置于压缩行程上止点。调整后，再安装喷油泵。

3. 柱塞式喷油泵的检查

1）检查出油阀副密封性。松开高压油管接头，将熄火拉钮置于熄火位置，转动曲轴，使喷油泵凸轮轴不压缩输油泵的活塞。然后，用手油泵泵油，以油管接头不再冒油为正常；若一直冒油，说明出油阀副不密封（见图 2-47）。

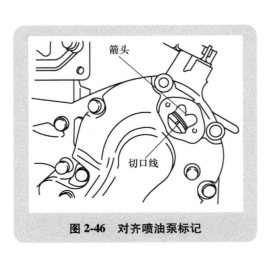

图 2-46 对齐喷油泵标记

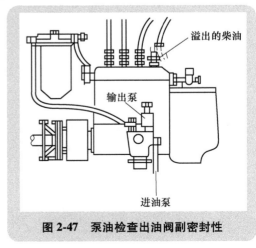

图 2-47 泵油检查出油阀副密封性

2）压力检查出油阀副。将出油阀从出油阀座拉出 3mm，然后用力压出油阀入座。压入时费力，松开时出油阀能自动弹出为正常，否则说明不密封，见图 2-48 所示。

3）检查柱塞副密封性。将用柴油洗净的柱塞从柱塞套中拉出 10mm，然后，再将柱塞副倾斜约 60°，如图 2-49 所示，看柱塞下滑情况。如果柱塞下滑很慢（下滑到底超过 2.5s），说明柱塞副密封性良好；若不滑动，说明柱塞套变形、内表面起槽或有磨痕，应更换；若柱塞用了不到 2s 就滑到底，说明柱塞副磨损严重，应更换。

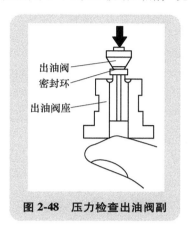

图 2-48　压力检查出油阀副

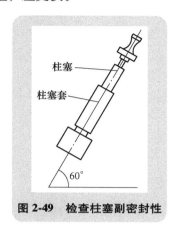

图 2-49　检查柱塞副密封性

将柱塞副用柴油洗净，转动柱塞，使其回油槽偏离柱塞套上的进油孔。将柱塞拉出 10mm，用力将柱塞压到底，并保持 5s，然后放开手，柱塞能自动弹出为正常；否则为密封不良，应更换柱塞副。

4. 柱塞式喷油泵的装复注意事项

在装配喷油泵时，应注意各部件上的装配标记，以免装错。

1）柱塞套安装。将柱塞套置于喷油泵的每只套筒中，注意检查柱塞套的进口是否对着喷油泵的前方。要把柱塞上的定位槽与压入喷油泵壳内的定位销对准。

2）出油阀的安装。将新的出油阀衬垫安放在出油阀上，使出油阀与柱塞套接触紧密。然后安装出油阀弹簧，并旋紧出油阀座，拧紧力矩应为 30~40N·m。

3）控制齿条的安装。安装控制齿条时，应使其刻线与喷油泵体壁衬套边缘对齐，然后安装控制齿条，使其开口朝向操作者。

4）凸轮轴的安装。将凸轮轴与中间轴承一块安装，使凸轮轴一端上的刻线朝向驱动侧，检查凸轮轴的端隙，使其端隙保持在 0.03~0.06mm，如果间隙不当，可用垫片调整。

5）喷油泵装复后，应安装在试验台上进行调试，使其各项参数符合技术要求。

任务三　掌握电控直列柱塞泵燃油喷射系统的组成及结构原理

一、电控直列柱塞泵燃油喷射系统的特点

电控直列柱塞泵燃油喷射系统是在普通机械燃油系统的基础上改进而成的，有如下特点：

1) 具有故障自诊断和故障应急等功能。
2) 通过数据信息传输功能，可以提高全系统的性能，使机构简单。
3) 控制自由度比机械控制燃油系统要大。
4) 可以检测控制对象，并可进行反馈控制。因此，由机械磨损引起的时间效应可以给予补偿，控制精度高。

二、直列柱塞泵电控系统控制原理

直列柱塞泵电控系统是在直列柱塞式喷油泵的基础上改进而成的（见图2-50）。它把控制喷油泵的执行元件（机械式调速器）改为电磁式电子调速器或直流电动机式电子调速器。改进后的电控柴油机，用电子调速器代替原有的机械离心式调速器对喷油量进行控制；用正时控制器代替原有的机械离心式供油提前角自动调节器，对喷油正时进行控制；还设有油量调节拉杆（齿条）位置传感器和正时传感器，对发动机的喷油量和喷油正时进行闭环控制。

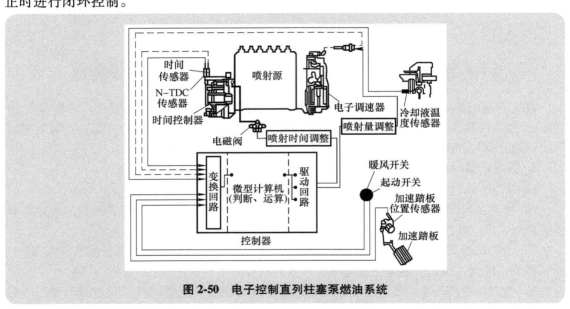

图2-50　电子控制直列柱塞泵燃油系统

三、直列柱塞泵电控系统组成及工作过程

1. 传感器

直列柱塞泵电控系统涉及的传感器有加速踏板位置传感器、冷却液温度传感器、N-TDC传感器（转速-凸轮轴位置传感器）、时间传感器、控制杆位置传感器（调速器内）、起动开关、空调开关等。

2. ECU

ECU对输入的控制信号和反馈进行分析处理计算后发出相应的喷油量及喷油提前角命令。

3. 执行元件

执行元件用于喷油量和喷油提前角的精确控制。可以分为电动机调速器和电磁调速器两种。

(1) 电动机调速器

电动机调速器的结构如图 2-51 所示，其作用是用来控制电控直列柱塞泵的喷油量的大小。电动机调速器由电动助推器、连杆机构、控制杆等部分组成，控制杆位置传感器装于壳体内。由 ECU 输入的控制指令信号控制电动助推器的上下移动，通过连杆机构将电动助推器的上下移动变为控制杆的水平移动，从而实现喷油量的增减控制。

与电动机调速器相匹配的有电磁阀和正时控制器。电磁阀的作用是控制喷油提前角，电磁阀接受 ECU 的控制指令，控制由发动机机油泵进入正时控制器的油压，从而使正时控制器动作进而改变喷油泵凸轮轴与喷油泵驱动轴（曲轴）的相对位置。正时控制器装于喷油泵驱动轴（曲轴）与喷油泵凸轮轴之间。

电磁阀的结构如图 2-52 所示。电磁阀为双组式，共有三个通道：

1) P 孔通发动机主油道，控制压力机油由 P 孔进入电磁阀。
2) R 孔为回油通道，一部分机油从 R 孔流回发动机油底壳。
3) A 管是通往正时控制器的油道，控制机油由电磁阀经 A 管流入正时控制器。

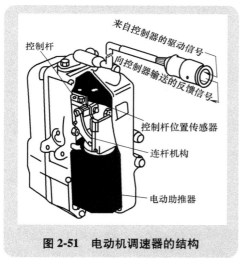

图 2-51　电动机调速器的结构

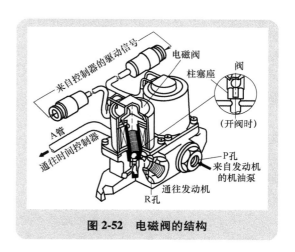

图 2-52　电磁阀的结构

电磁阀受 ECU 控制，通过控制从 R 孔流回发动机的油量来控制从 A 管进入正时控制器的油压，从而控制正时控制器内的活塞位置来实现喷油提前角的调节。

正时控制器的结构如图 2-53 所示，由缸筒、活塞、大小凸轮、法兰和圆盘等组成。正时控制器受电磁阀流入的油压控制，活塞位置发生改变，通过活塞上的销带动凸轮偏转，从而使法兰（泵轴）相对于圆盘（发动机曲轴）偏转一定角度，实现喷油提前角的调节。

(2) 电磁调速器

电磁调速器的结构如图 2-54 所示，内部主要由螺线管、齿杆位置传感器、转速传感器、传感器放大器四部分构成。螺线管用于控制线圈中的电流，使喷油泵的调节齿杆移动。齿杆位置传感器由线圈和铁心构成，用于检测调节齿杆的位置。转速传感器用于检测发动机的转速。传感器放大器将检测到的齿杆位置传感器的输出信号放大后送到电子控制单元中。此外，还有将加速踏板的角度转换成电信号的加速踏板位置传感器、冷却液温度传感器和起动信号等。

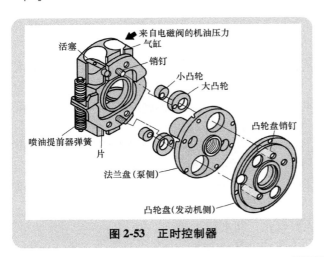

图 2-53 正时控制器

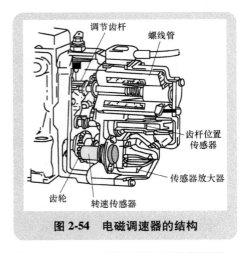

图 2-54 电磁调速器的结构

喷油量由油门开度和发动机转速决定。当电流流过螺线管线圈时，滑动铁心被拉向图 2-55 所示箭头方向，在复位弹簧力的作用下，滑动铁心在某一个平衡位置停住。调节齿杆和滑动铁心是连在一起的，和铁心一起联动，向增加喷油量的方向移动。如果铁心向箭头相反的方向移动，则调节齿杆使喷油量向减少的方向移动。

假设调节齿杆向增加喷油量的方向移动，和调节齿杆连接的连接杆则以支点 A 为中心，向逆时针方向转动，连接杆的下端和齿杆位置传感器的传感器磁铁连接，所以传感器的磁铁向右方（箭头方向）移动。因此，齿杆位置传感器的输出发生了变化。

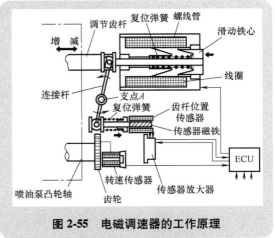

图 2-55 电磁调速器的工作原理

齿杆位置传感器送来的信号经过传感器放大器进行整流、放大，输入到电子控制单元中。然后，电子控制单元将该信号和齿杆位置的目标值进行比较，根据两者的差值向螺线管发出驱动信号，改变喷油量。

与电磁调速器相匹配的喷油正时器（或电子提前器）的结构如图 2-56 所示。它是通过改变发动机曲轴与喷油泵轴之间的相位角，即喷油提前角，来实现对喷油定时控制的。它由喷油泵带动的输入传动轴、输出传动轴和滑块组成。滑块有一个内直花键和一个外螺旋花键，它们分别与输出轴的直花键和输入轴的螺旋花键相啮合。此外，有一个环形接头装在输入轴的外部，它上面有油路直通滑块。执行器的转子总成见图 2-57，喷油正时器的控制原理如图 2-58 所示。

电磁阀由电控单元驱动，控制作用在油压活塞上的油压。油压活塞左右移动使转换机构上下运动，从而改变发动机驱动轴输入轴和凸轮轴输出轴之间的相位。

发动机驱动轴和凸轮轴上分别装有转速脉冲发生器和提前角脉冲发生器。

对应两个脉冲发生器分别装置了转速传感器和提前角传感器。从两个传感器的信号 n_e 和 n_p 可检测出两者的相位差。

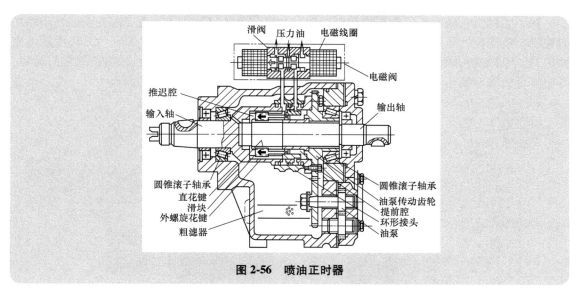

图 2-56 喷油正时器

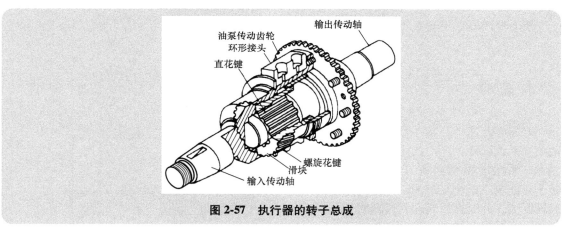

图 2-57 执行器的转子总成

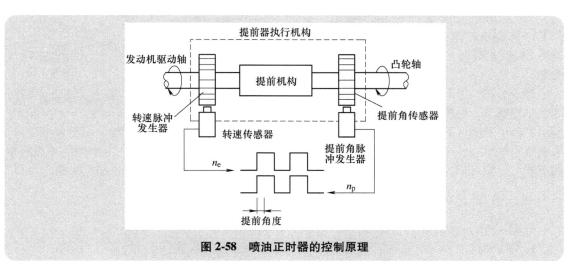

图 2-58 喷油正时器的控制原理

除了发动机的转速外，电子提前器对于发动机的负荷也可以通过适当改变喷油时间而加以控制。液压执行器系统见图 2-59。它的主要元件是一个双作用液压缸和一个三位四通电磁换向阀。电磁换向阀的工作原理见图 2-60。通过该电磁换向阀控制液压缸活塞的往复运动，即可实现曲轴与喷油泵凸轮轴旋转相位角之间的改变，实现喷油定时的调节。

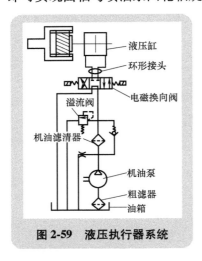

图 2-59 液压执行器系统

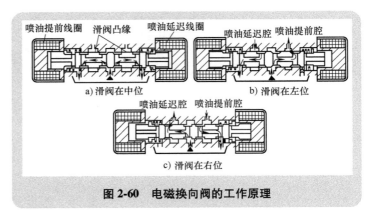

图 2-60 电磁换向阀的工作原理

任务四　掌握普通分配泵燃油喷射系统的结构原理与故障检修

在轻型汽车上，除了直列柱塞泵燃油喷射系统以外，还广泛使用转子分配（VE）泵燃油喷射系统（见图 2-61）。转子分配泵不仅往复泵油，同时又连续旋转配油，并配有适当的调速器对供油时间、供油量和供油过程进行控制。

VE 是德语分配泵的缩写，分配（VE）泵为单柱塞供油，并通过分配器将燃油分别供给各缸燃烧室进行燃烧。

转子分配（VE）泵是一种轴向压缩式单柱塞泵，结构如图 2-62 和图 2-63

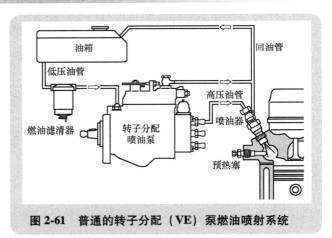

图 2-61 普通的转子分配（VE）泵燃油喷射系统

所示。转子分配（VE）泵的左端为传动轴及滑片式输油泵，中间由传动齿轮、滚轮及滚轮座、平面凸轮等组成，一端有控制套筒、柱塞、电磁阀等。泵的上部为调速器，下部为供油提前角调节器。分配（VE）泵可以实现供油分配、喷油量调节、喷油提前角调整、停机功能。

一、分配（VE）泵主要零件

分配（VE）泵内部的主要零件如图 2-64 所示。

1. 传动轴

传动轴将发动机转速减半，通过主驱动盘来驱动凸轮盘。

第二章 掌握直列柱塞泵和分配泵燃油喷射系统结构原理及故障检修

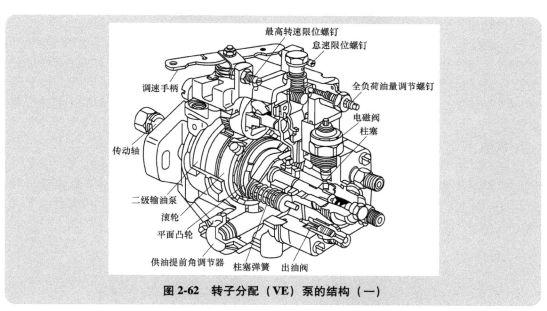

图 2-62 转子分配（VE）泵的结构（一）

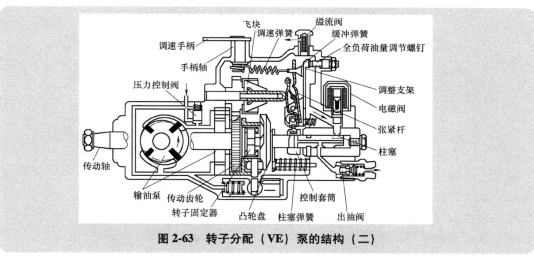

图 2-63 转子分配（VE）泵的结构（二）

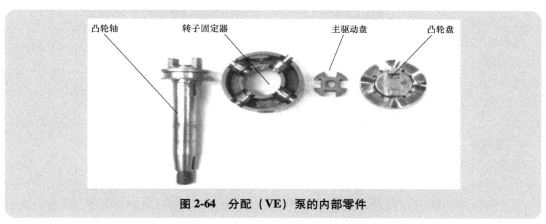

图 2-64 分配（VE）泵的内部零件

2. 凸轮盘

凸轮盘具有与发动机气缸数量相同的平面凸轮，通过转子固定器固定的转子驱动后，进行相当于凸轮升降器的往复运动。并且在凸轮盘中泵柱塞是由顶销和柱塞弹簧组成的，在与凸轮盘一起转动的同时进行往复运动。因此，在四气缸发动机的情况下，转子固定器中有四个转子，凸轮盘中有四个平面凸轮，凸轮盘和活塞在一个旋转周期中进行四次往复运动。

3. 柱塞

柱塞的实物如图 2-65 所示，它与分配套筒和控制套筒共同组成燃油吸入、压送及燃油流量的调整装置（见图 2-66 和图 2-67），柱塞开口及分配套筒输出管道的数量与气缸数量相同。并且将柱塞的缺口与凸轮盘背面的销钉安装在一起，通过柱塞弹簧压入到凸轮盘中。

图 2-65 柱塞的实物

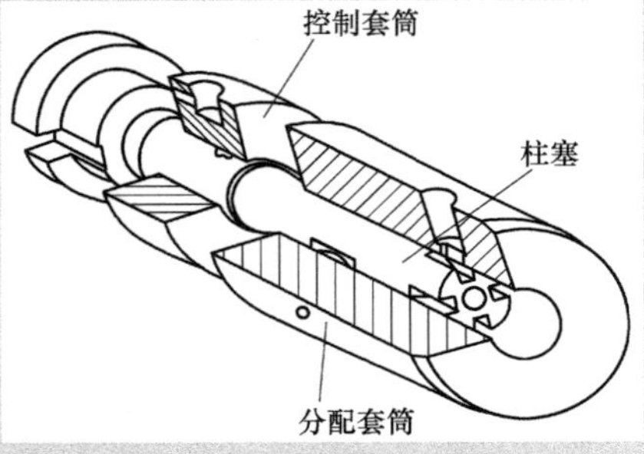

图 2-66 燃油流量的调整装置（一）

随着传动轴的旋转，通过主驱动盘连接的平面凸轮盘及嵌入其中的柱塞开始旋转。并且，与主驱动盘连接的凸轮盘中有与气缸数量相等的平面凸轮，这些平面凸轮因与主驱动盘连接而进行旋转，所以柱塞进行旋转和往复两种运动。

柱塞的往复运动可将燃油施加高压，并向喷油器压送，而旋转运动通过柱塞的前端部分、中央部分和中心部分设计的开口和孔，完成向各气缸的喷油器分配燃油。

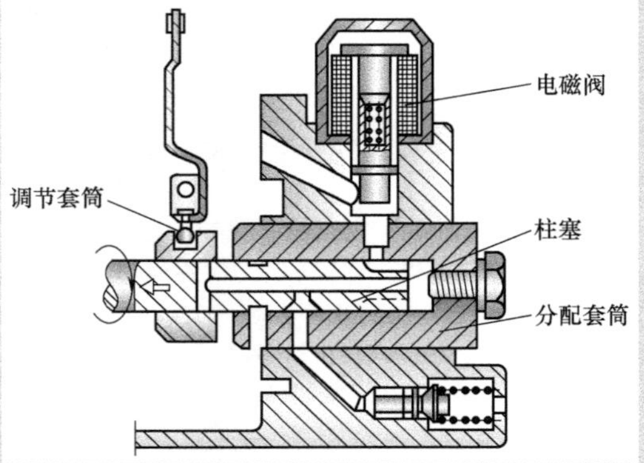

图 2-67 燃油流量的调整装置（二）

4. 输油泵

输油泵的实物如图 2-68 所示，它具有叶片式结构，将经燃油滤清器过滤后的燃油压送到泵外壳内。它的工作原理如图 2-69 所示，当传动轴驱动转子旋转时，由于离心力的作用，将叶片向外侧挤压，沿着壳体内面移动。这时，转子和壳体及叶片之间所围成的空间容积随着转子的转动从燃油的吸入口开始逐渐扩大，因为此空间内的压力下降，燃油被吸入进来。转子继续旋转，其容积逐步缩小，燃油被加压通过输出口压送到泵外壳内。

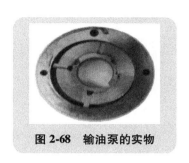

图 2-68　输油泵的实物

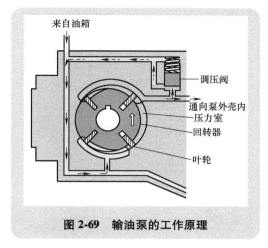

图 2-69　输油泵的工作原理

5. 调压阀

调压阀是控制输油泵的输油压力的装置，如图 2-70 所示。输油泵的输出压力超过规定值后，活塞压缩调压阀内的弹簧使其上升，因为燃油通路与吸入侧相连，输出压力将下降，从而来控制输出的油压。因此，输油泵的输油压力是由调压阀弹簧的弹力决定的。

6. 溢流阀

溢流阀如图 2-71 所示，它用来冷却泵外壳内各部件，并将多余燃油送回到油箱，其流量是由喷嘴来限定的，所以可以保持泵外壳内的压力差稳定。

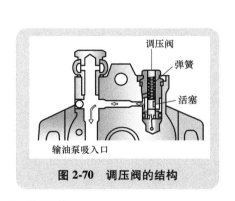

图 2-70　调压阀的结构

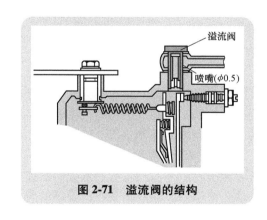

图 2-71　溢流阀的结构

7. 分配盖

分配盖的结构如图 2-72 所示，它是进行燃油吸入、计量、分配和压送的装置，其内部嵌配有分配套筒。分配套筒中设计有与气缸数相等的输出管道。

二、供油分配过程

转子分配（VE）泵由一个分配柱塞向多个气缸供油（见图 2-73），柱塞的驱动机构如图 2-74 所示。

图 2-72　分配盖的结构

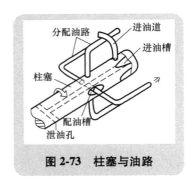

图 2-73　柱塞与油路

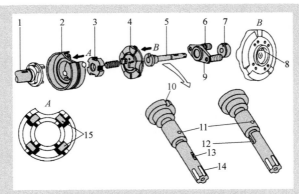

图 2-74　柱塞的驱动机构

1—传动轴　2—转子固定器　3—凸轮盘　4—平面凸轮盘　5—分配柱塞　6—柱塞弹簧
7—油量调节套筒　8—传动销钉　9—柱塞弹簧座　10—导向槽　11—泄油孔
12—压力平衡槽　13—燃油分配槽　14—进油槽　15—滚轮

1. 进油过程

滚轮由平面凸轮的凸起部分移到最低位置时,柱塞弹簧由右向左推移,在柱塞接近终点位置时,柱塞上部的进油槽与柱塞套筒上的进油孔相通,燃油经电磁阀下部的油道流入柱塞右端的压油腔内(见图 2-75)。

2. 压油与配油过程

随着滚轮由平面凸轮的最低处向凸起的部分移动,柱塞在旋转的同时也自左向右运动。当进油孔关闭后,柱塞即开始压缩压油腔内的燃油使之压力升高,此时柱塞上的配油孔与柱塞套上的出油孔之一相通,高压油即经出油孔和出油阀流向喷油器(见图 2-76)。

3. 供油结束

柱塞在平面凸轮的推动下继续右移,柱塞左端的泄油孔与分配泵内腔相通时,高压油立即经泄油孔流回主泵内腔中,燃油压力立即下降,供油停止。从柱塞上的配油槽与出油孔相通起,至泄油孔与分配泵内腔相通为止,为有效的供油过程(见图 2-77)。

4. 压力平衡过程

供油结束后,柱塞继续旋转,当柱塞上的压力平衡槽与分配油路相通时,分配油路中的燃油与分配泵内腔油压相同,这样可以保证各缸供油的均匀性(见图 2-78)。

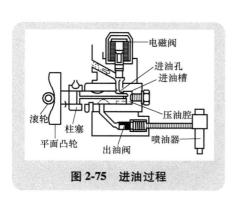

图 2-75 进油过程

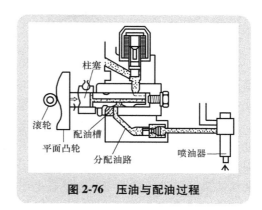

图 2-76 压油与配油过程

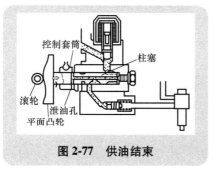

图 2-77 供油结束

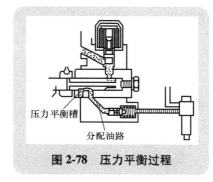

图 2-78 压力平衡过程

三、喷油量的调节

调速器将调节套管左右移动，从而使有效行程（从喷射开始到喷射结束的柱塞行程量）变化。调节套管向图 2-79 左方移动，有效行程缩小，喷射量减小。相反，向右移动时有效行程增大，喷射量增加（见图 2-79）。

四、喷油提前角的调整

喷射提前角的控制是通过改变凸轮盘和转子固定器之间的相对位置关系来进行的，将转子固定器向凸轮盘（传动轴）的旋转方向相反的方向旋转，可以实现喷油提前，向凸轮盘旋转方向相同方向旋转可以延迟喷射时刻。

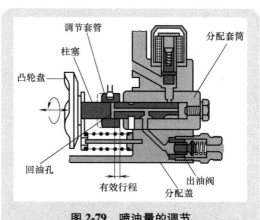

图 2-79 喷油量的调节

机械式转子分配泵是依靠调压阀控制的泵外壳内的燃油压力，再由喷油提前器控制喷油时刻的。如图 2-80 所示，喷油泵的转速升高后，燃油泵的输油压力上升，施加在喷油提前器活塞的右侧，燃油压力同时也增大。于是，喷油提前器活塞推动喷油提前器弹簧向左侧移动，所以经过与喷油提前器活塞相连的滑动销钉，转子固定器向与凸轮盘旋转方向相反的方向转动，转子与凸轮盘的凸面部分提早接触，从而提早了喷油时间。

五、电磁式停油装置

转子分配（VE）泵采用断油电磁阀控制停油（断油电磁阀实物见图2-81）。电磁阀装在柱塞套筒进油孔的上方。柴油机起动时，电磁阀的线路接通，从蓄电池来的电流经过电磁线圈，可以上下活动的阀芯被电磁线圈吸起，阀芯压缩弹簧使进油道开启。当需要柴油机停车时，只需切断电源，电磁线圈内磁力消失，阀芯在弹簧力的作用下下落，将进油道关闭，进油停止，柴油机即停止工作（见图2-82）。

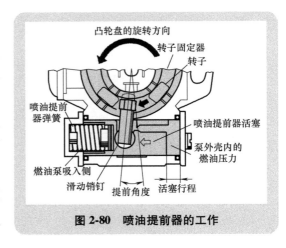

图 2-80　喷油提前器的工作

图 2-81　断油电磁阀的实物

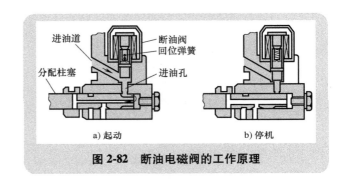

图 2-82　断油电磁阀的工作原理

六、分配泵的检修

分配泵的修理过程与柱塞泵基本相同，但由于分配泵的构造与柱塞泵有很大区别，它的拆卸、装复和调试方法都与柱塞泵不相同，下面主要以4JA1、4JB型柴油机所用分配泵为例，讲解分配泵的检修方法。

1. 分配泵拆装

分配泵拆装的顺序如图2-83所示。拆卸的顺序与图2-83中标号一致，安装顺序与图2-83中标号相反。

1）拆下曲轴箱通风软管。
2）拆下燃油软管。
3）拆下燃油泄漏软管。
4）拆下燃油喷射管。
5）拆下进气管总成。
6）拆下发动机控制索缆。
7）拆下盖孔。
8）拆下托架。
9）拆下分配泵总成。

第二章 掌握直列柱塞泵和分配泵燃油喷射系统结构原理及故障检修

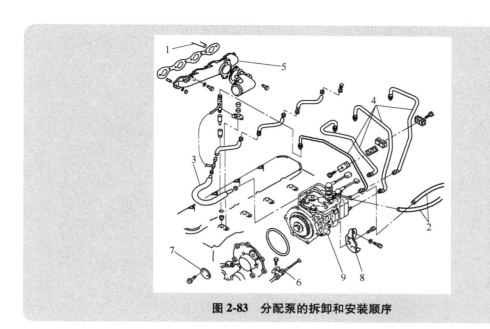

图 2-83 分配泵的拆卸和安装顺序

拆卸分配泵时，应转动曲轴，使分配泵齿轮上的切口线标记和正时齿轮盖上的箭头标记对齐。拆下分配泵后，为了重新安装方便，不要再转动曲轴。

分配泵经过检修和调试后，重新安装到发动机上的顺序按与拆卸相反的顺序进行。

2. 分配泵零件的检修

1）检查出油阀锥面、减压环导向面，如起槽或有伤痕，应予以更换。

2）检查出油阀密封性，如密封不良，则应更换出油阀副。

3）检查柱塞、分配器盖与分配头。将分配头稍微倾斜，提出柱塞，当放开时柱塞可由于自身的质量而平滑地下沉到分配头里，旋转柱塞在相同的位置反复进行试验，若柱塞有卡住现象，则应更换整套零件。

4）检查燃油切换电磁开关。将电磁阀体和端子分别与蓄电池的两极接上，接通与切断电源时，电磁阀应发出响声，否则应更换。

5）检查、调整柱塞弹簧垫片。

6）检查、更换油封。

3. 就车检查喷油泵技术状况是否良好

一般情况下，不要轻易拆下喷油泵。在使用中，如发现发动机出现起动困难、功率不足、冒黑烟等现象，在确认供油提前角正常、气缸压力符合要求、喷油器工作良好的情况下，可用简便方法就车检查喷油泵。

1）用一只 30MPa 的油压表，逐个接到高压油管接头上，转动凸轮轴压动柱塞，当油压升高至 25MPa 时，停止转动凸轮轴，若油压能保持 3~5min 无明显下降，说明柱塞副和出油阀密封良好。

2）对比试验。将良好的喷油器接在被检查的喷油泵上，在柴油机最高和最低转速下，观察燃油喷雾情况，如喷雾良好，则说明喷油泵工作正常。

任务五 掌握电控分配泵燃油喷射系统的组成及结构原理

一、电子控制分配泵的结构

电子控制分配（VE）泵燃油喷射系统采用的是电子控制分配（VE）泵（见图 2-84 和图 2-85），它与普通 VE 泵的区别在于电控部分，其他方面的构造及原理基本相同。

电控分配（VE）泵在传统分配（VE）泵的基础上增加了一些传感器和执行器，通过发动机 ECU 控制 VE 泵的喷油时间，

图 2-84 电控分配泵的实物图

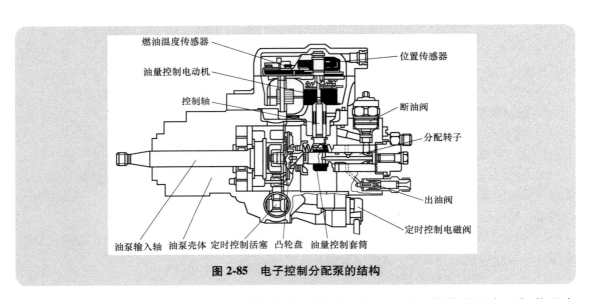

图 2-85 电子控制分配泵的结构

从而极大地改善了发动机做功效率和排放性能。同时，对 3.5t 以上的柴油机车型加装了中冷装置以满足其动力需求；3.5t 以下车型加装了 EGR 和排放后处理装置，以进一步满足其更高的环保要求（见表 2-1）。

表 2-1 电控 VE 泵与传统 VE 泵的差别

电控 VE 泵产品类型	较传统 VE 泵构造差异	较传统 VE 泵性能差异
共同特点	在 VE 泵上增加喷油提前器位置传感器、加速踏板位置传感器、冷却液温度传感器、提前角执行器、冷起动控制器，喷油提前角由 ECU 控制	通过精准控制喷油的正时、油压、油量，不仅提升了做功效率，而且降低了污染物的排放

(续)

电控 VE 泵产品类型	较传统 VE 泵构造差异	较传统 VE 泵性能差异
大于 3.5t 车型 电控 VE 泵产品特点	增加中冷装置	通过加装中冷装置降低了进气温度，提高了进气量，进一步提升功率以满足 3.5t 以上车型的动力需求
小于 3.5t 车型 电控 VE 泵产品特点	增加 EGR 电子控制装置及排放后处理装置	对排气进行处理，进一步降低了污染物的排放，达到小于 3.5t 车型的小型车环保要求

二、电子控制分配泵工作原理

电子控制分配泵的控制原理如图 2-86 所示。电子控制系统的输入信号由加速踏板位置传感器、转速传感器、燃油温度传感器、冷却液温度传感器、起动开关、控制套筒位置传感器（反馈信号）等组成。ECU 对输入的控制信号和反馈信号进行分析处理，计算出相应的喷油量及喷油提前角等控制参数值，分别送往电动调速器和时间控制器，使电动调速器和时间控制器动作，从而对喷油量和喷油提前角进行精确控制。

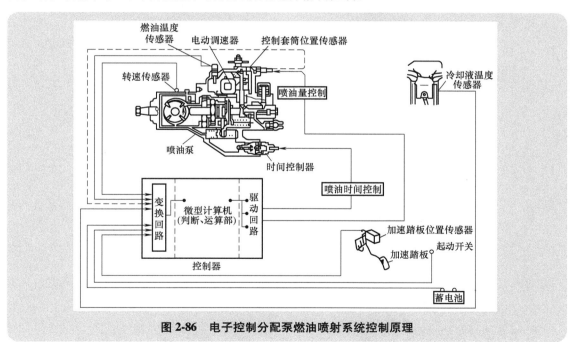

图 2-86 电子控制分配泵燃油喷射系统控制原理

1. 喷油量的控制

喷油量由 ECU 控制电动调速器中控制套筒的位置，来实现增、减喷油量。电动调速器的结构如图 2-87 所示，它由转子式电磁执行器和油量控制机构组成。转子式电磁执行器的工作原理如图 2-88 所示，非对称磁极铁心上绕有线圈，ECU 根据有关输入信号，通过改变占空比的方法控制流入线圈电流的大小，就能使转子在 0°~60° 范围内旋转。通过转子轴端偏心安装的滚子改变控制套筒的位置，来实现喷油量的增减控制。当转子旋转时，轴端偏心安装的滚子拨动控制套筒沿柱塞进行轴向移动，从而增减喷油量（见图 2-89）。在转子上端装有控制套筒位置传感器，用以向 ECU 反馈喷油量的变化情况。相关传感器我们会在后续章节给予详细的讲解。

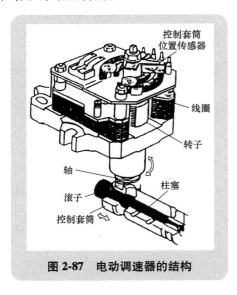

图 2-87　电动调速器的结构

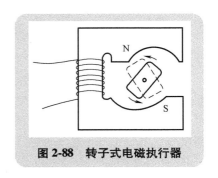

图 2-88　转子式电磁执行器

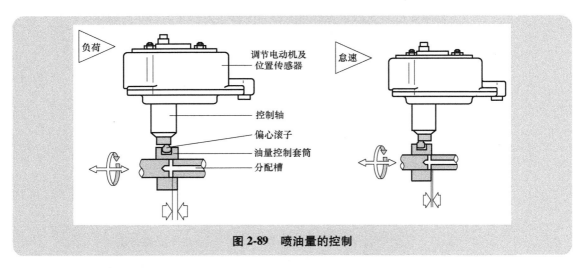

图 2-89　喷油量的控制

2. 喷油提前角的控制

电控分配式喷油泵提前角的控制由时间控制器完成。时间控制器的结构如图 2-90 所示，它由正时控制电磁阀和正时活塞（见图 2-91）组成。正时控制电磁阀受 ECU 控制，其作用是控制连接正时活塞高压室和低压室的中间通路，用以控制通往正时活塞高压室的油压，实现对喷油提前角的控制。

喷油提前角的控制原理见图 2-92 所示，当正时控制电磁阀线圈通电时，高压室与低压室连通，使得正时活塞两端的油压差消失，在复位弹簧的作用下，正时活塞复位，使喷油时

第二章 掌握直列柱塞泵和分配泵燃油喷射系统结构原理及故障检修

间推迟。当正时控制电磁阀线圈断电时,高压室与低压室隔断,正时活塞在高压油压力的作用下压缩复位弹簧向下移动,使凸轮盘相对于滚柱的位置产生偏转,使喷油时间提前。

通过 ECU 控制正时控制电磁阀线圈通电时间的长短,即可控制喷油提前角。通电时间长,喷油提前角减小;通电时间短,喷油提前角增大。

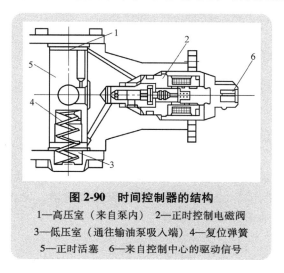

图 2-90 时间控制器的结构
1—高压室(来自泵内) 2—正时控制电磁阀
3—低压室(通往输油泵吸入端) 4—复位弹簧
5—正时活塞 6—来自控制中心的驱动信号

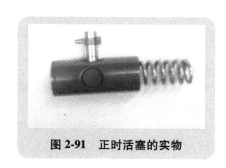

图 2-91 正时活塞的实物

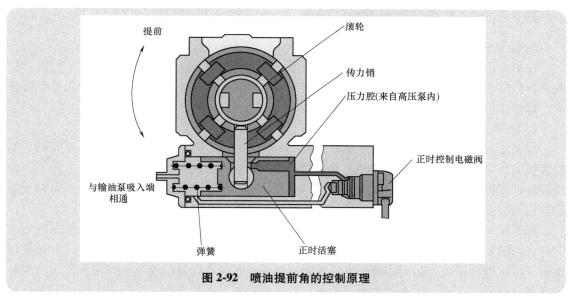

图 2-92 喷油提前角的控制原理

★★★ 任务六 实 践 总 结 ★★★

一、五十铃汽车发动机不能熄火故障排除

1. 故障现象

一辆五十铃汽车,关闭点火开关后,发动机不能熄火。

61

2. 故障分析

发动机不能熄火，说明仍有柴油进入气缸。分配泵上装有一个电磁阀，用来接通和切断油路。点火开关关闭，电磁阀电源被切断，在弹簧作用下，油路被切断，分配泵停止向各气缸供油。从分配泵上拆下电磁阀，经检查发现阀芯上有脏物，使电磁阀不能严密关闭，柴油不能被完全切断，仍在向气缸供油。

3. 故障总结

将电磁阀清洁后再装到分配泵上，电磁阀工作正常，发动机能正常熄火。

二、五十铃汽车发动机动力不足故障排除

1. 故障现象

一辆五十铃汽车，汽车行驶中发动机动力不足，最高车速只有 70km/h。

2. 故障分析

接车后，检查柴油供给系统，发现柴油滤清器滤芯过脏，对柴油机的滤清器进行更换，车辆恢复正常，谁知过几天车主又来了，并且反映同样的故障现象。打开柴油滤清器，发现仍然很脏，看来问题应该是来自油箱。将该车的油箱拆下来，发现油箱很脏。

3. 故障排除

对油箱进行清洗，同时更换了柴油滤清器，然后更换干净的柴油，故障得到彻底排除。

三、五十铃汽车起动困难故障排除

1. 故障现象

一辆五十铃汽车，发动机在使用中起动困难，一旦起动后，发动机声音发闷；行驶一会儿就自行熄火。在排出油路中的空气后，发动机虽能起动运转，但汽车行驶一会儿又自行熄火，经多次试验均如此。

2. 故障分析

根据上述故障现象，初步判断是分配式（VE）喷油泵（以下简称喷油泵）有问题，可能是供油不足，油路中进入了空气，致使发动机自行熄火。为此，将喷油泵从车上拆下，清洗后装到喷油泵试验台上对其各项指标进行测定。当测定喷油泵泵腔压力时，在压力表上显示的压力极低。将喷油泵上的调压阀向下压进时，泵腔压力并未升高。

调压阀的作用是保证泵腔压力达到规定范围。当喷油泵转速上升时，输油泵输出压力也上升；当输出压力达到一定值时，柴油顶开调压阀流回输油泵进油侧。如果泵腔压力低于标准值，可压进调压阀壳体上的堵头进行调整。在调整不起作用的情况下，应考虑调压阀可能卡在开启位置。于是，将调压阀拆下检查，发现此阀并未卡住。为了进行更细致的检查而解体了调压阀，结果发现调压阀内的弹簧断裂，这才找到了故障的根源。

在喷油泵调压阀内的弹簧断裂后，该弹簧的有效长度减小，弹簧对滑阀的压力减小很多，在泵腔内柴油压力较低的情况下滑阀即自行开启，泵腔内的柴油有相当一部分从回流孔流回输油泵进油侧，因而造成泵腔内维持的柴油压力过低。在这种情况下，柴油不能在短时间内克服喷油泵柱塞的阻力而迅速充满高压腔，因此就出现供油不足，特别是在发动机高速运转时供油严重不足。同时，发动机在高速运转一段时间后，由于泵腔内的柴油因压力过低而不能迅速充满各摩擦副间的缝隙，喷油泵各运动件摩擦产生的热量不能及时被带走，使喷

油泵过热，柴油温度升高、黏度降低，柱塞副泄漏过多，导致柴油供不应求，发动机自行熄火。当喷油泵泵腔内维持的柴油压力过低时，供油提前角调节器因没有足够的压差而不能工作。发动机在高速时由于供油提前角调节器不起作用而供油过晚，使发动机起动困难，起动后运转声音发闷、功率下降。

3. 故障排除

换上一个新调压阀，装复后在喷油泵试验台上进行调试，泵腔压力符合规定，各转速下的供油量也符合要求。新喷油泵装机后，发动机起动容易，功率充足，自行熄火现象消除。

四、五十铃热车难起动故障排除

1. 故障现象

一辆江西五十铃汽车，在使用中出现了这样的现象：冷车起动正常，而热车时，尽管蓄电池、起动机性能良好，发动机却很难起动。但此时，若用推车的方法，发动机却能顺利地起动。

2. 故障检查

针对上述现象，分别在冷车和热车时拆下喷油器，检查比较其喷油情况。发现冷车时喷油质量明显好于热车。进一步检查，发现故障为喷油泵柱塞偶件严重磨损所致。因为在冷车起动时，柴油黏度较大，柴油的泄漏（从严重磨损的柱塞偶件处）不多，使供油压力与供油数量能达到起动要求。当热车时，柴油受高温影响，黏度变小，加上起动转速又低，柴油泄漏严重，造成起动时，供油压力过低和油量不足，导致无法起动。在用推车方法起动时，因猛抬离合器的瞬间发动机的转速很高，柴油泄漏的时间短，可供给气缸较多的柴油，发动机就能顺利起动。

3. 故障排除

应急时可采用调低喷油器喷油压力的方法，以减缓燃油的泄漏，改善起动性能。但此法影响整机性能，不宜长期使用。彻底排除时，可拆下喷油泵，更换严重磨损的柱塞偶件即可。

五、柴油机冒白烟故障排除（一）

1. 故障现象

一台 ZL45 装载机（装用 6135K-10 柴油机），行驶、作业无力，柴油机排气管冒出大量白烟，测量柴油机转速，最高只有 1000r/min（额定转速 2200r/min）。

2. 故障分析与排除

检查低压油路未发现异常，拆卸全部喷油器高压管检查，喷油正常，无缺缸工作现象。检查发现喷油泵提前器与联轴器连接螺栓已松动，测量该机供油提前角为 30°（标准值为 14°~17°）。

根据检查情况分析，故障原因是供油提前角过迟，喷入气缸中的燃油未完全燃烧便被排出燃烧室，致使柴油机不能达到额定转速，工作无力。重调供油提前角为 17°，柴油机工作正常，装载机行驶和工作无力现象消失。

六、柴油机冒白烟故障排除（二）

1. 故障现象

一台 ZL45 装载机（装用 6135K-10 柴油机）。在一次作业停机数小时后再次起动时，排气冒白烟，5min 后此现象即消失。以后只要停机时间稍长一些再次起动时，排气管就会有白烟排出，运行几分钟后白烟消失。

2. 故障分析

分析故障原因可能包括：
① 供油提前角不正确，某个气缸不工作或工作不良。
② 燃烧室进水。

初步判断为气缸垫损坏，但更换气缸垫后故障依旧。全面检查时发现第 5 缸缸盖进气道内侧有约 1.5cm 长的小裂纹，停机时间较长时，水套内的冷却液就渗漏到该气缸的进气道和气缸内，起动时冷却液被排出，形成白烟。柴油机起动运行一段时间后，气缸内的温度很快升高，最高达 1700~2000℃，小裂纹处渗入的冷却液很快被蒸发，之后，白烟现象消失，故障现象被掩盖。

3. 故障排除

更换第 5 缸和第 6 缸的气缸盖后，柴油机冒白烟现象彻底消失。

七、捷达柴油轿车，更换喷油泵后无法起动故障排除

1. 故障现象

一辆捷达柴油轿车冒黑烟严重，更换喷油泵后无法起动。

2. 故障分析与排除

根据路试表现和 VAG1552 诊断仪监测数据结果分析，该车冒黑烟原因为喷油泵喷油量超差引起，必须更换喷油泵。而在按维修手册更换喷油泵，并依喷油泵加注柴油的方法加注后（加注柴油的方法一定要正确，最好先静置 48h）起动发动机，却根本没有起动迹象，且多次起动无效，从起动时的现象判断应是喷油器不喷油或油中存有过多空气造成的。因此怀疑喷油泵内仍有空气存留，便拆下喷油泵至柴油滤清器的回油管，另接了一段透明塑料管，用以观察起动时是否有气泡出现，但经几次起动后，发现每次起动均有油流出且无气泡，这说明喷油泵加注很好，不存在问题。另外，传动带及喷油泵装配上也不存在问题。但是在供油路中，除喷油泵能存留空气外，泵与喷油器间油路也会存留有空气，于是决定采取机械方法排气。

起动汽车，然后松开喷油器进油管螺栓，看到松开的螺母处没有正常出油，而是喷出大量气泡，看来不起动确实是油路有空气造成的。反复几次排光喷油管内空气，恢复后再起动发动机，很容易就起动了。

3. 故障总结

装配喷油泵时虽泵内空气被排除，但喷油泵与喷油器间油管内仍存在一定空气，尽管捷达柴油机喷油器有一定自排气功能，但当空气超过一定量后，就无能为力了，所以在更换喷油泵后若起动不了，就应该注意一下是否有空气未排净。

八、东风康明斯柴油车动力不足，排气有黑色烟雾故障排除

1. 故障现象

东风康明斯柴油车，柴油机动力不足，转速不均，排气有黑烟。

2. 故障分析与排除

采用逐缸断油法对该发动机进行检查，当对二缸断油时柴油机转速变化较小，黑烟消失，说明故障应该来自这个缸。将该缸喷油器拆下，发现该缸喷油器很脏，对该缸喷油器进行清洁与清洗，发动机工作正常，排放黑烟现象消失。

九、EQ2102 牵引车动力不足，加速不良故障排除

1. 故障现象

一辆 EQ2102 牵引车，发动机动力不足，加速不良，最高转速为 2000r/min。

2. 故障分析与排除

接车后，对燃油供给系统进行检查，按动手油泵，发现手油泵按动很吃力，怀疑油路堵塞。检查燃油滤清器，发现其过脏。初步认定，此故障应是燃油滤清器堵塞，导致供油不足造成的。

更换一对新的燃油滤清器，按动手油泵，直到柴油从接头冒出来。试车，发动机工作正常。

复习与思考

一、选择题

1. 输油泵是由（　　）来驱动的。
A. 曲轴　　　　B. 中间轴　　　　C. 喷油泵的凸轮轴　　D. 发动机的凸轮轴
2. 以下（　　）选项不是孔式喷油器的特点。
A. 喷孔多　　　B. 喷孔直径小　　C. 针阀直接伸出喷孔　D. 针阀不直接伸出喷孔
3. 下列零件中不属于柴油机燃油供给系统的有（　　）。
A. 输油泵　　　B. 喷油泵　　　　C. 喷油器　　　　　　D. 调速器
4. 在直列柱塞式燃油供给系统中，工作时将柴油变为高压油的部件是（　　）。
A. 喷油器　　　B. 输油泵　　　　C. 喷油泵　　　　　　D. 调速器
5. 电子控制分配泵的喷油量是由电子调速器中（　　）的位置来决定的。
A. 控制套筒　　B. 柱塞　　　　　C. 偏心球　　　　　　D. 转子

二、判断题

1. 现代汽车柴油发动机基本都采用闭式喷油嘴。　　　　　　　　　　　　（　　）
2. 柴油滤清器可反复使用多次。　　　　　　　　　　　　　　　　　　　（　　）
3. 普通直列柱塞式喷油泵各个气缸共用一套泵油装置。　　　　　　　　　（　　）
4. 分配泵采用断油电磁阀来控制停油。　　　　　　　　　　　　　　　　（　　）

5. 普通柴油发动机上都加装有调速器，电控柴油发动机上没有调速器。　　　(　　)

三、简答题

1. 普通柴油机燃料供给系统由几部分组成？各部分包括哪些部件？
2. 电控直列柱塞泵燃油喷射系统的工作原理是什么？
3. 简述电控分配泵是如何对喷油量进行控制的？
4. 简述电磁调速器的组成及工作原理。

第三章

掌握电控泵喷嘴和电控单体泵燃油喷射系统结构原理与故障检修

学习目标：

1. 掌握电控泵喷嘴燃油喷射系统结构原理与故障检修
2. 掌握电控单体泵燃油喷射系统结构原理与故障检修
3. 经典案例分析

任务一　掌握电控泵喷嘴燃油喷射系统结构原理与故障检修

> 电控泵喷嘴燃油喷射系统首先应用在货车上，后来又应用到轿车上。泵喷嘴顾名思义就是喷油泵与喷油嘴组合在一起（见图3-1），以省去高压油管并获得高喷射压力。由于无高压油管，可消除长的高压油管中压力波和燃油压缩的影响，高压容积大大减少，因此可产生所需的高喷射压力。喷油量和喷油时间是通过电磁阀来控制的，控制精度大大提高。

电控泵喷嘴（EUI）安装在缸盖上，由凸轮轴上的喷射凸轮驱动摇臂，再由摇臂推动喷油泵工作（见图3-2）。电子控制泵喷嘴燃油喷射系统主要由泵喷嘴燃油供给系统和电子控

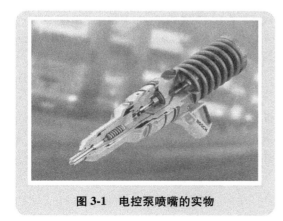

图3-1　电控泵喷嘴的实物

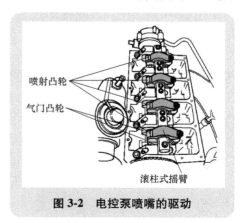

图3-2　电控泵喷嘴的驱动

67

制系统两部分组成。燃油供给系统又是由低压部分和高压部分两部分组成的（见图3-3和图3-4）。

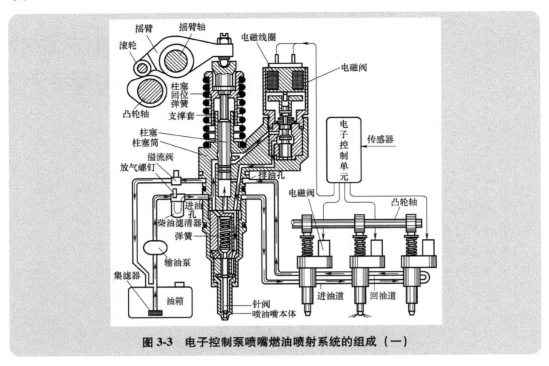

图3-3 电子控制泵喷嘴燃油喷射系统的组成（一）

一、泵喷嘴燃油供给系统低压部分

1. 油箱

油箱是储存燃油的容器。它必须耐腐蚀，即使在其压力达到正常工作情况的两倍时也不应泄漏。在弯道行驶、倾斜状态或撞击时，燃油不得从注油口溢出，也不允许通过压力平衡装置溢出。在前面章节里我们已经学到油箱结构，这里不进行多余的讲解。

2. 燃油管

低压部分的燃油管除了可以用无缝金属管以外，也可以用柔性耐油管制造。燃

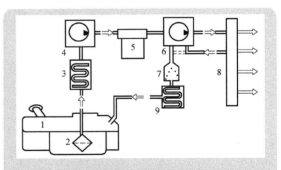

图3-4 电子控制泵喷嘴燃油喷射系统的组成（二）
1—油箱 2—集滤器（选用件） 3—ECU冷却器
（选用件）4—带单向阀的输油泵 5—燃油滤清器
6—喷油泵 7—溢流阀 8—分配管（轿车泵
喷嘴系统） 9—燃油冷却器（选用件）

油管必须受到很好的保护，以防止机械损伤，而且不能使燃油滴漏或蒸发时积聚在热的、可能引起燃油点燃的部件上。燃油管不得因为车辆扭曲、发动机运动或类似情况而影响其正常工作。所有燃油供给部件都必须受到保护，避开可能在其正常工作时致其损坏的高热。在大客车上，燃油管不得布置在乘员舱或者驾驶舱内，以免产生安全隐患。

3. 燃油滤清器

燃油滤清器的作用是从燃油中除去杂质与水。通过燃油滤清，确保容易磨损的喷油部件

得到干净的燃油供给。为了确保高的使用周期，柴油滤清器必须具有适当的微粒物储存空间。滤清器的堵塞会导致供油量的减少，发动机功率也会因此而下降。

柴油机燃油喷射系统零部件的加工制造要求的精度很高，即使是微小的污染，也会引起严重的后果。所以，为了使车辆在整个使用寿命中都能够保持可靠性、油耗和排放限值，对防磨损所采取的措施提出了非常高的要求。燃油滤清器必须与相应的燃油喷射系统相匹配。

为了满足磨损防护方面的高要求并达到较长的维护间隔，使用了一个主滤清器及与之相匹配的集滤器组成的滤清系统。

（1）主滤清器

主滤清器为易更换式滤清器，带有折成星形或者卷绕的滤芯。主滤清器用途广泛，用螺母紧固在车辆的滤清器支架上。

（2）油水分离器

油水分离器一般与柴油主滤清器安装在一起（见图3-5），柴油可能带有以乳化态或者以自由态存在的水，必须防止这种水进入喷油系统。

由于水和油的表面张力不同，水会在滤清介质上生成水滴（凝结作用），并聚在油水分离器中，其内部水的液面利用传感器进行监测。

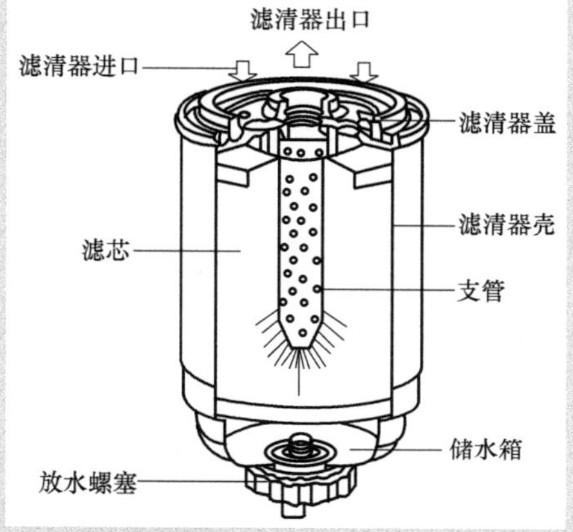

图3-5 带油水分离器的柴油主滤清器

（3）集滤器

除了主滤清器以外，柴油机还采用了一个集滤器。它通常是一个网格尺寸为 $300\mu m$ 的滤网，集滤器一般安装在油箱里面。

（4）手动输油泵

它用于在更换滤清器之后使滤清系统重新充满燃油，排除空气。手动输油泵通常集成于滤清器盖之中。

在部分柴油发动机中，在滤清器中加装有预热部件，柴油机在低温下工作时，预热部件可以防止柴油滤清器由于柴油中的烷类结晶而堵塞滤芯中的细孔。加热部件通常集成于滤清器之中，或者利用电能，或者利用发动机冷却液的热量，或者利用来自回油系统的热量加热柴油。

4. 输油泵

在电子控制泵喷嘴燃油喷射系统中，输油泵的作用是从燃油箱中吸取燃油，并且连续地输往高压喷射系统中。

（1）电动输油泵

电动输油泵（见图3-6）仅用于轿车和轻型商用车。在系统监测的框架内，除了燃油供给以外，它还负责在

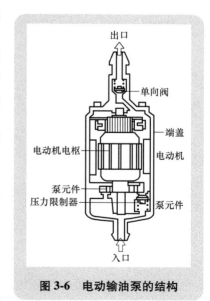

图3-6 电动输油泵的结构

发生意外时切断燃油供给。电动输油泵有内置泵或外置泵两种形式。外置泵安装在燃油箱外面的车身平台上，装在燃油箱和燃油滤清器之间。而内置泵安装在燃油箱内，使用一种特殊的支架，这个支架通常还装有一个燃油入口滤网、一个油面监测器、一个燃油储罐，以及同外界联系的电气接头和燃油接头。

电动输油泵由发动机驱动并连续运转（不论发动机转速如何）。它持续从燃油箱通过燃油滤清器向燃油喷射系统输油。

电动输油泵由安装在同一个壳体内的泵体部分、电动机部分和端盖部分三部分组成：

泵体部分即泵的主体部分，包括叶片泵、滚柱泵、齿轮泵等几种形式。

电动机部分由永久磁铁系统和电枢组成。根据在给定的系统压力下所需要的燃油量确定它的设计。电动机由于受到燃油的冲刷，能保持冷却。这种设计带来了电动机的高性能，而不必在泵元件和电动机之间设置复杂的密封件。

输油泵端盖部分上设有电气接头以及燃油接头。端盖里面还设有单向阀，以防止输油泵关闭之后，油管内的燃油排空。

（2）齿轮式输油泵

齿轮式输油泵主要部件是两个反向旋转的齿轮（见图3-7），它们在旋转时相互啮合，同时燃油进入轮齿之间形成的空腔，并从入口侧输送到出口侧。旋转着的齿轮之间的接触线保证了输油泵入口和出口之间的密封，并防止燃油重新流回。

 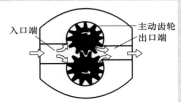

图3-7 齿轮式输油泵

它的输油量大体上与发动机转速成正比，所以必须利用入口端的入口节流装置，或者出口端的溢流阀调节输油量。齿轮式输油泵是免维护的。为了在第一次起动，或者当燃油箱内的燃油用尽时将空气从燃油系统排出，可以直接在齿轮泵或者低压油管内安装手动输油泵。

（3）带封闭叶片的叶片式输油泵

这种泵用于轿车泵喷嘴系统中（见图3-8）。弹簧将两片封闭叶片压向转子。当转子旋转时，入口端的容积增大，燃油被吸入到两个空腔内。转子继续旋转，

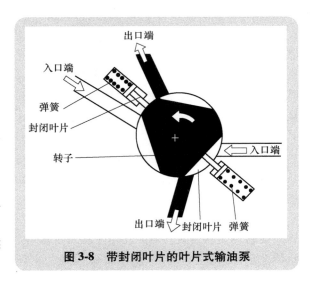

图3-8 带封闭叶片的叶片式输油泵

油从两个空腔内压出。这种泵即使在很低的转速下都能够保持输油。

(4) 串联泵

串联泵用于轿车泵喷嘴系统中。这种泵是一个由输油泵（见图 3-9）和制动助力器用的真空泵组成的总成。它安装在发动机的气缸盖上，由发动机凸轮轴驱动。输油泵或者是带封闭叶片的叶片泵，或者是齿轮泵。即使在很低的转速下也能输送足够的燃油，以确保发动机可靠地起动。这种输油泵内设有各种不同的阀和节流孔以及旁通通道。

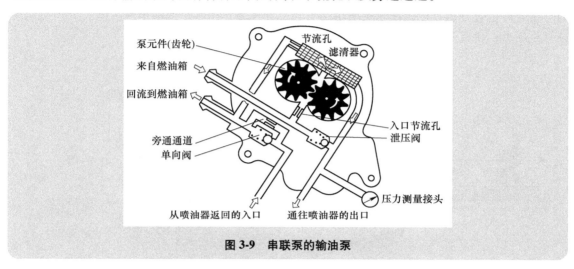

图 3-9 串联泵的输油泵

① 入口节流孔。实质上，泵的出油量正比于泵的转速。入口节流孔限制了泵的最大输油量，所以不会输送过多的燃油。

② 节流孔。燃油增压过程中产生的蒸气泡通过通往燃油回流口的节流孔消除掉。

③ 泄压阀。它用于限制高压部分的最大压力。

④ 旁通通道。如果燃油系统中有空气（例如燃油箱的燃油已经用尽），低压的压力调节阀保持关闭，空气由泵出的燃油通过旁通通道流出燃油系统。由于泵的通道设计灵巧，泵的齿轮即使在燃油箱的燃油已经用尽的情况下也不会在无油的状态下运转。所以，当加满了燃油重新起动时，输油泵立即就会吸入燃油。

输油泵有接头用于接压力表检测增压后的燃油压力（见图3-10）。

5. 分配管

轿车泵喷嘴系统有一个分配管（见图3-11），顾名思义，它用于将燃油分配给各个泵喷嘴。这种分配形式确保所有的喷油器都得到同样温度、同样数量的燃油，其结果是发动机运转平稳。在分配管中，流向各个喷油器的燃油与从喷油器流回的燃油混合，以达到使温度均匀的目的。

图 3-10 输油泵的压力测试接头

6. 溢流阀

溢流阀（又称压力调节阀，如图 3-12 所示）装在回油管上。它用于在所有工况下向泵喷嘴控制系统的低压部分提供足够的工作压力，因而使得燃油泵始终充满燃油。蓄压器柱塞在 $3\sim3.5\text{bar}$[⊖] 的"突发开启压力"下开启。于是，锥形座将蓄压器容积开放。只有极少量的泄漏燃油能够通过间隙密封件漏出。弹簧或多或少地受到压缩，受压缩的程度视燃油压力而定。因此，蓄压器容积发生改变，补偿了压力的微小波动。当压力增加到 $4\sim4.5\text{bar}$ 时，间隙密封件也会开启，此处流量突然增加。当燃油压力下降时，此阀重新关闭。为了预先调整开启压力，备有两个带有不同分级弹簧座的螺纹件。

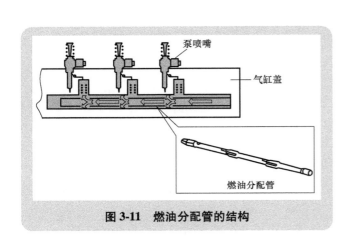

图 3-11　燃油分配管的结构

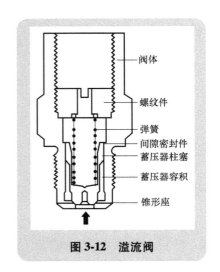

图 3-12　溢流阀

7. 燃油冷却器

由于轿车泵喷嘴系统和一些共轨系统喷油器中一直存在高压，燃油的温度很快升高，为了降低燃油的温度，在回油管路中加装有燃油冷却器。从喷油器流回的燃油流过燃油冷却器，将热能通过燃油冷却器进行释放。宝来柴油发动机采用风冷式的燃油冷却器（见图 3-13），位于发动机底板的中部右侧。

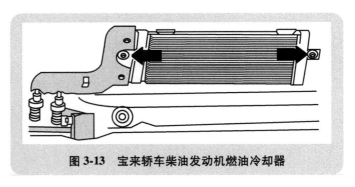

图 3-13　宝来轿车柴油发动机燃油冷却器

8. 电子控制单元冷却器

商用车泵喷嘴和单体泵控制系统的电子控制单元直接装在发动机上的时候，需要一个电子控制单元冷却器，此时燃油被当成冷却介质。燃油从电子控制单元的冷却通道旁边流过，将电子装置散发的热量带走。

⊖　$1\text{bar} = 100\text{kPa}$

二、泵喷嘴燃油供给系统高压部分

泵喷嘴燃油供给系统高压部分主要由分配管、驱动装置和泵喷嘴组成。

1. 泵喷嘴燃油供给系统的驱动装置

泵喷嘴一般直接安装在气缸盖上（见图3-14），低压燃油由低压输油泵先送入气缸盖上的油道中，然后再分别向固定在缸盖上的泵喷嘴供油。低压燃油送入泵喷嘴内，由泵喷嘴内的柱塞在凸轮轴、推杆、摇臂及回位弹簧的驱动下往复运动，将低压燃油升压，然后由泵喷嘴喷出。

由于泵喷嘴是每缸一个，每个泵喷嘴上均有一个控制泵喷嘴的喷油提前角和喷油量的电磁阀，电磁阀由ECU控制其开启和关闭时刻。由此可知，ECU必须要有判缸信号和曲轴转速信号，以便准确掌握哪个气缸处于压缩行程，并判断活塞运动距上止点前的角度，然后才能控制该缸电磁阀的通断，以保证发动机工况对喷油正时和喷油量的要求。

2. 泵喷嘴

泵喷嘴可划分为三部分，即高压燃油形成部分、燃油雾化喷射部分和电控电磁阀部分。

（1）高压燃油形成部分

高压燃油形成部分由凸轮、柱塞和回位弹簧组成。凸轮在凸轮轴带动下旋转，凸轮压动泵喷嘴柱塞上下往复运动，使柱塞与套筒之间的容积发生变化，将泵腔内的燃油形成高压，并由泵喷嘴喷入气缸。

泵喷嘴燃油供给系统的喷射过程包括高压腔充注燃油阶段、预喷射阶段、主喷射阶段和喷射结束四个阶段。

① 高压腔充注燃油阶段。这个阶段的作用是向高压腔充注燃油，为喷射循环做准备。其工作过程如下：泵柱塞在弹簧压力作用下向上移动，这样使高压腔内容积扩大。泵喷嘴电磁阀不动作，电磁阀针阀处于静止位置，供油管到高压腔的通道打开，供油管内的油压使燃油流入高压腔（见图3-15）。

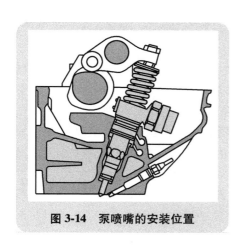

图3-14 泵喷嘴的安装位置

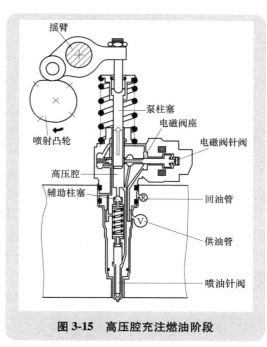

图3-15 高压腔充注燃油阶段

② 预喷射阶段。在主喷射阶段开始之前，少量燃油在低压下喷入燃烧室。少量燃油的燃烧，使燃烧室内的压力和温度上升，可以减少点火延迟（点火延迟是开始喷油和燃烧室内压力开始上升之间的时间），这段时间应该短暂，否则在此期间喷油量大，压力会突然上升并产生很大的燃烧噪声。在预喷射循环和主喷射循环之间的"喷射间隔"，燃烧室内的压力平缓上升，而不是一个突然的压力上升，使得燃烧噪声低，排放的氮氧化物也少。

喷射凸轮通过摇臂将泵柱塞压下，将高压腔内的燃油排出到供油管。发动机ECU将给泵喷嘴电磁阀通电，在此时，电磁阀针阀被压入到阀座内，关闭高压腔到供油管的通道，高压腔内开始产生压力。当压力达到18MPa时，压力高于喷油弹簧压力，喷油针阀打开（见图3-16）。

喷油针阀打开后，预喷射立即结束（见图3-17）。上升的压力使辅助柱塞下移，使高压腔内容积扩大。于是，压力瞬时下降，喷油针阀关闭，此时，预喷射结束。辅助柱塞的下移增加了喷油弹簧的压紧程度。在接下来的主喷射循环，若想再次打开针阀，油压必须比预喷射过程中的油压高。

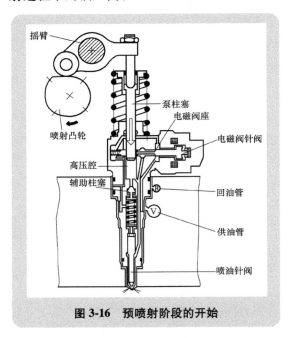

图3-16 预喷射阶段的开始

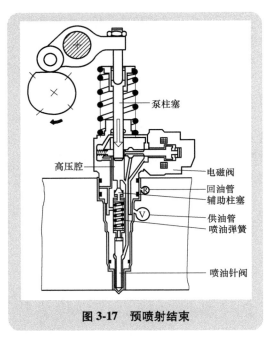

图3-17 预喷射结束

③ 主喷射阶段。这个阶段的作用是以高喷射压力将燃油喷入燃烧室。空气和燃油混合，雾化良好、充分燃烧，从而减少排放污染并确保发动机高效率运转。

喷油针阀关闭后短时间内，高压腔内压力立即重新上升。电磁阀仍然关闭，泵柱塞下移。约30MPa时，燃油压力高于喷油弹簧作用力，喷油针阀再次上升，主喷油开始。压力上升到205MPa时，进入高压腔的燃油多于经喷孔喷出的燃油。主喷射阶段开始，如图3-18所示。

发动机最大功率时的喷油压力最高，高转速时，喷入的油量也大，发动机最大功率时的喷油压力最高。

当发动机ECU停止给泵喷嘴电磁阀通电后，燃油被泵柱塞排出到供油管，压力下降。

喷油针阀关闭，喷油弹簧将旁通活塞压回初始位置，主喷射循环结束。

④ 喷射结束阶段。主喷射循环结束后，进入喷射结束阶段。此时燃油压力迅速下降，喷嘴迅速关闭（见图 3-19）。这可防止燃油在低喷射压力下以大颗粒滴入燃烧室，造成燃烧不充分，排放污染严重。

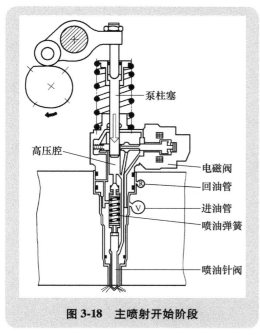

图 3-18　主喷射开始阶段

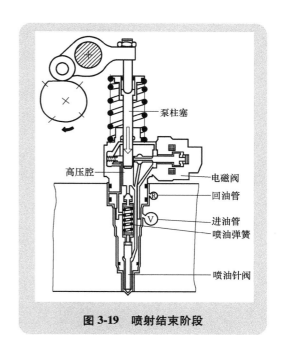

图 3-19　喷射结束阶段

（2）燃油雾化喷射部分

燃油喷射部分由针阀体与针阀组成，在针阀体与针阀间有一个很小的油腔，此油腔与柱塞套筒之间的高压腔相通，当柱塞将油压升至喷射压力时，油腔内的高压燃油便克服弹簧弹力将针阀顶起，高压燃油便从针阀体上的小孔中喷出，形或雾状喷入气缸。

（3）电控电磁阀部分

电控电磁阀部分是电控泵喷嘴控制系统的重要执行元件，其结构见图 3-20。ECU 根据油门位置信号、发动机转速信号，确认发动机的负荷状况，确定基本喷油量和喷油提前角，然后根据冷却液温度、电负荷等信号，对基本喷油量进行修正，最后确定喷油量和喷油提前角，然后向电磁阀送入通断信号，从而使发动机在不同的工况下都能得到最佳的空燃比和喷油时刻。高压电磁阀主要是由阀体和电磁铁两个部件组成的。

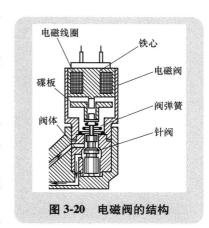

图 3-20　电磁阀的结构

阀由针阀、阀体和阀弹簧组成。阀体的密封面磨成锥形，针阀同样具有一个锥角，它略大于阀体的锥角。当针阀压到阀体的时候，阀关闭，阀体和针阀只是线接触，这就构成了阀座。阀因此获得非常良好的密封（双锥密封）。针阀和阀体必须通过精密加工，非常精确地相互配合。

电磁铁由碟板、铁心、线圈和相应的带电气接头的电气接触部分组成。碟板与针阀连成一体，在静止状态，铁心和碟板之间存在初始气隙。

电磁阀有开启或关闭两个位置。当电磁线圈断电时，阀是开启的。当电磁线圈通电时，阀是关闭的。

① 断电时（见图 3-21）。当电磁阀断电时，由阀弹簧施加给针阀的力将针阀推向底部。在阀座区域，针阀和阀体之间的阀流通截面因此而开启。于是泵的高压区和低压区相互连通。在这个静止位置，燃油可以从高压腔流出，也可以流进高压腔，此时泵喷嘴不能供油。

② 通电时（见图 3-22）。当需要喷油时，电子控制单元的功率输出级给线圈通电。磁心和碟板产生磁力，磁力将碟板往铁心方向吸引，直到针阀和阀体在密封座上接触为止。于是阀关闭，在泵柱塞向下运动时喷油。

磁力不仅吸引碟板，同时克服由阀弹簧施加的力，使碟板与弹簧保持平衡。此外，磁力还必须以一个确定的力将密封面压紧。只要电流流过线圈，碟板上的力就将保持下去。

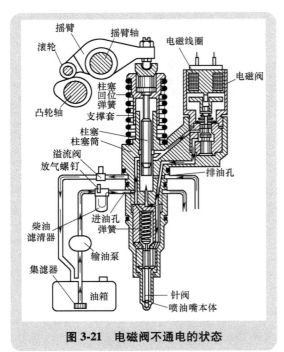

图 3-21 电磁阀不通电的状态

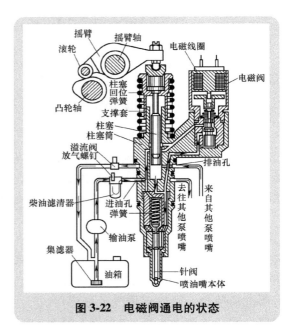

图 3-22 电磁阀通电的状态

碟板越是接近铁心，磁力就越大。因此，关闭着的阀中的电流可以减小到维持电流的水平。这样，由电流产生的损耗功率（热量）能够保持在很低的水平上。如果要结束喷油，只要断开流过线圈的电流即可，在关闭状态下，弹簧将针阀压向它的底部，进入静止状态，阀座开启。

三、泵喷嘴燃油供给系统的工作原理

泵喷嘴燃油供给系统的工作原理如图 3-23 所示。当凸轮轴旋转使柱塞上行时，在柱塞上行至将泵喷嘴进油口打开时，低压燃油便从进油口进入泵喷嘴，通过一个节流孔分别充满泵喷嘴的油道和油腔，另一路则流向电磁阀的上腔，因此时电磁阀处于开启状态，所以部分低压燃油可从电磁阀上腔，经开启的阀流入电磁阀的下腔，并由泄油孔泄出。燃油在柱塞上行过程中，进油口及泄油口均处于开启状态，此过程使喷油器各腔充满油液，并使多余的燃油流入低压回路。如果ECU将电磁阀断电关闭，则低压燃油便在泵腔内被封闭，此时柱塞再下行，便使燃油升压，打开泵喷嘴针阀，将雾状高压燃油喷入气缸。可见，电磁阀的关闭时刻便是喷油器喷油时刻，并决定了喷油提前角。

ECU通电，电磁力克服了弹簧弹力将电磁阀开时，高压燃油便从打开的泄油口处泄压，使喷油器停止喷油。综上可知，电磁阀断电时刻决定喷油时刻，电磁阀通电时刻是停止喷油时刻，两者间隔的时间决定了泵喷嘴的喷油量。所以电磁阀的通电时刻和断电时刻必须准确无误。从以上喷油过程可知，各缸泵喷嘴系统均由凸轮轴驱动，只要凸轮轴/曲轴按记号装配，各泵喷嘴的喷油顺序便不会错乱，但ECU要想判断哪缸达到压缩行程，以及活塞运动到压缩行程的什么位置，就一定要接收曲轴位置信号与凸轮轴位置信号，以便借此判断缸序和缸位。

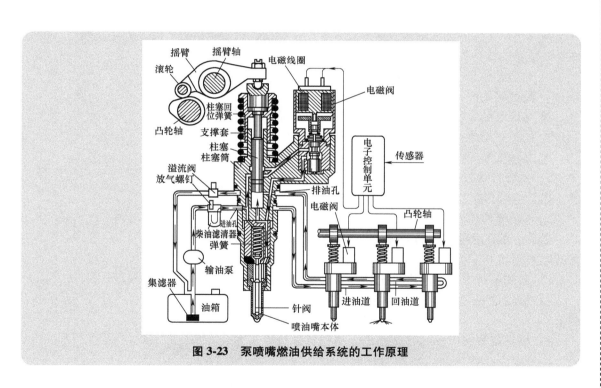

图3-23 泵喷嘴燃油供给系统的工作原理

四、泵喷嘴电子控制系统的控制原理

泵喷嘴电子控制系统主要由传感器、ECU、泵喷嘴电磁阀等组成（见图3-24）。

电子控制单元（ECU）接收曲轴转速、凸轮轴转速、加速踏板位置、增压压力、进气温度、冷却液温度和燃油温度及车速等信号，并对车辆泵喷嘴电磁阀进行控制，进而精确地控制喷油量和喷油始点，同时可以对发动机实施开环和闭环控制，以确定最佳的车辆运行状态。

五、电控泵喷嘴燃油喷射系统的检修

下面以宝来轿车 TDI 柴油机为例对电控泵喷嘴系统的检修进行讲解。

1. 维修注意事项

1）连接或断开喷油器或预热系统线路或测试线路前，必须关闭点火开关。

2）如果发动机以起动机转速转动（未起动发动机），检查气缸压力时，需断开缸盖上的泵喷嘴。断开和连接蓄电池时，必须保证点火开关已关闭，否则可能损坏 ECU。

3）路试中如需用检测仪进行检测，检测仪必须固定在后排座位上，需由另一个技师进行操作。如在前排乘客座椅上操作检测仪，则发生事故，触发安全气囊时，极易伤害该位置的操作人员。

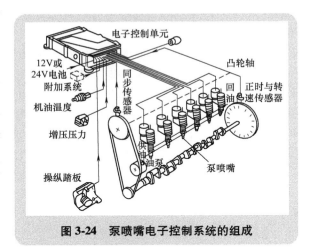

图 3-24 泵喷嘴电子控制系统的组成

4）对燃油供给、喷射系统作业时，应注意下列清洁度规定：

① 断开接头前，彻底清洗所有接头及相邻部位。

② 将拆下的零件置于干净表面并盖好，但不能使用会起毛的布。

③ 如不立即维修，则应仔细盖好打开的部件。

④ 必须安装干净的部件。

5）系统打开时，如可能尽量不使用压缩空气。如无绝对必要，不要挪动车辆。

2. 泵喷嘴部件的拆卸

宝来轿车泵喷嘴部件的分解如图 3-25 所示，其拆卸顺序如下：

1）拆卸正时带护罩上体和气缸盖罩。

2）转动曲轴，直至待拆卸泵喷嘴的凸轮朝上。

3）松开调整螺钉 1 的锁紧螺母，将螺钉拧出，直至相应摇臂顶住泵喷嘴的柱塞弹簧（调整螺钉与紧固螺钉的位置见图 3-26）。

4）用专用维修工具 3410（见图 3-27）拆卸摇臂紧固螺钉 2（图 3-26），拆下摇臂轴。

5）用专用工具 T10054（见图 3-28）拆下紧固螺钉 3（图 3-26），并拆下张紧块。用螺钉旋具撬开泵喷嘴插头，用手指轻轻压住插头另一侧，以免其倾斜。

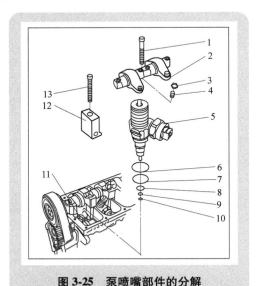

图 3-25 泵喷嘴部件的分解
1—紧固螺栓　2—摇臂轴　3—锁紧螺母
4—调整螺钉　5—泵喷嘴　6、7、8—O 形圈
9—隔热密封圈　10—开口弹性挡圈　11—气缸盖
12—张紧块　13—螺栓

6）在原安装张紧块的泵喷嘴一侧的槽内，装上 T10055 顶拔器（见图 3-29），轻轻敲打，将泵喷嘴从缸盖上拉出。

图 3-26　调整螺钉与紧固螺钉的位置
1—调整螺钉　2、3—紧固螺钉

图 3-27　专用维修工具 3410

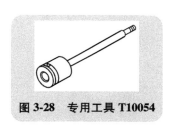

图 3-28　专用工具 T10054

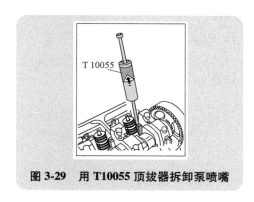

图 3-29　用 T10055 顶拔器拆卸泵喷嘴

3. 泵喷嘴的安装

（1）安装注意事项

1）若安装新的泵喷嘴，则同时必须更换相应摇臂的调整螺钉。

2）每次调整泵喷嘴后，必须清洁摇臂调整螺钉及球销，并检查它们是否磨损。如磨损明显，则应更换调整螺钉及球销。

3）供货时新的泵喷嘴应配有 O 形圈和隔热垫。如仍用原泵喷嘴，则必须更换隔热圈及 O 形圈。

4）用润滑脂润滑球销和调整螺钉的接触表面。

（2）安装

1）在油封上涂机油，然后小心地将泵喷嘴装到缸盖上，将泵喷嘴均匀地推进气缸盖。

2）将张紧块装入泵喷嘴侧的槽内。如泵喷嘴与张紧块不垂直，则紧固螺栓可能松动，从而可能损坏泵喷嘴或缸盖。可对泵喷嘴进行校正。具体步骤如下：

①将紧固螺栓拧到张紧块内，直至泵喷嘴仍可转动自如，将泵喷嘴校正至与凸轮轴轴承盖垂直的位置。用游标卡尺（量程最小 400mm）检查，气缸盖外边缘至泵喷嘴圆角边的尺寸"a"（见图 3-30），应符合表 3-1（配备旧电磁阀螺母）和表 3-2（配备新电磁阀螺母）。

②泵喷嘴张紧块紧固螺栓拧紧至 12N·m+270°（3/4 圈，可分几次拧）。

表 3-1 配备旧电磁阀螺母的泵喷嘴

气缸	尺寸 "a"
1	(332.2±0.8)mm
2	(244.2±0.8)mm
3	(152.8±0.8)mm
4	(64.8±0.8)mm

表 3-2 配备新电磁阀螺母的泵喷嘴

气缸	尺寸 "a"
1	(333.0±0.8)mm
2	(245.0±0.8)mm
3	(153.6±0.8)mm
4	(65.6±0.8)mm

3）安装摇臂轴。

4）将螺栓 2 用手拧紧，然后将螺栓 1 用手拧紧（见图 3-31）。最后，按相同顺序将螺栓拧紧至 20N·m+90°（1/4 圈）。

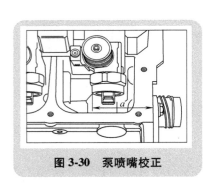

图 3-30 泵喷嘴校正

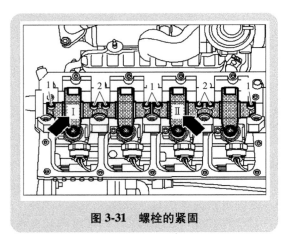

图 3-31 螺栓的紧固

5）安装千分表到调整螺钉上。沿发动机运转方向转动曲轴，直至摇臂滚柱处于凸轮最高点。

6）使滚柱侧（见图 3-32 箭头 A）处于最高点，千分表（见图 3-32 箭头 B）处于最低点，拆下千分表。将调整螺钉拧入摇臂，直至感觉紧固为止。

7）将调整螺钉自止点拧松 225°，将调整螺钉保持在该位置，锁止螺母拧至 30N·m（见图 3-33）。连接泵喷嘴接头，安装气缸盖罩及正时带护罩。

4. 泵喷嘴电磁阀的维修

宝来轿车泵喷嘴电磁阀位于泵喷嘴的中部，由柴油机电子控制单元控制。它是泵喷嘴的关键执行器，在故障诊断和维修中一定要按照正确的方法进行检测。

泵喷嘴电磁阀的结构如图 3-34 所示，泵喷嘴电磁阀主要由电磁阀针阀、电磁阀座、电磁阀线圈、电磁阀弹簧等组成。

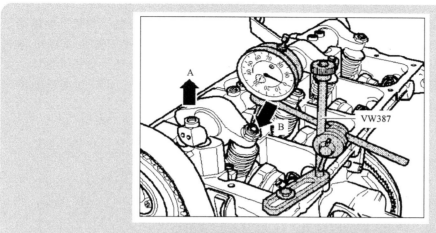

图 3-32 安装千分表到调整螺钉上

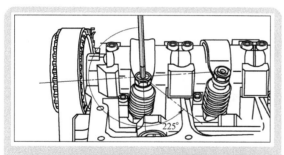

图 3-33 拧松调整螺钉至规定位置并锁止螺母

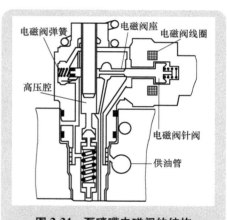

图 3-34 泵喷嘴电磁阀的结构

该车有 4 个泵喷嘴电磁阀：N240、N241、N242 和 N243，分别通过导线与柴油机电子控制单元（ECU） J248 的端子相连。控制单元 J248 根据喷射凸轮位置传感器信号激活某一泵喷嘴电磁阀（J248 控制电磁阀线圈电路搭铁），电磁阀线圈通电，将电磁阀针阀压到电磁阀座内，从而切断供油管到泵喷嘴单元的高压腔通道，主喷射循环开始。当 ECU J248 停止激活泵喷嘴电磁阀后，电磁阀线圈断电，电磁阀弹簧顶开电磁阀针阀，供油管到泵喷嘴单元高压腔通道接通，充注燃油，油压下降，主喷射循环结束。

柴油机 ECU 精确控制各缸泵喷嘴电磁阀激活时刻和激活时间，从而精确调节各缸泵喷嘴的喷射始点和喷射量。若泵喷嘴电磁阀失效，柴油机将不能平稳运转，功率也将下降。泵喷嘴电磁阀有双保险功能：若电磁阀保持打开状态，泵喷嘴内无法建立起油压；若电磁阀保持关闭状态，泵喷嘴高压油腔内无法再充注燃油。这两种状态下，都没有燃油喷射到气缸内。

(1) 电路图分析

泵喷嘴电磁阀电路和泵喷嘴插头端子如图3-35和图3-36所示，4个泵喷嘴电磁阀共用一个8针插接器。8针插接器插头端子2接3缸泵喷嘴电磁阀N242，插座端子2与柴油机ECU J248的118号端子相连；8针插接器插头端子3接2缸泵喷嘴电磁阀N241，插座端子3与柴油机ECU J248的117号端子相连；8针插接器插头端子5接1缸泵喷嘴电磁阀N240，插座端子5与柴油机ECU J248的116号端子相连；8针插接器插头端子6接4缸泵喷嘴电磁阀N243，插座端子6与柴油机ECU J248的121号端子相连；8针插接器插头端子7接12V电源，插座端子7与柴油机ECU J248的114号端子相连。

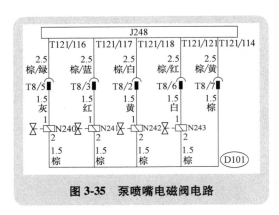

图3-35 泵喷嘴电磁阀电路

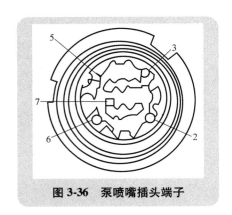

图3-36 泵喷嘴插头端子

(2) 诊断仪V.A.G.1552检测

连接诊断仪V.A.G.1552，接通点火开关，输入地址码01，选择柴油机ECU，柴油机应急速运转。按0和8键进入读取测量数据块功能，按Q键确认；按0、1和8键进入"显示组018"，按Q键确认。柴油机怠速运转1min后，检查显示区1～4的泵喷嘴状态值，显示区1～4处的状态值分别表示1～4缸泵喷嘴状态值。若所有4个显示区显示状态值均为0，表示各缸泵喷嘴正常；若显示区状态值为非0，则应检测该缸泵喷嘴电磁阀的电阻及连接电路。

(3) 万用表检测

用万用表V.A.G1526或V.A.G1715检测泵喷嘴电磁阀的步骤如下。

1) 断开点火开关，断开气缸盖处的泵喷嘴插接器，检测泵喷嘴的8针插接器端子7与5间（1缸）、端子7与3间（2缸）、端子7与2间（3缸）、端子7与6间（4缸）的电阻值，标准值约为0.5Ω。检查电路间、电路与车身间是否短路，规定值为电阻值无限大。若不符合规定，应进行下一步检查。

2) 拆下上部正时带护罩和气缸盖罩，用螺钉旋具撬开泵喷嘴插接器，支撑住插接器的另一侧，防止其倾斜。检测泵喷嘴端子间的电阻值，标准值约为0.5Ω。若电阻值不符合要求，则说明该泵喷嘴电磁阀失效；若电阻值符合要求，则进行下一步的检查。

3) 检测泵喷嘴插接器端子2与5（灰色）间（1缸）、端子2与3（红色）间（2缸）、端子2与6（白色）间（4缸）、端子2与2（黄色）间（3缸）的电路是否断路，检测泵喷嘴与所有4个插接器间的电路是否短路。

4) 检测泵喷嘴电磁阀与ECU之间的线束是否短路或断路。拔下泵喷嘴的8针插接器插头,将测试盒 V.A.G1598/31 连接到柴油机 ECU 的线束上,检测柴油机 ECU 测试盒与插头间的线路电阻:触点 2 与插口 118、触点 3 与插口 117、触点 5 与插口 116、触点 6 与插口 121、触点 7 与插口 114 线路的电阻值最大为 1.5Ω。若不符合规定,则应更换相连接的线束。

注意:泵喷嘴损坏后,一般不能修复使用,必须更换新的泵喷嘴总成。

5. 燃油供给系统压力检测

(1) 燃油压力检测的条件

在测试燃油压力时,一定要保证泵喷嘴元件没有缺损。并且泵喷嘴元件的 O 形密封环状态完好。测量过程中必须注意泵喷嘴第 2 道 O 形密封环的状态(见图 3-37)。

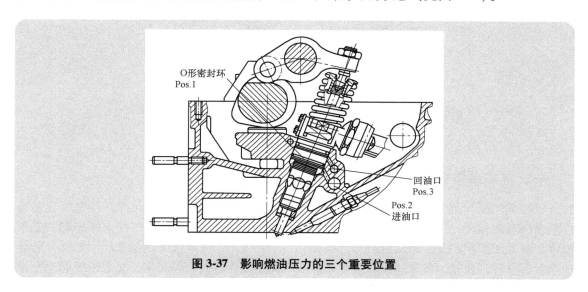

图 3-37 影响燃油压力的三个重要位置

Pos.1 为 O 形密封环,由发动机缸盖供应燃油。要求:在发动机转速 4000r/min、机油温度 90℃时,供油压力保持为 (7.5+1)bar。Pos.2 为进油口,Pos.3 为回油口。回油压力为 (0.7±0.2)bar。如果该 O 形环存在缺陷,则会在进、回油路之间造成严重的泄漏和进油系统的压力损失,从而使柴油机的供油压力产生剧烈的波动,最终导致用户的抱怨,诸如全负荷时发动机抖动、功率损失等)。在这种情况下必须更换 O 形密封环。若泵喷嘴产生这样的问题,则不允许维修后使用。在拆卸泵喷嘴后,必须更换所有的 O 形密封环。

若使用过程中遇到类似的问题,则应判断故障是否由串联泵或泵喷嘴的 O 形密封环引起。

(2) 燃油压力的测试

1) 按图 3-38 所示连接测试仪 VAS5187。

2) 使发动机怠速运转。

3) 连接 VAS5051,选择发动机自诊断。

4) 读取 08 数据块 02 显示组 1 区怠速转速。

5) 发动机转速提高到 1500r/min。

6) 观察压力表显示压力(规定值大于 3.5bar),否则更换串联泵。

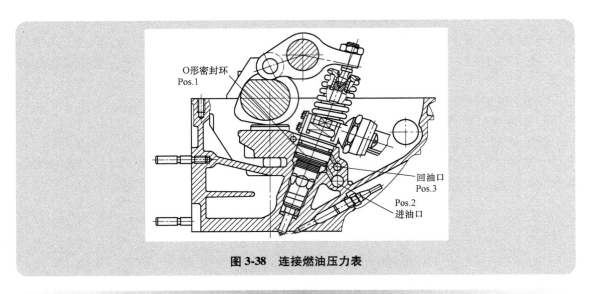

图 3-38　连接燃油压力表

任务二　掌握电控单体泵燃油喷射系统结构原理与故障检修

一、电控单体泵燃油喷射系统的优点

电控单体泵（英文缩写为 EUP）燃油喷射系统的结构如图 3-39 所示，其控制原理与电控泵喷嘴基本相同，均是一个由柱塞产生高压的独立体，每缸单独配备一个。所不同的是泵喷嘴是将高压形成部分和燃油喷射部分集成在一个壳体内，而单体泵则是高压形成部分和燃油喷射部分各自独立，各单体泵与各喷油器均用高压油管连接，即高压油泵泵出的燃油要通过一段高压油管送入喷油器，其他与泵喷嘴系统并无区别。

电控单体泵的适用以中、重型车用柴油发动机为主，也可用于轻型货车、皮卡等。

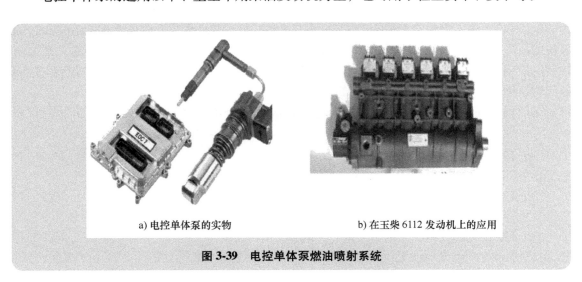

a) 电控单体泵的实物　　　　　　　b) 在玉柴 6112 发动机上的应用

图 3-39　电控单体泵燃油喷射系统

与泵喷嘴电控系统和共轨系统相比，单体泵电控系统除了具有成本低、性能可靠、寿命

长、故障率低、维修方便等优点外，还具有以下优点：

1）电控单体泵喷射压力高，达到200MPa，可靠性、耐久性好。

2）喷射压力随发动机转速负荷变化；喷射规律为先缓后急，与发动机燃烧系统配合较好，有利于降低NO_x的排放，喷油时刻与凸轮型面关联，可实现预喷；可达到欧Ⅲ排放标准，加上电控喷油器后，可以达到欧Ⅳ排放标准。

3）气缸盖不用制成新结构；可以减小对原型发动机的改动，其设计专门用于气缸体中带凸轮轴的发动机。驱动系统的刚度较大，因为不需要摇臂。

4）便于拆装与维修。实际维修过程中，电控单体泵很容易被拆出；另外，喷油嘴偶件安装在喷油器壳体中，便于维修。

二、电控单体泵燃油喷射系统的组成

与电控泵喷嘴燃油喷射系统一样，电控单体泵燃油喷射系统主要由单体泵电子控制系统和单体泵燃油供给系统两部分组成。单体泵燃油供给系统又由低压和高压两部分组成（见图3-40）。

1. 电控单体泵燃油供给系统低压部分

低压部分主要由油箱、油水分离器、手动输油泵、输油泵、柴油细滤器等组成。这些内容在前面的章节已经进行详细讲解，这里不多讲。

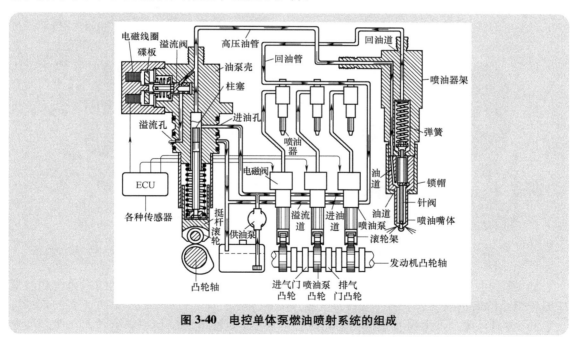

图3-40 电控单体泵燃油喷射系统的组成

2. 电控单体泵燃油供给系统高压部分

电控单体泵燃油喷射系统高压部分主要由高压油管、电控单体泵和喷油器等组成。

（1）高压油管

高压油管非常短（见图3-41），而且所有的气缸都采用同样长短的高压油管。高压油管必须能够长时间经受住最大泵压力和在喷油间歇期产生的一定程度上的高频压力波动。所以，高压油管用高延展性的无缝钢管制成，其外径通常为6mm，内径为1.8mm。

（2）电控单体泵

电控单体泵的外形及安装位置如图3-42所示，其结构如图3-43所示。单体泵由喷射电磁阀、锥阀、柱塞、柱塞弹簧、高压腔、低压油路及泵体等组成。喷射电磁阀包括电磁阀线圈及电磁阀阀杆，阀杆与锥阀的锥体连为一体，锥阀接通或断开高压腔与低压油路的通道。

电控单体泵喷射系统的工作过程可分为以下几个阶段：高速喷射电磁阀设在单体泵的出油端，电磁阀断电时，溢油孔打开，单体泵内的柱塞已开始泵油，但不能建立高压。只有当电磁阀通电，溢油孔关闭时，即回油油道关闭时，油压才迅速升高。高压燃油经过一段很短的高压油管进入喷油器使其喷油。电磁阀断电时，溢油孔与回油通道相连，迅速溢流卸压，喷油停止。电磁阀通电的持续时间决定了循环供油量。单体泵的工作过程如下：

图 3-41　高压油管

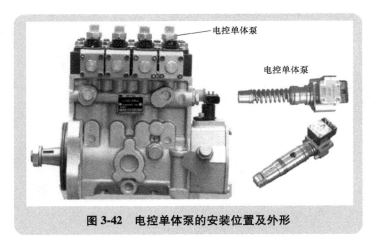

图 3-42　电控单体泵的安装位置及外形

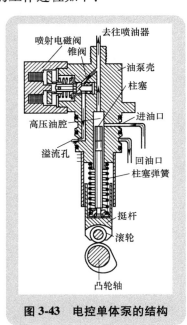

图 3-43　电控单体泵的结构

1）吸油过程。当柱塞下移时，喷射系统内部压力将低于低压油路的泵油压力，此时低压系统燃油将通过柱塞套上的进油口进入高压喷射系统。

2）旁通过程。当柱塞上升时，柱塞腔压力上升，只要电磁阀处于断电状态，此时柱塞腔中的压力与进油压力大体相同，燃油通过回油通路回到燃油箱。受压燃油经控制阀旁通口高速泄流，回到低压系统。

3）喷射过程。在柱塞供油过程中，当电控系统根据所采集到的各传感器信号，在某一个特定的时刻发出喷油控制脉冲时，通过驱动电路使电磁阀通电，回油通道被关闭，柱塞腔形成一个封闭容积，随着柱塞上升，封闭容积中的燃油被压缩，压力迅速上升，喷油嘴端压力急剧上升，当此压力高于喷油嘴开启压力时，针阀开启，燃油喷入气缸内。

4）泄压过程。柱塞继续上行，当控制脉冲终止时，电磁阀断电，回油通路接通，燃油经回油通路溢出，高压燃油经阀口向低压系统泄流，高压油路压力下降，当降至针阀开启压力时，喷油结束。

电控单体泵上的喷油控制电磁阀在整个过程中实际上担负着一个开关阀的作用，它一般处于常闭状态。它的工作原理是：通过通电时刻来控制喷油正时，通过通电持续时间长短来计算喷油量，实现对喷油量的控制。

（3）喷油器

喷油器总成的结构组成如图3-44所示。喷油器内的压力弹簧通过压力销压在喷油嘴针阀上。弹簧的预紧力决定了喷油器的开启压力。开启压力可以用调整垫片进行调整。

高压燃油通过进油孔中的燃油滤清器、油道进入喷油嘴体的阀座。在喷油过程中，针阀在喷油压力的作用下升起，燃油从喷油嘴喷孔中喷入燃烧室。而当喷油压力降低后，弹簧压力将喷油嘴座针阀压回到阀座上，这时喷油结束。而喷油始点由压力控制，喷油量由喷油持续时间决定。

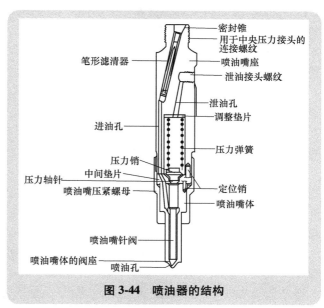

图 3-44 喷油器的结构

三、电控单体泵系统的检修

电控单体泵系统出现故障时，我们应首先对车辆最近运行状态、车辆保养、故障现象了解清楚，再结合故障诊断仪读取故障码，"一问""二看""三检查"是故障排除的首要条件。故障排除应首先弄清故障现象，分析故障原因；其次缩小故障范围，确定故障部位；最后排除故障。

1. 单体泵使用保养注意事项

1）由于单体泵喷油系统的喷油压力较高，对燃油的质量要求相对严格。因此柴油机的燃油系统至少应采用2级过滤系统（预滤、粗滤+精滤），有条件的可另加装专用油水分离器过滤系统。

2）燃油应采用符合国家标准的洁净轻柴油，并至少经过至少1~2天的沉淀。

3）定期更换柴油滤清器、机油和清洗柴油箱。

4）单体泵不得随意拆卸与调整，如果需要拆卸检修和调整，必须事先对单体泵及其对应的调整垫做出缸号标记，安装时要保证单体泵和调整垫一一对应安装，不得错缸安装或随意安装。

5）拆卸维修时需保证工作场所洁净，确保单体泵的洁净安装。

6）单体泵高压油管是一次性使用部件，拆卸后不能再继续重复使用。

7）单体泵燃油系统排空气的方法是：松开第一缸或第六缸（四缸发动机松开第四缸）

的高压油管，然后用手油泵泵油，直到单体泵出油口喷出没有气泡的燃油为止。

8）高压油管只能使用一次，拆卸后应该更换新的。

2. 加装油水分离器

单体泵燃油喷射系统，由于其喷油压力较高，对燃油质量的要求非常高。由于国内燃油的杂质和水分等的含量相对较大，对柴油机的燃油系统可能造成下列伤害：喷油嘴容易锈蚀或磨损；柱塞/出油阀可能因锈蚀、磨损而导致泵油压力不足；燃油油路可能经常出现堵塞；输油泵容易磨损并出现供油不足。这些伤害可能导致柴油机出现下列故障：起动困难，有时根本就不能起动；工作转速不稳定，转速波动大；动力不足或出现冒黑烟故障；燃油高压喷射系统经常出现异常损坏或运行不稳定。

为保证燃油喷射系统可靠的工作并延长其使用寿命，有必要在此类柴油机的低压油路系统中加装一套油水分离器，将燃油中的杂质和水分预先分离和过滤。油水分离器的安装，可以将柴油中的水分分离出来，并对柴油进行初滤，起到净化柴油品质，对供油系统提供进一步的保护作用。它的安装位置一般在油箱出口与燃油粗滤器之间，应定期清洗滤芯并放水。

3. 故障原因分析

采用单体泵燃油喷射系统的柴油机在重型汽车、工程机械等行业获得了广泛的应用。由于单体泵燃油喷射系统与传统的燃油喷射系统在结构、使用、维修等方面具有较大的差别，因此该类柴油机在实际使用中，由于维修和保养工作不及时或不正确，经常引起设备出现下列故障：柴油机起动困难；柴油机动力不足；柴油机高速大负荷时降速熄火；柴油机冒黑烟。

当该类柴油机突然出现或维修燃油系统后出现起动困难、动力不足、冒黑烟、经常（或偶然）自动熄火后发现燃油系统存在大量气体，排空油路气体后柴油机可以起动，且起动后工作基本正常等现象时，就必须对燃油系统进行维修和保养。

上述故障一般都与燃油喷射系统有直接的关系。出现这些情况，一般情况下是燃油系统的下列部件出现了问题（以道依茨BFM1013柴油机为例进行说明）：

（1）维修或更换单体泵时未按要求调整或更换单体泵垫片

道依茨BFM1013柴油机使用单体泵供油系统，每一个单体泵对应一个调整垫片的厚度，垫片厚度是经过严格计算得来的，其目的是保证每个缸的供油正时准确无误。在拆卸或更换单体泵时，如果没有按照要求选择合适的垫片，就可能使某缸的喷油提前角不正确，柴油机就会出现起动困难等故障。因此，在拆卸或更换单体泵时，必须做好标记或重新选配垫片。

（2）机械式输油泵磨损或损坏

如果机械式输油泵的转子磨损过大或存在泄漏等故障，低压油路就可能出现压力不足的故障。道依茨BFM1013柴油机要求低压油路的压力在0.3~0.5MPa范围内，如果输油泵有问题，就不能保证低压油路的压力，会导致起动困难或完全不能起动。因此，如果柴油机起动困难，且伴有动力不足、无黑烟和大负荷高速松加速踏板易熄火等故障时，应该首先考虑输油泵故障。

（3）单体泵安装不到位

单体泵安装没有按照要求进行，调速齿杆处于小油量的位置或断油位置，柴油机的供油量不足或根本不供油，所以柴油机不能起动或动力不足。

（4）回油螺栓（也叫溢流阀）密封不严

如果回油螺栓密封不严或损坏，低压油路就不能建立起足够的压力，柴油机起动困难是不可避免的。如果还伴有动力不足、无黑烟等现象，在确定输油泵没有问题时，就需要考虑是否是回油螺栓（溢流阀）出问题了。

（5）单体泵柱塞磨损严重

单体泵柱塞磨损严重，柴油机就会存在供油量和供油压力都不足的问题，柴油机起动困难是很正常的事情。除此之外，因单体泵柱塞磨损，柴油机还会出现下列现象：动力不足；柴油机可能冒黑烟。遇到此类故障时，就应该检查或维修单体泵。

（6）起动加浓电磁阀有问题

起动加浓电磁阀损坏，柴油机不一定会起动困难，但可能有下列问题：柴油机加速时严重冒黑烟；也可能出现动力不足。起动加浓电磁阀一般只能更换，没必要也不可能修复。

（7）喷油器安装错位

道依茨 BFM1013 柴油机安装喷油器时，由于没有严格的定位，容易出现 180° 的错位，且错位安装从外观感觉上还认为是比较顺的。错位安装的喷油器使喷油油束与燃烧室不匹配，导致油气混合不良而使燃烧不充分，所以柴油机冒黑烟。

四、锡柴国Ⅲ系列发动机电控单体泵系统控制功能及故障分析

锡柴电控单体泵的油路如图 3-45 所示。

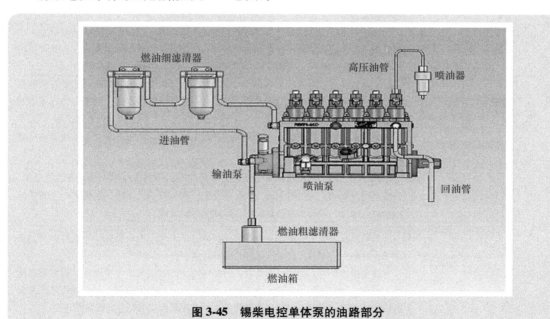

图 3-45　锡柴电控单体泵的油路部分

1. 电子控制系统功能

ECU 是电控系统部分的核心，它集成了柴油机和车辆的控制功能，通过接收各传感器适时监测传递的发动机信息，进行分析、判断和处理，并根据内部存储的控制策略和程序，向执行器（单体泵电磁阀等）发出驱动信号，从而准确地控制各缸燃油的喷射量和燃油的喷射时刻。ECU 除了管理喷油以外，还具有其他一些功能，如故障诊断、网络通信、标定

与监测等。锡柴国Ⅲ系列发动机电控单体泵系统控制功能见表3-3。

表3-3　锡柴国Ⅲ系列发动机电控单体泵系统控制功能

控制功能	具 体 说 明
怠速控制	ECU可根据各种温度、蓄电池电压与空调请求等自动调节怠速运行速度,并通过ECU的闭环控制使发动机运行在设定怠速。例如冷却液温度越低,发动机怠速越高;怠速时打开空调,发动机转速会上升
怠速微调功能	怠速微调是指驾驶员可在仪表板上通过怠速微调开关强制调整目标怠速,发动机在ECU的闭环控制下,实际运行转速向目标怠速过渡并稳定在该怠速 怠速微调开关为点动式自动复位开关,如驾驶员按下怠速上升微调开关,发动机怠速将增加,每按一次,增加一定转速;同样,如驾驶员按下怠速下降微调开关,发动机怠速将减小
怠速停机控制	在欧Ⅲ电控柴油机ECU中,设计有怠速停机控制模块,主要是为了避免长时间怠速运行,当怠速运行达到一定时间,该模块首先会闪烁红灯提醒驾驶员,而驾驶员又没有任何指令时,会自动停机 其启用条件为:怠速超时功能启用;发动机处于怠速状态;加速踏板没有被踏下;冷却液温度超过标定值。在发动机停机之前,故障灯开始闪烁,闪烁周期由标定值确定
油门控制	电子油门通过控制线束将驾驶员的驾驶意图(油门开度)反馈给ECU,电控单元根据油门开度与柴油机转速计算出供油量,从而驾驶员可以控制柴油机转速与车辆运行速度
跛行回家控制	当加速踏板感应器输出信号超出范围或接线故障的情况下,电控单元(ECU)采用低怠速开关替代正常的驾驶员油门指令,使发动机降功率继续运行,从而可以将车辆开到维修站修理。这是保证车辆不至半路抛锚的一种失效保护措施
故障指示灯	电控系统具有故障诊断功能。可以实时监测并记录系统的故障状态;所有的故障信息通过故障指示灯指示给驾驶员,驾驶员可通过故障指示灯一定频率的闪烁识别故障码,作为维修的基本依据
发动机转速限制	在电控系统中,控制器根据发动机冷却液温度、蓄电池电压等对发动机最高转速进行限制,以保护发动机
排气制动控制	电控单元(ECU)接收到排气制动开关信号后,控制排气制动继电器的通断电,以实现排气制动。排气制动的目的是给处于正常运行状态下的车辆提供一个辅助的制动力。当排气制动功能被触发时,燃油喷射被切断
空调控制	在车辆的仪表板上有空调请求开关,当电控单元(ECU)接收到空调打开的请求信号,控制器将对发动机进行控制并保持正常运行 在发动机怠速时,如果空调打开,控制器将提高发动机的目标怠速。同时通过闭环控制使发动机实际运行转速调节到该目标转速;当关闭空调,控制器将降低发动机的目标怠速,同时通过闭环控制使发动机实际运行转速调节到该目标转速
起动控制	电控柴油机的起动由电控系统直接控制,在柴油机起动工况,驾驶员无需踩踏加速踏板,电控单元根据不同的发动机冷却液温度和大气压力而提供不同的起动喷油量及适时的喷油正时,保证起动迅速并且不冒黑烟
预热控制	电控单元(ECU)控制预热控制继电器的通断电,以实现预热格栅。当需要开启预热控制继电器时,ECU控制内部电路,使得预热控制继电器打开,进而预热继电器导通。蓄电池电源连通预热格栅正极,预热格栅开始工作。当需要关闭时,ECU控制内部电路,使得预热控制继电器关闭,进而预热继电器关闭

第三章 掌握电控泵喷嘴和电控单体泵燃油喷射系统结构原理与故障检修

2. 锡柴电控单体泵常见故障及排除方法

（1）电控单体泵发动机无法通信

故障排除见表3-4。

表3-4 电控单体泵发动机无法通信故障排除

序号	可能原因	故障排除方法
1	ECU没有供电	检查ECU供电系统
2	通信A3、A4连接线错误	参见维修手册，按正确的电路进行连接
3	通信A3、A4连接线太长	最好不超过10m，用屏蔽线或双绞线
4	提示应用程序非法使用	程序与标定诊断工具不匹配
5	提示发现新硬件	PC机重新安装USB CAN驱动
6	ECU损坏	更换ECU
7	USB CAN连接线损坏	更换或维修USB CAN连接线

（2）起动困难

故障排除见表3-5。

表3-5 电控单体泵发动机起动困难故障排除

序号	可能原因	故障排除方法
1	低压油路中有空气	排净空气
2	曲轴位置传感器工作不正常	检查线束接线、调整垫片或更换
3	曲轴位置传感器不工作	检查线束接线情况、调整垫片或更换
4	凸轮轴位置传感器不工作	检查线束接线情况、调整垫片或更换
5	凸轮轴位置传感器工作不正常	调整垫片或更换
6	起动喷油量设置不合理	调整起动油量脉谱
7	起动喷油正时设置不合理	调整起动喷油正时脉谱
8	低压油路中柴油滤清器、油管可能堵塞	排除堵塞
9	多缸喷油器失效	修理或更换
10	管路堵塞	排除堵塞
11	油箱中柴油偏少或柴油选用不当	加油
12	EUP多缸柱塞卡死	更换
13	EUP磨损严重，出油量小	更换
14	发动机起动转速过低	初始起动转速要求大于130r/min
15	机械安装问题，相位偏差大	按相应关系正确安装

（3）不能起动

故障排除见表3-6。

表3-6 电控单体泵发动机不能起动故障排除

序号	可能原因	故障排除方法
1	机械安装问题	按相应关系安装
2	发动机起动转速太小	初始起动转速大于130r/min
3	EUP多缸柱塞卡死	更换EUP
4	喷油泵凸轮轴断裂	更换喷油泵
5	输油泵损坏	更换或修理
6	稳压阀失效	更换
7	多缸喷油器失效	更换
8	低压油路中柴油滤清器、油管等完全堵塞	检查并排除堵塞
9	低压油路中进水	排水
10	低压油路中有空气	排净空气
11	油箱中柴油太少或没油	加油
12	ECU损坏	更换
13	软件设置问题，EUP停喷	修改软件
14	ECU熔丝烧坏	检查并更换
15	ECU电源线故障	检查
16	电路主继电器故障	检查并更换
17	汽车蓄电池电压不够	要求起动时大于15V，否则应检查蓄电池和发动机
18	线束与电磁阀相应关系接乱	按相应关系接线
19	曲轴、凸轮轴位置传感器不工作	调整或更换
20	电子油门传感器接线不对	按相应关系接线
21	发动机进气堵塞	检查并排除

（4）起动烟度大

故障排除见表3-7。

表3-7 电控单体泵发动机起动烟度大故障排除

序号	可能原因	故障排除方法
1	起动油量设置不合理	调整起动油量脉谱
2	起动喷油正时设置不合理	调整起动喷油正时脉谱
3	油中含水太多，冒白烟	排除油路中的水
4	机械安装相位相差太大	按相应关系正确安装

（5）动力不足

故障排除见表3-8。

第三章 掌握电控泵喷嘴和电控单体泵燃油喷射系统结构原理与故障检修

表 3-8 电控单体泵发动机动力不足故障排除

序号	可能原因	故障排除方法
1	整车超载太多	向客户说明
2	低压油路中柴油滤清器、油管等堵塞	排除堵塞
3	曲轴位置传感器不正常，位置、凸轮轴位置传感器联合工作	调整或更换传感器
4	曲轴位置传感器不工作，曲轴位置、凸轮轴位置传感器联合工作	调整或更换传感器
5	稳压阀失效	更换
6	输油泵供油能力不足	修理或更换
7	冒烟限制设置不合理	调整
8	喷油器失效	更换喷油器
9	EUP 失效	更换 EUP

★★★ 任务三 实践总结 ★★★

一、宝来轿车 TDI 柴油发动机不易起动故障排除

1. 故障现象

宝来轿车 TDI 柴油发动机冷车不易起动，有时热车也出现起动困难。

2. 故障诊断与排除

先连接 VAS.5051 读取故障码，无故障码存储，系统正常。在柴油滤清器处进行燃油压力检查，燃油压力正常。更换了新的柴油滤清器，故障依旧。于是连接 VAS.5051 读取数据流，在检查数据组 3 时，仔细观察各数据区的数据变化，发现 2 区进气量偶尔变化异常，怀疑故障是由于进气量引起的。检查真空储气罐的连接管路，未发现异常。于是熄灭发动机，反复开关点火开关，仔细观察进气翻板动作情况，发现废气再循环阀动作缓慢，打开或关闭不及时。经分析，认为进气翻板有故障，而控制进气翻板的各真空装置均正常。拆解进气翻板进行检查，发现有存在大量积炭。清除进气翻板处积炭后试车，故障消失。

3. 故障总结

由于此车有时加入劣质燃油，而且空气滤清器更换不及时，造成进气翻板处积炭过多，而在起动时，真空控制进气翻板开闭不到位，造成起动困难。

二、厦门金龙旅行客车电控柴油机不能起动故障排除

1. 故障现象

一辆厦门金龙中型客车，配置玉柴 YC4G180-30 国Ⅲ排放柴油机。此车在行驶途中，突然出现柴油机红色故障指示灯亮，随即柴油机熄火。驾驶员误认为油路出现了问题，检查燃油连接的管路并利用手油泵对燃油系统进行了排气，打开点火开关，红色故障指示灯亮，起动柴油机，有着火迹象，但不能起动运转，驾驶员在进气管处用起动液助燃

即可起动运行，加速运转柴油机时也未发现异常，于是驾驶车辆回到了单位。待第二天准备出车，接通点火开关，柴油机红色故障指示灯长亮，起动柴油机运行，又出现了上述起动困难的故障现象。驾驶员怀疑还是燃油系统供油不足，经过查油路、排空空气等操作，多次起动就是不着车。

2. 故障分析与排除

该柴油机进气方式是增压中冷，排量为 5.2L，供油系统为德尔福电控单体泵，采用电子控制燃油喷射。众所周知，国Ⅲ电控柴油机区别于普通增压中冷国Ⅱ柴油机，就是柴油机整个工作过程都是由 ECU 来控制的。

电控柴油机达到顺利起动的前提条件包括：①ECU 有正常的电源给其供电。②燃油系统能迅速建立起动油压。③曲轴转速传感器、凸轮轴传感器二者相位关系正确，必须同步。④ECU 保护功能不能存有限制柴油机起动的故障码。依据以上电控柴油机起动所需的必要条件，进行了下述各项检查。

首先，检查了电控系统各连接插件，未发现松脱现象，电路搭铁线 J3-57、58、59 接触良好，检查 ECU 是否正常供电，接通点火开关 ON 档，用数字万用表直流电压档检测 ECU J30-60、61、62 三端子主继电器给的电压，为 24V，测量了 J3-2 端子主继电器控制电压和 J3-44 端子点火信号电压，为 24V。随后，又依次把冷却液温度传感器、燃油温度传感器、进气温度传感器、电子油门传感器接插件断开，测量接插件输出端子信号电压约为 5V，说明电控系统电路正常。起动运行时由于故障灯仍然点亮，导致柴油机不能起动。其次，对燃油系统进一步进行检查，低压油路进行了排空作业，然后依次松开单体泵上的高压油管接头，打开点火开关，用手油泵排油观察各缸的出油状况，2、3、4 缸出油喷射高度达 100mm 以上，只有一缸出油喷射高度在 30mm 左右。检查油路也没发现异常。既然电、油路未发现异常，进行起动并成功，但故障现象仍旧。

此故障让人感觉不可思议，莫非是转速传感器、凸轮轴传感器相位关系不同步。为确认其相位同步关系，用手提式故障诊断仪与柴油机 ECU 诊断接口连接，诊断仪界面显示："逻辑通信错误"，即与 ECU 通信失败。为何通信连接不上？于是用数字万用表直流电压档对诊断接口 CAN2H 和 CAN2L 端进行了测量，电压均是 24V，明显和通信诊断接口标定的电压差距很大，此通信诊断接口 CAN2H 高端电压应为 2.47V，CAN2L 低端电压应为 2.37V，显然通信出错是诊断接口连接线束出现短路。于是将相应的导线从 ECU 接线处断开，从连接 ECU 通信接口 CAN1H J3-15 端子、CAN1L J3-23 端子处测量，电压分别是 2.47V 和 2.37V，符合诊断软件连接通信所需电压要求。从该处连接诊断仪，打开诊断界面，读取故障码，显示出 10 个故障码，而且出现的频次之多，让人不可思议。

用故障诊断仪清除了所有的故障码，接通点火开关，柴油机红色故障指示灯亮约 2s 即灭，起动柴油机，随即起动运转，柴油机加速良好。关机后，打开点火开关，用诊断仪再读取故障码，无显示，说明电控柴油机无故障存在，已进入正常工作状态。

3. 故障总结

通过上述柴油机起动困难的故障处理，给了我们新的启发思考，柴油机之所以不易起动，从故障诊断仪所读取的故障码不难看出，有的故障码，如温度超高、曲轴信号出错等都会引起柴油机严重故障，当 ECU 采集到这些信号时，ECU 有些功能会受到约束，ECU 自带的保护功能会限制柴油机的起动。

三、大柴 CA4DF3 电控柴油机加速不良故障排除

1. 故障现象

一辆安装大柴 CA4DF3 电控柴油机的汽车,故障灯长亮,车辆不能行驶。该车采用电控单体泵控制系统。

2. 故障分析与排除

打开点火开关,柴油机故障灯长亮。起动柴油机,转速始终在 1500r/min,加速不起作用。经初步判断,该车目前是处于"跛行功能"状态。这是一种当柴油机电控元件损坏后,电控系统的一种保护功能。使用解放汽车专用故障诊断仪读取故障信息,发现存在三个故障码。分别是:

① P0223(加速踏板传感器 2 电压高于上限故障),可能原因是加速踏板或加速踏板线路故障。

② P2135(加速踏板传感器 2 校验不正确故障)。

③ P0335(没有曲轴信号,可能原因为传感器或传感器线路故障)。

由于柴油机"跛行功能"出现的最大可能性是加速踏板损坏造成的,我们先更换了一个加速踏板总成,但是故障未能排除。结合该车的故障码,我们重点检查了加速踏板线路。该车安装的是采用 6 线制的双传感器型的加速踏板,6 根线分别对应了两个传感器上的电源(5V)、信号和搭铁。经测量传感器 2 的供电电压仅为 3V,严重低于标准值,这便是故障产生的原因。那么是什么情况造成 2 号加速踏板传感器的供电会如此低呢?我们从原理上进行分析检查,电控柴油机上使用 5V 供电压的都是传感器,而当某个传感器内部轻微短路后,将使得和该传感器共用电源的传感器供电失常。

由于没有该型柴油机电控系统的电路图,我们将该车上使用 5V 供电的所有传感器逐一拔除试车,当拔去机油压力传感器的插头后,柴油机工作正常了。经更换机油压力传感器后故障排除。

3. 实践总结

该车安装的机油压力传感器是一种三线制传感器,分别对应了 5V 电源、信号和搭铁。当传感器内部短路后,该系统 5V 电源严重衰减,造成加速踏板传感器 2 供电电压过低,系统判断传感器损坏而进入失效保护模式。

四、道依茨电控单体泵柴油机加速踏板无反应故障排除

1. 故障现象

一台 BF6M1013-26E3 柴油机,该发动机采用现象道依茨电控单体泵控制系统。行驶中常出现柴油机转速维持在 1200r/min,踏加速踏板无反应。熄火后,过大约 20min 再起动,正常。行驶大约 50~80km 后,故障反复出现。

2. 故障分析与排除

读取发动机故障码为 P2299,含义为加速踏板信号不可信。根据故障码的提示对加速踏板进行更换,发现更换加速踏板后故障仍没有解决。再检查驾驶室线束,用万用表检测发现搭铁回路不好。最后发现变速器与车架的搭铁线接触不良、松动,经重新处理紧固后故障排除。

五、道依茨电控单体泵柴油机抖动故障排除

1. 故障现象

一台 BF6M1013-26E3 柴油机,该发动机采用道依茨电控单体泵控制系统,行驶里程约 3 万 km。在怠速时,柴油机抖动严重。

2. 故障分析与排除

经检查发现该发动机搭载车辆故障灯亮,对该车进行读取故障码操作,发现故障码为 P0206,含义为 6 缸单体泵信号开路。初步判断是 6 缸单体泵线束故障,用万用表测量 6 缸单体泵线束端子与 48 芯插接器第 32 端子之间的线路,线路导通。重新插好 48 芯插接器,测量单体泵线束端子与过渡线束 A27、A39 之间的线路,线路导通。重新连接好线束,故障消失。故障原因可能是线束插接器或端子接触不良,重新插接牢固后,故障即排除。

六、道依茨电控单体泵柴油机起动困难故障排除

1. 故障现象

一台 BF6M1013-26E3 柴油机,该发动机采用道依茨电控单体泵控制系统,行驶里程约 6 万 km。该车故障灯亮,柴油机起动困难。

2. 故障分析与排除

对该车进行读取故障码操作,发现故障码为 P0265,其含义为 2 缸单体泵对电源短路,单体泵线路电压太高引起停机。用万用表测量第 2 缸单体泵线束电阻,发现电阻值为 0,判断单体泵线圈短路,更换第 2 缸单体泵后故障排除。

复习与思考

一、选择题

1. 电控泵喷嘴安装在(　　)上。
   A. 气缸盖　　　　B. 气缸体　　　　C. 气门室罩盖上面　　　　D. 油底壳
2. 电控泵喷嘴的英文缩写是(　　),电控单体泵的英文缩写是(　　)。
   A. CRS　　　　B. EUP　　　　C. EUI　　　　D. EIL
3. 下列四个选项,不属于泵喷嘴燃油供给系统低压部分的部件是(　　)。
   A. 油水分离器　　B. 输油泵　　C. 燃油滤清器　　D. 泵喷嘴
4. 下列四个选项,不属于泵喷嘴燃油供给系统高压部分的部件是(　　)。
   A. 分配管　　　　B. 输油泵　　C. 摇臂　　　　D. 泵喷嘴
5. 在轿车泵喷嘴控制系统中,一般加装有燃油冷却器,燃油冷却器一般加装在(　　)上。
   A. 进油管　　　　B. 回油管　　　　C. 都有可能

二、判断题

1. 电控单体泵的适用以中、重型车用柴油发动机为主,也可用于轻型货车、皮卡等。
(　　)

2. 泵喷嘴电子控制系统主要由传感器、ECU、泵喷嘴电磁阀等组成。　　　　（　　）
3. 连接或断开泵喷嘴时，没有必要关闭点火开关。　　　　　　　　　　　（　　）
4. 泵喷嘴是将高压形成部分和燃油喷射部分集成在一个壳体内，单体泵则是高压形成部分和燃油喷射部分各自独立。　　　　　　　　　　　　　　　　　　　　　　（　　）
5. 在电动燃油泵的端盖里面设有单向阀，目的是防止燃油管中的压力过高。　（　　）

三、简答题

1. 电控泵喷嘴燃油喷射系统低压部分由哪些部件组成？简述各部件的作用。
2. 简述串联泵的工作原理。
3. 简述电控单体泵燃油喷射系统与电控泵喷嘴燃油喷射系统的区别。
4. 简述电控单体泵的四个工作过程。

第四章

掌握共轨式电控燃油喷射系统结构原理与故障检修

学习目标：

1. 了解共轨式燃油控制系统
2. 掌握电控高压共轨式燃油喷射系统
3. 掌握中压共轨式燃油喷射系统
4. 掌握电控高压共轨式燃油喷射系统的检修
5. 经典故障案例分析

★★★ 任务一 了解共轨式燃油控制系统 ★★★

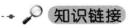 知识链接

电子控制共轨式燃油喷射系统通过共轨管直接或间接地形成恒定的高压燃油（见图4-1和图4-2），分送到每一个喷油器，并借助于集成在每个喷油器上的高速电磁开关的开启与闭合，定时、定量地控制喷油器喷至柴油发动机燃烧室的燃油，从而保证柴油发动机达到最佳的空燃比和良好的雾化，以及最佳的点火时间、足够的点火能量和最少的污染排放。现在该项技术已开始在国内外柴油发动机汽车上广泛使用。这是世界汽车工业为满足日益严格的废气排放法规的必然趋势。

一、电控共轨式燃油喷射系统的优点

直列柱塞泵柴油发动机、分配（VE）泵柴油发动机、电控单体泵柴油发动机，以及泵喷嘴式柴油发动机的燃料供给系统，均是用凸轮推动柱塞往复运动，通过柱塞在套筒内的往复运动将低压燃油压缩成高压燃油，再通过柱塞分别送入各缸的喷油器。这种高压燃油供给方式由于柱塞的运动，会使高压燃油的压力产生波动，即具有一定的脉冲性，使燃油压力控制和喷油速率控制，以及喷油定时控制功能受到局限，从而影响发动机的性能。

电控共轨式燃油喷射技术通过共轨直接或间接地形成恒定的高压燃油，分送到每个喷油器，并借助于集成在每个喷油器上的高速电磁开关的开启与闭合，定时、定量地控制喷油器

第四章 掌握共轨式电控燃油喷射系统结构原理与故障检修

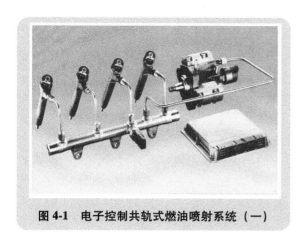

图 4-1 电子控制共轨式燃油喷射系统（一）

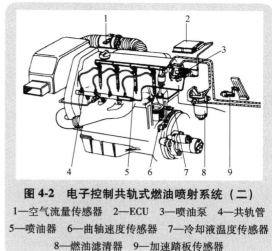

图 4-2 电子控制共轨式燃油喷射系统（二）
1—空气流量传感器 2—ECU 3—喷油泵 4—共轨管
5—喷油器 6—曲轴速度传感器 7—冷却液温度传感器
8—燃油滤清器 9—加速踏板传感器

喷射至柴油机燃烧室的油量，从而保证柴油机达到最佳的空燃比和良好的雾化，以及最佳的点火时间、足够的点火能量和最少的污染排放。

共轨技术是指在高压泵、压力传感器和 ECU 组成的闭环系统中，将喷射压力的产生和喷射过程彼此完全分开的一种供油方式。它由高压泵把高压燃油输送到公共供油管（共轨），通过对公共供油管内的油压实现精确控制，使高压油管压力大小与发动机的转速无关，可以大幅度减小柴油机供油压力随发动机转速的变化，因此也就避免了传统柴油机的缺陷。

高压共轨系统可实现在普通喷油系统中无法实现的功能。其优点见表 4-1。

表 4-1 高压共轨系统的优点

优点	相 关 说 明
综合性能得到提高	共轨系统中的喷油压力柔性可调，对不同工况可确定所需的最佳喷射压力，从而提高了柴油机的综合性能
提高排放性	可独立地柔性控制喷油正时，配合高的喷射压力，可同时控制 NO_x 和微粒（PM）排放保持在较小的数值内，以满足排放法规的要求
减小了机械磨损	共轨式柴油发动机使用燃油泵将低压油压缩成中压油或高压油，然后将中压油或高压油送入主油道，这个主油道被称之为共轨。储存在共轨中的稳定的中压柴油或高压柴油，再由共轨分别送入各缸喷油器。由此可知，共轨的一个最突出的特点就是取消了凸轮，减小了机械磨损
提高动力性和经济性	共轨系统可以柔性控制喷油速率变化，实现理想喷油规律，容易实现预喷射和多次喷射，既可降低柴油机 NO_x，又能提高柴油机的动力性和经济性
减轻柴油机的振动和降低排放	由电磁阀控制喷油，其控制精度较高，高压油路中不会出现气泡和残压为零的现象，因此在柴油机运转范围内，循环喷油量变动小，各缸供油不均匀得到改善，从而减轻柴油机的振动和降低排放

二、电控共轨式燃油控制系统的分类

电子控制共轨式燃油控制系统可以分为电子控制高压共轨燃油控制系统和电子控制中压

共轨燃油控制系统。

1. 高压共轨燃油控制系统

高压共轨是将柴油用高压泵升压至150MPa，然后将高压的柴油送入一个共轨内。因共轨内储存的柴油压力超高，所以共轨均用10~12mm管径的锻造钢管制造，各缸喷油器均与此钢管（即称之为共轨的油道）相通。只要电控单元按点火顺序控制安装在各缸喷油器中的电磁阀通断电，便可使喷油器针阀进行开闭，高压柴油便以良好的雾化质量喷入各缸。目前已投入使用的共轨喷油系统，大多数是高压共轨喷油系统。

国外在柴油机电控高压共轨燃油喷射系统方面的研究开展得较早而且比较深入，成熟的共轨系统有德国博世（Bosch）公司的CR系统、日本电装（Denso）公司的ECD-U2系统、意大利菲亚特（Fiat）公司的unijet系统，英国LUCAS公司、美国DELPHI DIESEL SYSTEMS公司也有比较成熟的共轨系统。

2. 中压共轨燃油控制系统

中压共轨系统用油泵将燃油或机油压缩至10~20MPa的中压，然后将其送入铸造在气缸盖上的共轨管内（也称蓄压器）。共轨管内的燃油或机油由ECU通过各缸喷油器上的电磁阀进行控制，按点火顺序和喷油提前角，将燃油或机油送入喷油器的高压柱塞腔，推动柱塞将喷油器内的柴油进行二次升压，高压柴油打开喷油器针阀，将高压柴油喷入各缸。其典型代表产品有：

1）美国卡特匹勒公司开发的HEUI型电控喷油系统，用共轨油道内的中压机油来驱动燃油增压机构，最大喷油压力可达到150MPa。

2）美国BKM公司开发的Servojet型电控喷油系统，用共轨油道内的中压燃油来驱动燃油增压机构，最大喷油压力超过150MPa。

任务二　电子控制高压共轨燃油喷射系统组成及工作原理

电子控制高压共轨燃油喷射系统主要由燃油低压部分、燃油高压部分、电子控制部分组成（见图4-3和图4-4）。

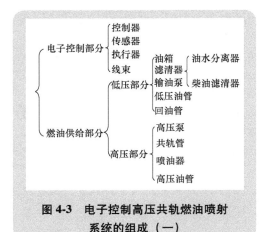

图4-3　电子控制高压共轨燃油喷射系统的组成（一）

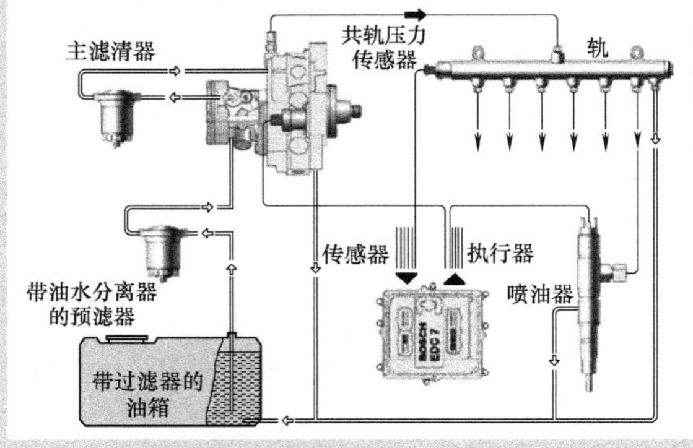

图4-4　电子控制高压共轨燃油喷射系统的组成（二）

一、低压部分

低压部分油路为高压部分油路供给足够的油量，主要零部件包括油箱、低压回路的进出油管、燃油滤清器、输油泵。

1. 柴油滤清器

柴油滤清器的作用是滤除发动机燃油系统中的有害颗粒和水分，以保护喷油泵、喷油器、缸套、活塞环等，减少磨损，避免堵塞。

柴油滤清器要承受的工作压力和工作温度较低，所以对它的要求比机油滤清器低；而它对过滤效率的要求，却比机油滤清器高。柴油滤清器的滤芯多采用滤纸，也有采用毛毡或高分子材料的。柴油滤清器除过滤柴油中的机械杂质外，还有一个重要的功能就是滤水。水的存在对于柴油机供油系统危害极大，会造成锈蚀、磨损、卡死，甚至会恶化柴油在气缸内的燃烧过程。滤清器的下部设有一沉淀腔，当水积聚到一定量时，应开阀放水。柴油发动机一般有两级柴油滤芯，一级是粗滤，滤除杂质和水分（见图4-5）。二级是精滤（见图4-6），滤除 $5\mu m$ 及以上的杂质，保护柴油机燃烧系统。

图4-5　柴油粗滤清器

图4-6　柴油细滤清器

2. 输油泵

输油泵的工作是向高压泵供给足够的燃油量。在各种工作状态、在不同的压力下、在整个工作寿命期都必须满足上述要求。目前有两种输油泵。电动输油泵是一种标准型式；另一种是机械驱动的齿轮输油泵，齿轮式输油泵一般同高压泵制成一体。

（1）电动输油泵

电动输油泵一般安装在油箱内部，多由偏心转子泵通过直流电动机带动转子旋转，通过偏心腔内容积的变化，将燃油的压力泵到350~500kPa。

电动输油泵由泵体、永磁电动机和外壳构成（见图4-7）。永磁电动机的电枢可由流过的燃油进行冷却，在外壳上安装有安全阀和单向阀两个阀，安全阀可以避免燃油管路阻塞时压力过度升高，造成油管破裂或输油泵损坏的现象发生。单向阀的设置是为了在燃油泵停止工作时密封油路，使燃油系统保持一定残压，以便发动机下次容易起动。输油泵可以是各种型式，如齿轮泵、滚柱泵、叶片泵等。下面以齿轮式电动输油泵为例进行讲解。

齿轮式输油泵主要由壳体、泵套、带外齿的主动齿轮、带内齿的从动齿轮等组成（见图

4-8）。主动齿轮由电动机带动，从动齿轮在泵套内可自由转动。

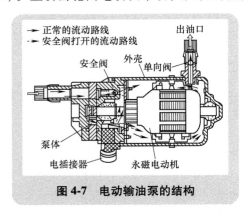

图 4-7　电动输油泵的结构

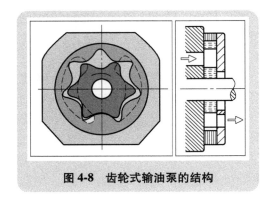

图 4-8　齿轮式输油泵的结构

主、从动齿轮齿数不同，但在旋转过程中，内、外齿廓线始终保持接触，从而形成多个工作腔。在主、从动齿轮旋转的过程中，这些工作腔的容积发生周期性变化。容积增大的工作腔从进油口转过，形成吸油过程，而容积减小的工作腔从出油口转过，形成排油过程。

（2）齿轮式机械输油泵

齿轮式机械输油泵也用于给高压泵提供燃油。它的主要零件是两个在旋转时相互啮合的反转齿轮（见图 4-9 和图 4-10）。

图 4-9　齿轮式机械输油泵的实物

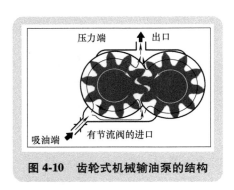

图 4-10　齿轮式机械输油泵的结构

燃油被吸入泵体和齿轮之间的空腔内，并被输送到压力侧的出油口，旋转齿轮间的啮合线能保证良好的密封，可以防止燃油回流。

齿轮式输油泵的供油量与发动机转速成比例，齿轮泵的供油量被进油口端的节流阀或者出油口端的溢流阀限制。

齿轮式输油泵是免维护的。在第一次起动前或油箱内燃油被用尽时，起动前应排出燃油箱系统内的空气。排出空气时，用手油泵压送柴油直到油路中没有空气为止，手油泵是和柴油滤清器制成一体的。

二、高压部分

高压部分是由高压泵、燃油共轨、安装在共轨上的限压阀及流量限制阀、喷油器等组成的。

1. 高压泵

高压泵的主要作用是将低压燃油加压成高压燃油，储存在共轨内，等待 ECU 的喷射指令。高压泵是低压和高压的交接点。高压泵持续产生共轨内所需要的压力燃油，供油量应远大于发动机所需要的最大供油量，以保证共轨内的压力恒定。高压泵的安装位置与以往的分配泵相同。高压泵由发动机通过联轴器、齿轮、链条或正时带进行驱动，并且通过自身泵出的柴油润滑。

博世（Bosch）高压泵常用的有 3 种型号，分别是 CP1 型、CP2 型和 CP3 型。

(1) CP1 型高压泵

CP1 型高压泵的实物如图 4-11 所示，它的特点是有一个输出量控制阀和调节共轨压力的压力控制阀，压力控制阀是常开电磁阀，调节输送的燃油压力，调节范围为 25~135MPa，即 CP1 向供油系统提供最高为 135MPa 的燃油压力。CP1 型高压泵主要由柱塞泵、压力控制阀、输出量控制阀、安全阀等部件组成（见图 4-12）。

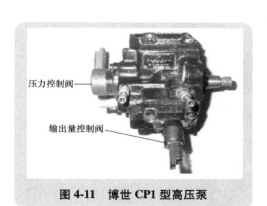

图 4-11 博世 CP1 型高压泵

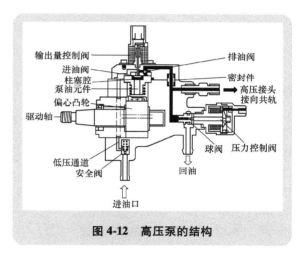

图 4-12 高压泵的结构

1) 高压柱塞泵。在高压泵内部有三个高压柱塞泵（见图 4-13 和图 4-14）。燃油进入高压泵内部后经三个径向柱塞压缩，柱塞相互之间错开 120°，凸轮轴每旋转一圈，便有三个柱塞分别泵油一次。这样，每个柱塞的泵油量仅为单柱塞的 1/3，柱塞的直径可缩小，使每个柱塞上的负荷减小，凸轮与柱塞的接触压力减小，相互间的磨损减轻。另外，由于三个柱塞相隔 120°作用在凸轮轴上，使凸轮轴圆周上的载荷分配均匀，减轻了凸轮轴与轴承之间的偏磨，同时凸轮轴运转平稳。

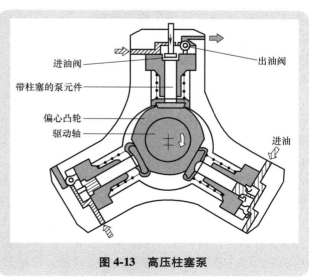

图 4-13 高压柱塞泵

当点火开关接通后，低压输油泵的转子便在永磁电动机的带动下旋转泵油。当输油泵的泵油压力大于安装在高压泵上的安全阀的弹簧弹力时，燃油便顶开安全阀，低压燃油进入共轨高压泵内，并通过油道与三个柱塞腔相通，在高压泵的凸轮轴旋转时，三个柱塞上下往复运动，将低压燃油泵成共轨内的高压。

图 4-14 高压柱塞泵的内部结构

凸轮轴旋转，使柱塞在弹簧力作用下压在凸轮上往复运动，由于柱塞腔容积增大，将燃油从进油口吸入，并吸开安装在高压泵上的一个各缸公用的进油阀时，低压燃油便被分别吸入各柱塞腔内。当凸轮轴旋转至压缩柱塞弹簧使柱塞上行时，由于柱塞腔的容积减小，柱塞腔内的油压升高，将进油阀压闭，并顶开单向球阀，将高压燃油送入高压共轨中。

2）压力控制阀。压力控制阀根据发动机的负荷参数设定共轨中的压力，并保持在该水平。如果共轨的压力过高，压力控制阀打开，一部分燃油通过燃油管返回到油箱。高压共轨系统的压力控制阀是一个高速开关电磁阀（见图4-15）。

从图 4-15 可知，压力控制阀由电磁线圈、电枢、弹簧、球阀等组成。在电磁线圈不通电时，电磁线圈无电流通过，因此无磁力吸动衔铁，此时电枢只受弹簧力的作用，电枢将弹簧的弹力传递给球阀，此时，球阀将落座在阀座上。可见，如电磁线圈不通电，弹簧将压紧球阀。

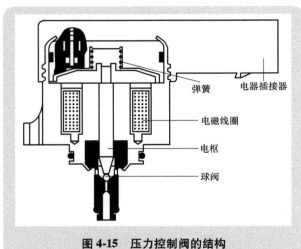

图 4-15 压力控制阀的结构

球阀的一侧受高压共轨的油压作用，另一侧受弹簧弹力作用，如果需要调压，电磁线圈通电会产生磁力。当弹簧力和磁力叠加后，可能改变球阀所处的位置，从而改变回油量，即改变了燃油共轨中的压力（可使油压在 100~200MPa 间变化）。可见，只要调整送入电磁线圈的通电时间占空比，便可调整共轨压力。

3）输出量控制阀。在高压共轨系统中，高压泵的泵油量是随发动机的转速而变化的，特别是高速柴油发动机转速变化的范围特别大，造成高压泵的泵油量也在很大的范围内变化。为充分发挥发动机的动力性，高压泵均按发动机最大需要油量设计。这样，在发动机低速或部分负荷时，高压泵的泵油量便会有一大部分多余量，这部分多余的高压燃油如果从压力控制阀泄走，最少要克服弹簧力才能泄压。燃油升压后又泄掉，必将造成功率损耗，而且由于燃油升压后温度也升高，温度升高的燃油泄回油箱，使箱内燃油温度升高。为避免这种现象的发生，在高压供给系统中需要采用一定的措施。

输出量控制阀安装在高压泵的顶部（见图4-12），该电磁阀装在与一个柱塞泵相通的进油油道上。

电控单元根据发动机的转速及加速踏板位置信号，控制输出量控制电磁阀的开闭。当电控单元判断发动机处于小负荷时，便给电磁阀通电使电磁阀关闭，于是三组柱塞中的一组柱塞停止向泵腔供油使柱塞空转，这样，只有两个柱塞泵油。当电控单元根据发动机转速和油门开度判断进入大负荷时，便使控制电磁阀断电开启，恢复向泵油腔供油以增加泵油量。

虽然高压燃油喷射可以改善燃烧质量，从而提高柴油发动机的动力性能和经济性能，但高压燃油的形成是需要消耗发动机功率的，因此两者之间是对立的。怎样调整油压，使喷油压力既能保证良好的雾化，又不至于造成过多的功率损耗，是电控单元控制的核心任务，电控单元通过控制压力控制阀和输出量控制阀，便可非常理想地控制向共轨供给的泵油量和泵油压力。

通过大量的台架试验，制成喷油压力与喷油量与发动机负荷脉谱图，将其存储在ECU存储器内，工作中电控单元根据发动机转速和负荷，查表计算目标喷油压力，再根据发动机冷却液温度、进气压力、进气温度，以及其他工况计算出的修正值，确定最佳喷油量和供油压力，然后查表计算电磁阀的通电时间占空比，使电磁阀动作，电控单元根据压力传感器测出的信号，向最佳喷油压力修正。

4）安全阀。当由于某种原因造成高压泵内部的压力过大时，安全阀打开，将燃油释放回进油侧，以保证高压泵不会被损坏。

（2）CP2型高压泵

博世CP2型高压泵实物如图4-16所示，CP2高压泵由曲轴正时齿轮通过齿轮传动带动凸轮轴旋转，高压泵内有2个直列柱塞泵，因而高压泵有2个高压油出口。驱动直列柱塞泵的凸轮轴凸轮有3个凸起，因此驱动轴每转一圈，每个直列柱塞有3次泵油动作。CP2高压泵上集成了输油泵，

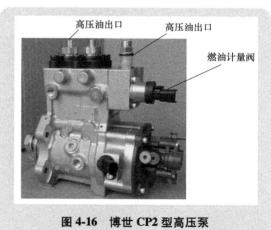

图4-16 博世CP2型高压泵

并安装了燃油计量阀（用于进油调节），ECU通过占空比信号对燃油计量阀进行控制，实现对共轨压力的调节。

燃油计量阀的结构如图4-17所示，其特性曲线如图4-18所示。它是一个流量控制阀，是ECU控制共轨燃油压力的执行器。燃油计量阀安装在高压泵的进油位置，ECU控制其通电时间用于调整燃油供给量和燃油压力值。

由供油特性曲线可以看出，在控制线圈没有通电时，燃油计量阀在弹簧力的作用下是全开的，进油量最大；随着流过线圈的电流增大，燃油计量阀逐渐关闭，甚至切断向高压泵柱塞元件的供油。发动机ECU通过脉冲信号（占空比）来改变计量元件进油截面积，从而增大或减小进油量。需要注意的是，有的燃油计量阀其控制机理可能与此相反，即无电流通过时计量阀是关闭的，为零供油量；有电流通过时计量阀在电磁力作用下逐渐打开。

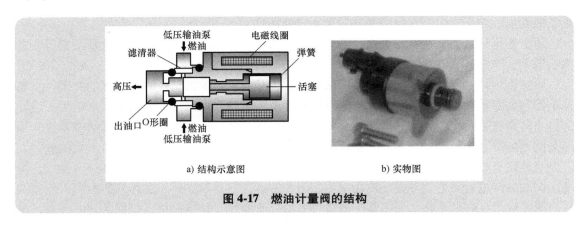

图 4-17 燃油计量阀的结构

燃油计量阀用于控制进入高压泵的燃油量，从而控制共轨压力；当怀疑燃油计量阀有故障时，可按如下方法进行检测：

按照电路图测量线路的通断，在不通电的情况下测量元件针脚之间的电阻，应在 $2.6 \sim 3.15\Omega$。在打开点火开关时应能听到连接不断的嗡鸣声，且将手放到元件上应能感觉到振动。

（3）CP3 型高压泵

博世 CP3 泵的实物如图 4-19 所示，构造如图 4-20 所示，其泵油原理与 CP1 泵相同，在高压泵内燃油由 3 个径向排列在 3 个柱塞上，圆周角相位相差 120°的活塞压缩。

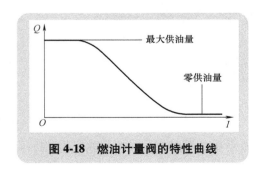

图 4-18 燃油计量阀的特性曲线

图 4-19 CP3 型高压泵

对于 CP3 高压泵而言，通过一个燃油计量阀控制进入高压泵的燃油量，从而控制高压泵的供油量，以便满足共轨压力的要求。此种设计方案能有效地降低动力消耗，同时避免对燃油进行不必要的加热。齿轮式输油泵集成在高压泵上，并由高压泵的凸轮轴驱动。

2. 燃油共轨

燃油共轨即是存储高压燃油的管路，管路内的高压燃油为所有气缸共用，因此将其称为"燃油共轨"（见图 4-21 和图 4-22）。即使大量燃油排出，燃油共轨也能保持其内部压力基本不变，因而确保了喷油压力的恒定性。另外，因高压泵供油和喷油而产生的压力波动，也可在燃油共轨中得到抑制。

第四章　掌握共轨式电控燃油喷射系统结构原理与故障检修

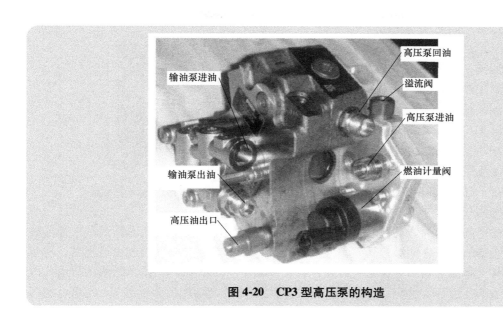

图 4-20　CP3 型高压泵的构造

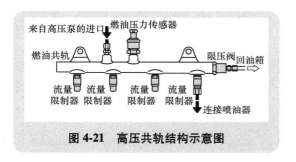

图 4-21　高压共轨结构示意图

图 4-22　高压燃油共轨外形

（1）限压阀

限压阀实质上是一个安全阀（见图 4-23）。在超压情况下，限压阀打开回油通道以此来控制燃油共轨中的压力。限压阀允许短时最大共轨压力为 150MPa。

限压阀一般安装在燃油共轨上面，并通过回油管与油箱相连，阀体上有一个通道，一个圆锥形的柱塞与底座的表面接触，形成密封面。在正常工作压力下（最大可达 135MPa），弹簧使柱塞紧压在密封座上，共轨保持关闭。一旦超过系统最大压力，

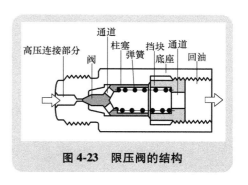

图 4-23　限压阀的结构

由于共轨中压力超过了弹簧力，柱塞就被顶起，这时高压燃油溢出，燃油通过内部的通道流回油箱，从而使燃油共轨内的压力下降。

（2）流量限制器

流量限制器的作用是在非常情况下阻止喷油器常开并持续喷油。为达到这一目的，一旦从共轨输出的油量超出规定的水平，流量限制器就关闭通往这一喷油器的油路。

107

流量限制器结构如图4-24所示，金属壳体的两端带外螺纹，用以拧到燃油共轨和喷油器油管上。壳体的两端均有一通道，以提供到共轨和喷油器管路的液压连接。在流量限制器中有一个柱塞，它被弹簧力压向燃油共轨一侧。柱塞使壳壁密封，穿过其中心的径向通道是进油口和出油口之间的连通油道。该径向通道的末端直径减小，这种减小起到了节流的作用，可以精确控制燃油流量。

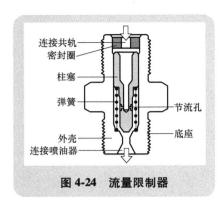

图4-24 流量限制器

正常工作时，柱塞处在它的静止位置，也就是说靠在共轨一侧的限位件上。当喷油时，喷油器端的压力下降，导致柱塞向喷油器方向移动。流量限制器通过由柱塞移动而产生的排油量来补偿喷油器从共轨中获得的油量，而不是通过节流孔，因为这个量太小。在喷油过程结束时，柱塞停止移动，但并没有靠在密封座面上关闭出油口，弹簧将它压回静止位置，燃油从节流孔内流出。弹簧和节流孔经计算选定，以便即使是在最大喷油量（加上安全储备），柱塞也能回到流量限制器共轨侧的限位件上，并直至下一次喷油。

发生燃油大量泄漏故障时，流量限制器的运行工况为：由于大量的燃油从共轨中流出，流量限制器的柱塞被推离静止位置，压在出口处的密封座上。柱塞保持压在流量限制器喷油器侧的限位件上，阻止燃油进入喷油器。

发生少量泄漏故障时，流量限制器的运行工况为：由于少量燃油泄漏，柱塞无法再回到其静止位置。几次喷油后，柱塞运动到出油孔的密封座面内。柱塞也会停留在喷油器限位件上直到发动机停转，从而关闭喷油器进油口。

3. 喷油器

喷油器用于将高压燃油直接喷入到燃烧室中参与燃烧，其安装位置如图4-25所示。喷油始点和喷油量由喷油器电控单元调节，这种喷油器取代了原来的喷油器和喷油座。共轨喷油器目前常见的工作形式主要有两种：一种是电磁式；另一种是压电晶体式。

（1）电磁式喷油器

电磁式共轨喷油器主要由电磁阀、滑阀、阀控制腔、阀控制柱塞、滑阀控制弹簧、柱塞控制弹簧、喷油针阀、进油口、回油口、电插接器组成（见图4-26和图4-27）。

图4-25 喷油器的安装位置

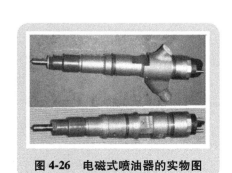

图4-26 电磁式喷油器的实物图

第四章 掌握共轨式电控燃油喷射系统结构原理与故障检修

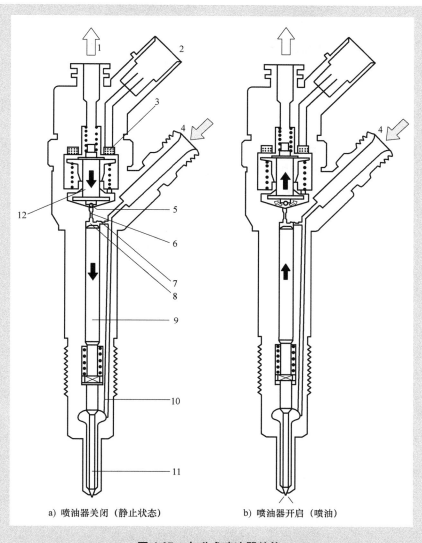

a) 喷油器关闭（静止状态）　　b) 喷油器开启（喷油）

图 4-27　电磁式喷油器结构

1—回油管　2—电插接器　3—电磁阀　4—共轨端进油口高压　5—球阀　6—泄油节流孔　7—进油节流孔
8—阀控制腔　9—阀控制柱塞　10—通向喷油嘴的进油槽　11—喷油嘴针阀　12—滑阀

当电磁阀断电时，电磁阀的滑阀在弹簧弹力的作用下压在球阀上，球阀此时受上下两个力的作用，向下的力是滑阀弹簧的弹力，向上的力是共轨油压通过小回油节流孔作用在球阀上的力，因回油节流孔径很小，因此滑阀弹簧的弹力大于球阀受到的共轨油压的向上推力，球阀在弹簧力的作用下压紧在阀座上，控制柱塞上腔停止回油。

共轨油压从喷油器进油口进入喷油器后，一方面流入喷油器的喷油嘴腔内，向上推针阀，力图使针阀升起。另一方面共轨燃油通过进油节流孔进入控制柱塞的上腔，使上腔内的油压与共轨内的油压相等。

当喷油器电磁阀通电时，电磁阀产生的电磁力吸引滑阀向上移动，从而使球阀离开阀座，此时泄油节流孔打开。这样阀控制腔中的压力下降，作用在阀控制柱塞上的力也减小。

一旦液压压力小于作用在针阀压肩上的力，喷油嘴针阀就打开，燃油从喷孔喷入燃烧室。

根据发动机运转和高压泵产生的压力，喷油器可分为喷油器关闭（由于受到高压）、喷油器开启（开始喷油）、喷油器全开、喷油器关闭（喷油结束）四个工作状态。这些工作状态由施加到喷油器部件上的压力分布来产生。发动机静止，燃油共轨中无压力时，喷油嘴弹簧将喷油器关闭。

① 喷油器关闭（静止状态）。在静止状态，电磁阀未被通电，此时喷油器处于关闭状态。

当泄油节流孔关闭时，阀弹簧会将滑阀的球阀压在泄油节流孔上。在阀控制腔内形成了共轨的高压。稍后同样的压力作用在喷油嘴腔内。由于阀控制柱塞两侧受到的力相同，阀控制柱塞并不动作，此时针阀保持关闭状态。

② 喷油器开启（开始喷油）。喷油嘴在静止位置，电磁阀通电。电磁线圈产生的电磁力超过了弹簧力，滑阀向上移动，带动球阀将泄油节流孔打开。燃油就能从阀控制腔流到位于其上方的空腔中，并从该空腔通过回油道返回油箱，从而使阀控制腔中的压力降低，阀控制腔中压力的降低减小了作用在阀控制柱塞上的力，因此喷油嘴针阀打开，开始喷油。

③ 喷油器全开。喷油嘴针阀的开启速度取决于通过泄油节流孔和进油节流孔的流量差。控制柱塞到达其上止点，并由一层油垫维持着，这层油垫是由泄油节流孔和进油节流孔之间的油流产生的。喷油嘴这时完全打开，燃油以几乎等于共轨中燃油的压力喷入燃烧室。

④ 喷油器关闭（喷油结束）。一旦电磁阀断电，阀弹簧就将滑阀下压，阀球将泄油节流孔关闭。泄油节流孔的关闭使燃油从进油节流孔进入阀控制腔中，该压力与共轨压力相同，这个力加上弹簧力超过了喷油嘴腔中的压力，使喷油嘴针阀关闭，此时停止喷油。

（2）压电晶体式喷油器

压电晶体式喷油器具有极快和极精确的燃油量分配功能。它是利用压电晶体具有压电效应的原理制成的（见图4-28），由于压电晶体伸缩响应的速度很快，在一个喷油循环中可多次喷射，且可将多次喷射的喷油量控制得最小，实现预喷射，达到使发动机运转平稳、噪声变小的目的。压电晶体式喷油器每行程的喷入量由预喷量和主喷量构成。这种分层喷射使得柴油机燃烧过程变得柔和。

图4-28 压电晶体式喷油器

压电晶体式喷油器的控制过程和电磁式喷油器相同，只是由于使用了压电晶体元件，其工作能力比电磁阀更好，可以应用在高压共轨和中压共轨中，通用性和替换性更好。

原来的喷油器通过控制共轨中的油压和喷射时间来控制喷油量。压电晶体式喷油器通过控制针阀升程来改变喷油孔流通截面，从而实现对喷油量的控制。

如果喷油器存在故障，可能引起发动机无法起动或者发动机运转不平稳的故障，也可能使发动机产生"飞车"现象。产生的故障可能原因见表4-2。

喷油器故障检修方法如下（以长城2.8TC为例）：

测量喷油器两针脚间的电阻，一般在0.2~0.3Ω，起动时发动机针脚应有5V的脉冲电压，同时根据电路图对其相应的电路进行检查（见图4-29）。

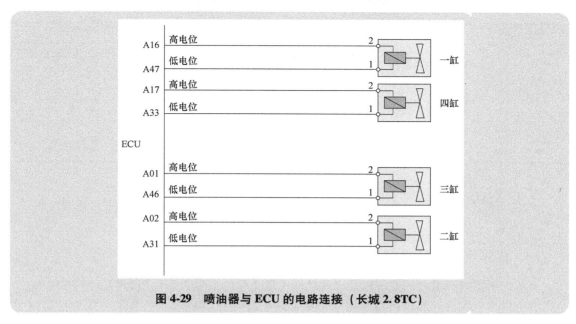

图 4-29　喷油器与 ECU 的电路连接（长城 2.8TC）

表 4-2　喷油器产生故障的可能原因

序号	产生故障可能的原因
1	燃油中胶质过多导致喷油器内部针阀卡滞、无法打开，燃油中杂质进入喷油器导致针阀划伤
2	喷孔堵塞
3	喷油器内部磨损，造成回油量增大
4	燃烧室温度过高导致喷油器烧蚀
5	密封垫圈变形导致气缸密封不严
6	发动机在高速运转时，大量燃油进入发动机燃烧室进行燃烧

三、电子控制部分

电子控制高压共轨燃油喷射系统的电子控制系统包括传感器、ECU 和执行器，涉及的主要传感器包括曲轴转速传感器、凸轮轴转速传感器、加速踏板位置传感器、增压压力传感器、共轨压力传感器、进气温度传感器、冷却液温度传感器、空气流量计等（表 4-3 为博世高压共轨系统所采用的传感器及其功能描述）。ECU 采集到驾驶意图以及发动机当前的工况，并处理由传感器产生的、通过数据线路接收到的信号，借助所得到的信息对发动机实施开闭环控制。

表 4-3　博世高压共轨系统传感器

序号	名称	功能描述
1	曲轴转速传感器	精确计算曲轴位置，用于喷油时刻、喷油量和转速计算
2	凸轮轴转速传感器	用于判缸，并在曲轴转速传感器失效时用于"跛行回家"模式
3	进气温度传感器	测量进气温度，修正喷油量和喷油正时，过热保护
	增压压力传感器	监测进气压力，和进气温度一起计算进气量，与进气温度传感器集成在一起

(续)

序号	名称	功能描述
4	冷却液温度传感器	测量冷却液温度,用于冷起动、目标怠速计算等,同时还用于修正喷油提前角、过热保护等
5	共轨压力传感器	测量共轨中的燃油压力,保证油压控制稳定
6	加速踏板位置传感器	将驾驶员的意图送给ECU
7	车速传感器	提供车速信号给ECU,用于整车驱动控制
8	大气压力传感器	用于不同海拔校正喷油控制参数,集成在ECU中

★★★ 任务三 掌握电子控制中压共轨燃油喷射系统 ★★★

一、美国卡特匹勒公司开发的HEUI型电控喷油系统

该系统用共轨油道内的中压机油来驱动燃油增压机构,最大喷油压力可达到150MPa。中压机油泵将机油加压,然后将中压机油送入铸造在气缸盖上的各缸公用的油道(共轨)中,由ECU控制送至喷油器,并对喷油器中的增压柱塞加压,使燃油二次加压。

1. 中压共轨系统的组成

电控中压共轨系统的组成如图4-30所示。它主要由低中压机油供给系统、低压柴油供给系统和高压柴油喷射系统三大部分组成。

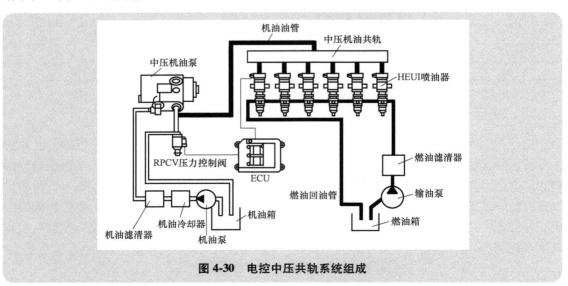

图4-30 电控中压共轨系统组成

(1) 低中压机油供给系统

从图4-30可知,低中压机油供给系统由齿轮式机油泵、机油冷却器、机油滤清器、柱塞式中压机油泵和机油中压调节器等组成。装在发动机油底壳内的机油泵将机油压力泵至250~300kPa,经机油冷却器和机油滤清器送入柱塞式中压机油泵中。中压机油泵泵出的机油,经机油压力调节器调节到10~20MPa,然后送入气缸盖上的共轨内。在共轨中有单向

阀，使共轨内的机油压力即使在停机的状况下，仍然可以保压。共轨油压由机油压力传感器监测，传感器将监测到的机油压力以电压信号的形式反馈给电控单元，电控单元控制压力调节阀上的电磁阀，将共轨压力修正成目标压力，形成中压共轨机油压力的闭环控制，多余机油从喷油器上端的回油管路直接流回气门室，然后流回油底壳。

（2）低压柴油供给系统

电控共轨系统中的燃油是由装在油箱里的输油泵泵油的，输油泵均为电动泵，有转子式输油泵，也有叶片式输油泵。输油泵泵出 200~250kPa 的燃油，经燃油滤清器滤清后直接送入喷油器的储油腔内，等待二次加压后从喷油器中喷出。

（3）高压柴油喷射系统

中压机油共轨系统中的高压燃油的形成及喷射，均在喷油器总成内完成，喷油器总成如图 4-31 所示。

2. 中压共轨喷油器的组成

中压共轨喷油器由中压机油电子控制系统和高压燃油喷射系统两部分组成。

1）中压机油电子控制系统。中压机油电子控制系统由电磁阀、衔铁，以及滑杆和弹簧等组成。滑杆和衔铁连成一体，当电磁阀不通电时，滑杆在弹簧作用下移动到下端，使滑杆落座，当电磁阀通电时，产生的电磁吸引力吸动衔铁，衔铁带动滑杆上移至上端面。

2）高压燃油喷射系统。由柱塞、增压柱塞、喷油嘴体、针阀和弹簧及低压燃油进

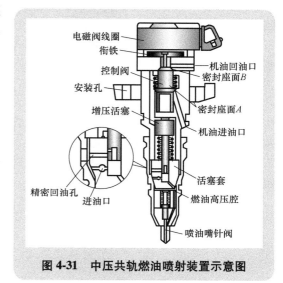

图 4-31　中压共轨燃油喷射装置示意图

油道组成，低压燃油通过图 4-31 中的进油口进入柱塞的下腔，并且在充满下腔后进入喷油嘴的油腔中，在油腔处待命。

3. 中压共轨喷油器的工作原理

当电磁阀不通电时，滑阀在弹簧力的作用下回位落座，在滑阀落座时，由于滑阀密封了阀座，此时由中压机油进油口作用在滑阀上的机油压力，不对滑阀产生轴向力，滑阀靠弹簧的张力便可将滑阀压靠在阀的下座上，切断中压机油进入中压腔的通道。同时，滑阀离开滑阀座上端的密封座孔，将中压机油从回油口泄掉，中压控制腔泄压，使柱塞在回位弹簧的作用下上移，使针阀内的油囊减压。与此同时，在针阀弹簧的作用下，针阀落座，紧接着柱塞将进油口打开，低压燃油进入柱塞腔和油囊。

电控单元按喷油顺序向某缸电磁阀通电时，电磁阀产生吸力将衔铁吸动，克服弹簧的弹力将滑阀吸起时，滑阀受电磁力、弹簧力和阀打开后的油压的合力作用，所以滑阀很快上移压靠在上端阀座上，此时又增加了一个滑阀锥体承压面的液体压力。于是将低压泄油道封闭，切断泄油油路，使中压机油控制腔回油口被密封。与此同时，滑阀的上移使中压机油进油口打开，中压的机油便将其油压加载在控制腔内的加压活塞上，于是加压活塞下行，由于控制腔内的加压活塞的直径远大于燃油加压柱塞的直径，通过两柱塞直径比的合理设计，可用中压机油油压，将燃油压力加压至标定的喷油压力，使喷油器油腔内的高压燃油对针阀承

压面加压，使针阀克服针阀弹力升起，将高压燃油喷入气缸。当电磁阀断电时，由于电磁力消失，滑阀弹簧力大于滑阀锥体承压面的油压压力，于是滑阀下行，中压控制阀回油口打开，使中压控制腔泄压，使柱塞在回位弹簧的作用下上移，使控制腔，针阀油腔减压，针阀落座，停止喷油。

可见，喷油器何时喷油，是由电磁阀何时通电决定的。电控单元控制各缸电磁阀的通电时刻，即可控制喷油器的喷油始点，即喷油提前角。电控单元控制喷油器通电时间的长短，即可控制喷油器的喷油量。共轨机油压力可将喷射压力加大至100~150MPa。

二、美国 BKM 公司开发的 Servojet 型电控喷油系统

该系统用共轨油道内的中压燃油来驱动燃油增压机构。当电磁阀通电时（见图4-32），关闭了回油通道，共轨燃油进入增压活塞上方，活塞下行。增压活塞面积比增压柱塞面积大10~16倍，因此10MPa的共轨燃油在增压柱塞下方增压到100~160MPa。高压燃油通过蓄压器室单向阀进入蓄压室及喷油嘴存油槽和针阀上部。此时，针阀由于针阀尾部的压力和喷油嘴弹簧的压力不会升起喷油。

当电磁阀断电而打开回油通路时（图4-33），由于三通阀联动作用，共轨燃油不能进入增压活塞上方，增压活塞上方燃油通过回油管道卸压。增压活塞和增压柱塞上行，导致增压柱塞下方和针阀尾部上的油压也降下来。蓄压室中高压燃油通过喷油嘴存油槽作用在针阀上，使针阀向上抬起，实现高压喷射。喷油始点取决于电磁阀打开时刻，而喷油量却取决于共轨中的油压。

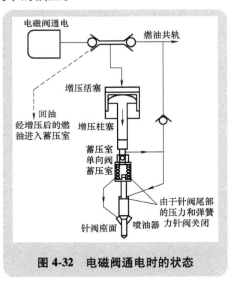

图4-32 电磁阀通电时的状态

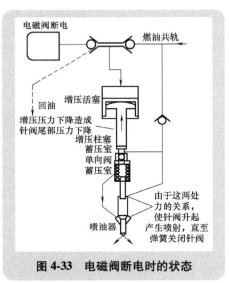

图4-33 电磁阀断电时的状态

★★★ 任务四 掌握高压共轨柴油发动机的检修 ★★★

一、高压共轨柴油发动机维护

1. 日常使用与维护

1）柴油机的起动。起动发动机前检查冷却液位、油位、蓄电池电压等，起动时间不能

第四章　掌握共轨式电控燃油喷射系统结构原理与故障检修

过长（要小于15s）；不用踩加速踏板，因为起动油量已经在ECU中被设置固定了，踩下加速踏板也不会增大供油量。

2）柴油机的停机。至少怠速运行3min才能熄火，如果是高速或大负载运行后，时间应该进行相应延长，同时应注意辅助制动开关的关闭。

3）车辆行驶。行驶中不要猛踩加速踏板，由于共轨柴油机在急加速时ECU自动将油量平衡增加，即使猛踩加速踏板，也不会得到想象中的急加速。

4）涉水行驶。由于柴油发动机采用微电脑控制，所有输入输出的信号都是电信号，要防止进水，必须涉水行驶时，要避免电控系统因进水而受到损坏。原则上电子控制器离水面的高度应超过200mm，并且涉水行驶时速度应小于10km/h。

5）故障指示灯亮时。当发动机出现故障时系统发出故障警告，此时故障指示灯闪亮，并且按照一定的规律用闪码报出故障码，驾驶员可以借此来识别故障，根据故障情况及时安排检查维修。

6）故障行驶。当发动机有故障发生时，故障指示灯将显示相关信息，并且判断如果不会导致发动机故障恶化，控制单元就使发动机以较低的转速和较小的负荷运行，进入所谓的"跛行回家"状态。例如，冷却液温度超过设定值、高压油管破裂、增压压力低等，此时发动机会限制转速和功率，这是电控发动机为确保行车安全，并且能让用户方便维修的人性化功能。在"跛行回家"的情况下，驾驶员能做的就是耐心地将车开到附近的维修站，企图踩加速踏板是没有用的。

7）出现熄火或故障时应按要求采取行动，如进行车辆的制动，并停靠在安全位置，放置警告标识等。如果是由于燃油系统燃油消耗完而熄火，在加油后则应按要求排空；如是其他故障最好不要轻易拆卸相关部件，而应等专业人士进行维修。

2. 电控单元的日常维护

柴油机电控元件和线束一定要保持干燥、无水、无油和无尘。电喷共轨柴油机的日常维护应注意以下几点：

1）注意维护整车电路，发现有线束老化、接触不良或外层剥落时要及时维修更换。但对于传感器本身出现损坏时，一定要由专业的维修人员进行整体更换，不能自行在车上简单对接或维修。进行电焊作业时，一定要关闭总电源并拔掉ECU上所有插头。

2）拔插线束及相关传感器或执行器连接的插件之前，切记应首先关掉点火开关、电源总开关，然后才可以进行柴油机电器部分的日常维护操作。

3）严禁用水直接冲洗发动机电控部分的零部件，当电器部分意外进水后，例如控制单元（ECU）或线束被水淋湿或浸泡时，应首先切断电源总开关，并立即通知维修人员处理，不要自行运转发动机。

4）定期用清洁软布擦拭柴油机线束上积累的油污与灰尘，保持线束及其与传感器或者执行器的连接部分的干燥清洁；当对共轨柴油机维修后，例如，更换高压油管或排净空气后，应立即将油泵接插件上溅到的油用软布吸干。

5）所有的接插件都是塑料材料，安装或拔出时禁止野蛮操作，一定要确保锁紧定位装置插到位，插口中无异物。

6）关闭总开关之前，应首先关闭点火开关。因为电子控制单元（ECU）在点火开关断开后，需要一段时间存储发动机的运行状态参数，建议在关闭点火开关10s后再断开电源总开关；接通电源和点火开关时，应先接通电源总开关，然后再接通点火开关。

7）电控燃油喷射系统的正常工作电压范围是18～34V，但蓄电池电压应尽量保持在22～26V之间。

3. 燃油系统的日常维护

1）相对传统的机械式燃油系统而言，电控共轨对燃油的清洁度与含水量有更高要求。不清洁的燃油会使共轨产生穴蚀，也会使运动副和偶件受到磨损而缩短使用寿命。因此对电控燃油系统维护保养时，要特别注意操作现场的清洁。

2）在日常的维护保养中要定期更换燃油滤清器及油水分离器。

3）走合保养及以后的保养中，必须使用柴油机生产厂家认可的国Ⅲ机型专用柴油滤清器芯，否则容易造成油泵及共轨损坏。

4）每运行1.5万km应更换一次柴油滤芯。更换滤芯的方法：用专用工具将滤芯从柴油滤清器座上拧下，用力要均匀，以免挤压变形；检查新滤芯的密封圈是否完好；不允许往新滤芯中灌注柴油；更换柴油滤芯后要按用户手册的要求打手油泵排空空气。

5）不要加注不符合国标的燃油，应该到正规的加油站进行加油。由于国内油品整体水平不高，水分和杂质较多，用户应该定期放出油水分离器中的水分。

6）所有的燃油系统管路在拆装过程中要妥善保管，避免被脏污。严禁在发动机运转时拆卸高压油管，因为此时高压油管中的油压很高，所以一定要停机静置15min以上才能拆卸油管，以确保安全。

4. 润滑系统日常维护

1）共轨柴油机零部件的精度很高，因而对于机油油品的要求较高，必须使用CH级以上级别的发动机机油。

2）汽车每行驶8000～10000km应更换机油及机油滤清器，起动频繁或经常在高速大负荷下运行时，就应当适当缩短换油周期。

3）机油的工作温度要求在90～110℃，机油压力在正常工作时为0.3～0.6MPa，怠速时不低于0.1MPa，当发动机机油压力过低时要及时停车检查，否则会引发烧瓦等故障。日常驾驶中应避免急速停车，开车和停车前均应怠速运转3～5min，使润滑油路的油压建立起来，避免瞬时缺油，损坏增压器及其他部件。

4）定期检查油底壳内机油油面高度和油品质量，油面要保持在油尺的上下限度之间，如发现机油变质要及时更换。

5. 冷却系统日常维护

1）冷却系统的正常运行关系到发动机的性能及可靠性，当冷却系统出现问题时，会造成冷却液温度高、开锅、返水，继而引发油温高、排气温度高、油耗高、功率不足甚至零部件烧毁等问题。

2）当冷却液温度过高时，发动机会进入热保护状态，使供油量减少，此时会自动停机，用户应该仔细检查原因后予以排除。如锡柴6DL柴油机只能用专用冷却液，不允许用自来水冷却。

3）日常维护、保养和使用中要注意检查各接合面是否存在泄漏，冷却液的容量不够要及时添加；定期检查水泵带轮的松紧度和磨损程度，水泵的流量是否正常；节温器和冷却液温度表是否有效。使用较长时间后，要注意对水腔内的水垢进行清理，平时应该使用防冻液或处理过的软水。停机较长时间或寒冷地区停机时要放尽冷却水，以免冻裂缸体。

6. 进排气系统日常维护

1）平时可以通过观察装在空气滤清器后的进气管上的空气阻力指示器，来判断空气滤清器的堵塞情况，如果空气阻力指示器的颜色由绿色变为红色，说明需要更换滤芯。如果没有空气阻力指示器，则视环境空气中含尘量高低来确定检查、清理或更换的周期。

2）每运行 5000~8000km 应更换三滤芯，由于车辆用途和使用环境差异性很大，应该灵活调整维护、更换周期。

3）定期检查进气管路的增压器，要求：管路连接可靠，无破损；增压器叶轮转动灵活，轴向间隙适当，无窜油窜气现象；排气制动阀和消声器无堵塞。

4）进排气系统的作用是保证进气清洁、充足，排气通畅。如果进排气系统出现问题，会引发零部件早期磨损，燃油消耗增高，功率不足等故障。

5）绝对禁止发动机在不装空气滤清器或空气滤清器失效的情况下工作。

二、高压共轨柴油发动机的维修注意事项

1）在进行发动机的故障检查过程中不能随便拔插电器接头及元件，应在点火开关关闭后进行，并注意不要直接用万用表笔在插接头前端进行相应的测量，而应采用专用接头或按技术手册要求进行，此外还应注意接头及元件的保洁，不要让水、燃油或灰尘进入。

2）不能直接对装备电控柴油发动机的车辆进行电焊工作，需将控制单元拆除后才能进行这方面的作业，冬天还应注意人体静电对电器元件的损害。

3）发动机的蓄电池电容量不足时，不能用快速起动电源进行起动，但可以采用跨接其他蓄电池辅助起动。

4）如需要对燃油系统进行拆卸时，一定要在发动机停机一段时间后才能进行管路和部件的拆卸，具体时间因各车型、发动机型号和电控系统的不同而不同。在组装时要注意保持接头的清洁及紧固后的密封性，根据拆卸的情况进行排空。对于部分发动机要逐段进行排空，首先是油箱到滤清器，然后是滤清器到输油泵，即将泵体上的排气塞或排气口旋开，用手动真空泵将泵体内的气体排空。

5）电控柴油机系统故障诊断多采用逆源诊断法，先使用诊断设备找出故障的可能原因，然后从外围设备到控制单元逐步寻找故障所在的部位，最后加以解决。

6）不能用传统的方法进行新型电控柴油发动机的故障诊断，只有接受过该系统专业知识培训的技师方能从事新型电控柴油发动机的故障诊断，同时必须应用合适的诊断设备、专用工具进行电控柴油发动机的故障诊断。在故障诊断前需要详细阅读发动机制造厂的操作指南和技术说明。

三、部件安装的注意事项

1. 喷油器的安装

在拆装喷油器前必须仔细清洁喷油器四周，拆装下来的喷油器要注意保护，防止磕碰。安装喷油器时，其前端必须使用 2mm 铜垫，并且只能装一个。

2. 高压泵的安装

高压泵安装包括从高压泵到共轨，从共轨到各个喷油器之间的高压油管的安装，要求在

拧紧螺母前各油管接头端自由对准共轨或喷油器连接处。

3. 线束的安装

发动机线束的安装要严格遵守工艺要求，喷油器、高油泵、冷却液温度传感器、进气压力/温度传感器线束要从各缸喷油器高压油管下端、共轨上端穿过。注意：高压泵和冷却液温度的线束标识不要接反。

4. ECU 的安装

ECU 安装要考虑到温度、防干扰、振动等因素。

四、高压共轨系统的常见故障排除

下面以潍柴动力国Ⅲ柴油机高压共轨系统的常见故障为例进行讲解。

1. 柴油机不能起动故障排除

柴油机是压燃式内燃机。柴油机的顺利起动，不仅需要大量燃油充分雾化后喷入气缸，而且要求气缸内空气压缩后具有一定的温度和压力，这样才能使柴油自燃。因此柴油机不能顺利起动，原因一般在起动系统、电控燃油系统、进排气系统或柴油机配合间隙上。可根据故障的伴随特征，按步骤进行分析判断。

（1）起动电路出现故障

对于起动机受 ECU 控制的汽车，在起动时 ECU 首先检查空档信号，然后输出一个电流驱动起动继电器，继电器接通后蓄电池带动起动机起动。检查时要着重检查以下项目：空档开关、起动继电器、蓄电池、车下停车开关。

① 检查变速杆是否挂在空档位置。

② 检查车下停车开关的位置（应处于断开状态）。

③ 检查空档开关（一般安装在变速器上）及接线是否完好，试着使用紧急起动（点火开关持续按下 3s 以上）。

④ 检查蓄电池电压是否过低，因此不能带动起动机。

⑤ 起动机继电器及接线是否完好。

⑥ 检查起动机是否已烧坏。

⑦ 点火开关及起动开关是否已损坏。

（2）共轨压力无法建立

共轨系统对燃油油路要求较高，低压油路（油箱、粗滤、细滤、回油）、高压油路（高压泵、共轨高压油管、喷油器）都要保证密闭。任何一个环节出了问题，共轨压力都不能正常建立，所以需要对整个燃油油路高度重视。

1）低压部分的检查。

①检查油箱油位是否过低。

②检查手油泵是否工作正常。

③检查低压油路是否有空气，如有，则排空空气（有时低压油路泄漏不明显，需要仔细检查）。

排气方法：主要是排粗滤里面的空气。松开粗滤上的放气螺栓，用手压动粗滤器上的手油泵，直至放气螺栓处持续出油为止（见图 4-34）。

2）高压部分的检查。低压油路空气排净后仍不能起动的柴油机，则需要对高压部分进行检查。

① 判断高压油路是否有空气。判断高压油路是否有空气，如果有也需要排出高压油路的空气。

排气方法：松开某缸高压油管，用起动机带动柴油机运转直至高压油管持续出油为止。

② 检查高压油路有无泄漏。仔细观察燃油管路看是否有泄漏，如果有泄漏，需要做到及时处理。

③ 检查柴油滤清器。检查

图 4-34　放气螺栓的位置

油路是否通畅，检查柴油滤清器是否堵塞，建议及时更换滤芯。

检查方法：松开细滤出口螺栓，用起动机带动柴油机运转，看是否有柴油喷出或流出。若只有少量柴油流出，则可以判定滤芯堵塞。

④ 检查轨压传感器。检查轨压传感器，初始电压值是否在 500mV 左右，或设定轨压是否为 300~500bar（使用解码器进行读取）。若不正常，首先检查接插件是否牢靠。若无检查设备，可以拔掉轨压传感器接插件尝试再起动。

⑤ 检查流量计量阀。检查流量计量阀是否完好，拔掉接插件尝试再起动。

（3）控制部分出现故障。

① 检查各线束插头的安装情况，用万用表按照线路图的指示检查线路的通断，如喷油器、传感器等。尤其着重对曲轴位置传感器和凸轮轴位置传感器线束进行检查。电控发动机的喷油正时取决于这两个传感器。如果其线路出现故障，柴油机将不能起动。如传感器固定不牢，会造成传感器与感应齿之间间隙过大或过小［一般为（1±0.5）mm］，此时就会出现发动机无法起动故障。

② 对传感器本身进行检查，可以使用解码器，读取相应的故障信息，根据故障提示，对相应的传感器进行检查。

③ 对 ECU 进行检查，主要是对各插头进行检查，看有无松动等。如果都无故障，最好使用替换法，对 ECU 进行更换测试。

2. 柴油机起动困难的故障排除

柴油机起动困难的原因及排除方法如下。

① 柴油机较长时间没有运转：回油管要保证位于柴油液面下。

② 低压管路有少量空气：排气。

③ 曲轴转速信号、凸轮轴转速信号太弱，同步判断时间较长：重新调整。

④ 环境温度太低，并且预热装置失效：更换预热装置。

⑤ 柴油、机油品质太差未达标：更换标准油品。

⑥ 起动机或飞轮齿圈打齿：更换起动机及飞轮齿圈。

⑦ 活塞环、缸套磨损或气门密封不严：更换活塞环、缸套或气门座、气门。

⑧ 排气制动蝶阀卡死在关闭位置,导致排气不畅:更换蝶阀。
⑨ 燃油箱进回油管未达到内径和压力设计要求:更换。标准设计及要求如表4-4所示。

表4-4 燃油箱进回油管的设计要求

	油管内径	允许油管长度	允许压力
燃油箱进油管	大于等于12mm	小于等于10m	0.5~1bar
燃油箱回油管	大于等于12mm	小于等于10m	小于等于1.2bar

3. 柴油机功率不足

(1) 喷油器出现故障

喷油器出现故障,一般分为机械故障和接线故障。机械故障为针阀卡死,由于柴油中污物较多或进水腐蚀,针阀卡死在喷油器内,不能动作。接线故障为线束由于振动、磨损等原因,连接断开或直接搭在缸盖上与地短接。可以通过以下方法进行故障判断:

① 怠速不稳,听柴油机声音是否异常。
② 利用断缸法或高压油管触感法判断。
③ 利用故障诊断仪进行加速测试判断。

(2) 冷却液温度、机油温度、进气温度过高

冷却液温度、机油温度、进气温度过高时,ECU会进入过热保护功能,限制发动机功率。在排除故障之前,首先要排除传感器及仪表的故障。

1) 造成冷却液温度高的原因及排除方法:
① 散热器液面过低:检查有无漏冷却液处,如有则加冷却液。
② 风扇转速过慢或不转:检查风扇传动部件。
③ 散热器堵塞:检查散热器,清理或修复。
④ 水泵传动带松弛:按规定调整张紧力。
⑤ 水泵垫片损坏,水泵叶轮磨损:检查并修复或更换。
⑥ 节温器故障:更换。
⑦ 水管密封件损坏,漏入空气:检查水管、接头、垫片等,更换损坏件。

2) 机油温度过高的原因及排除方法:
① 油底壳油面低或缺油:检查油面及漏油处,修复并加油。
② 冷却液温度高:检查造成冷却液温度高的原因并排除。
③ 机油冷却器流通不畅:检查并清理。

3) 进气温度过高的原因及排除方法:检查中冷器的散热能力。

(3) 同步信号出错

出现该问题时,一般是某一个传感器的信号失效。可以查看故障码表查找具体原因。

(4) 流量计量阀故障

流量计量阀是控制共轨压力的执行机构,安装在高压泵上,它出现问题以后,高压泵会以最大的能力向共轨供油,此时共轨上的泄压阀一般会打开,柴油机会有"咔咔"的噪声。共轨压力传感器出现问题也会有类似的现象。

排除方法:检修线路,确认是流量计量阀或共轨压力传感器故障,如有故障应进行维修或更换。

(5) 燃油管路泄漏引起轨压异常波动

在车辆运行过程中，会出现车速不稳，有向前一窜一窜的现象出现。

排除方法：首先断电 1min 重新起动，若问题仍然存在，则检查燃油管路密封性并排除故障。

(6) 传感器故障

进气压力传感器是 ECU 用来估算进气量的传感器（安装在进气管上），冷却液温度传感器是用来判断发动机热负荷的传感器（安装在出水管上），共轨压力传感器是用来检测共轨内的燃油压力（安装在共轨上）。

排除方法：检查进气温度压力、冷却液温度、共轨压力传感器，看接插件是否牢靠。

当 ECU 检测到发动机出现故障时，不会立即停车，而是会限制发动机的功率，使发动机转速只能增加到 1500r/min，驾驶员能将车辆开到就近的维修站进行维修。这就是所谓的"跛行回家"功能，它是发动机带故障运行的一种模式。

4. 发动机始终运行在 1000r/min

ECU 通过加速踏板电位计给出的信号来判断负荷，当加速踏板出现故障时，出于安全考虑，ECU 会控制柴油机自动回到 1000r/min 的怠速。应着重检查电子油门位置传感器的接线有无松脱或接错，同时看看电子油门位置传感器接插件有无进水。

如有线束松脱或接错，应重新拔插或检查电子油门接线是否正确，并重新接线。如电子油门接插件进水，用吹风机把接插件吹干再起动，如需要更换电子油门时，需要用同一型号的电子油门。

5. 柴油机怠速游车

柴油机游车的原因及排除方法：

1) 燃油质量差，含水或蜡质：清洗燃油系统，更换燃油滤清器。
2) 燃油低压油路漏入空气：检查油管及接头密封性，排除空气。
3) 喷油嘴雾化不稳定：检查并修复。
4) 喷油器工作不正常，应检查各缸喷油器及线束。
5) 车速传感器故障，检查车速表及车速传感器信号及接线。

值得注意的是，由于冷却液温度低引起的怠速转速上升是 ECU 正常的功能，有其他负载时（如打开空调），怠速会自然提升 100r/min。

6. 柴油机排气冒烟

柴油机排气冒烟主要分为冒黑烟、冒蓝烟、冒白烟三种情况。

(1) 冒黑烟

某缸出现燃烧不良、进气量不足和超负荷行驶等都容易导致冒黑烟。

(2) 冒蓝烟

增压器漏机油、相位出现偏差或曲轴位置传感器吸附铁屑等都会导致冒蓝烟。

(3) 冒白烟

当有水进入发动机中，则会出现排气管冒白烟的现象，如燃油中含有水分、油水分离器出现故障等，都容易造成这种现象。

7. 柴油机突然熄火

出现这种故障一般是因电路和油路出现了问题而造成的。

（1）电路故障

曲轴位置传感器及凸轮轴位置传感器出现了故障、发动机 ECU 的连接线束出现了故障、电控单元本身有故障等，都容易出现这种情况。

（2）油路故障

如油管漏油、漏气及堵塞等都容易出现这种情况。

★★★ 任务五 实 践 总 结 ★★★

一、长城汽车功率不足故障排除

1. 故障现象

一辆长城高压共轨柴油车，发动机功率不足。汽车行驶时，加速踏板踩到底，发动机最高转速只能达到 1500r/min 左右，空转时正常。

2. 故障排除

根据修理经验，问题应该出自流量计量阀或共轨压力传感器。流量计量阀是控制共轨压力的执行机构，安装在高压泵上（见图 4-35）。当它出现问题以后，高压泵会以最大能力向共轨供油，此时共轨上的泄压阀一般会打开，柴油机会有"咔咔"的噪声。共轨压力传感器出现问题也会有类似的现象。更换流量计量阀后故障消失。

图 4-35　流量计量阀实物

二、长城 2.8TC 发动机难起动故障排除

1. 故障现象

一辆长城 2.8TC，行驶中动力正常，热车熄火后能起动，冷车以后不能起动。

2. 故障分析与排除

首先，使用 X431 诊断仪检测无故障码，预热系统正常。然后清洗喷油器、喷油泵等燃油供给部件，更换柴油滤清器，为蓄电池充电，但车辆仍不能起动。

检查低压油路回油正常，高压油路油压达不到正常喷射压力，用手感觉燃油计量阀动作感不明显，用万用表测量燃油计量阀电阻值正常（3Ω），再次拆下清洗后，故障仍不能排除。

初步判断故障原因为燃油计量阀，更换后冷车即能顺利起动，故障排除，后经跟踪回访故障未再出现。

3. 实践总结

由于燃油品质差，长期使用后导致燃油中杂质堵塞燃油计量阀，使得燃油计量阀工作卡滞，正常起动时的喷射压力无法建立。

三、华泰汽车急加速熄火故障排除

1. 故障现象

华泰 2.5L 柴油汽车，行驶里程为 5 万 km。行驶中急加速突然熄火。

2. 故障分析与排除

客户描述为在行驶中急加速熄火，尤其是在上坡的路段加速熄火更为明显，熄火的时候发动机故障灯亮。用解码器读取故障码，故障码为 P1181（燃油压力监测故障），通用码 C009（燃油泄漏）。

根据故障现象，首先检查燃油滤清器，检查燃油油质是否存在过多的水分和杂质，将滤芯中的柴油倒出一半以后，将剩余部分柴油倒进一个干净的容器中，发现油质很好。用共轨压力检测仪检测低压油路压力，输油泵出油口压力为 5bar，滤清器出油口压力为 3.2bar，共轨压力传感器读数为 540bar，喷油器静态回油量正常。可以排除输油泵和柴油滤清器总成及喷油器故障，基本可以确定为高压泵故障，进一步检测发现高压泵泄漏。经拆检后发现高压泵柱塞组件严重磨损，导致燃油泄漏。更换高压泵后检测数据一切正常，清除故障码后，汽车故障排除。

四、华泰汽车冷起动困难故障排除

1. 故障现象

华泰 2.0L 手动档柴油汽车，行驶里程为 4 万 km。在早晨冷车起动后着车 3s 后熄火，且再次起动无法着车。

2. 故障分析与排除

客户反映曾在高速服务区加过油，连续行驶一天均正常，而第二天早晨气温骤降（-3℃）。根据该现象，初步怀疑该故障因燃油质量问题导致。用解码器读取故障码，检测结果是 P1181——燃油压力监测故障。通过检查柴油滤清器可断定该故障是否由燃油质量问题导致，遂对该车油箱、燃油管路、共轨及相关部件进行了清洗，并更换了燃油和柴油滤清器。清除故障码后该车能正常起动且路试一切正常，认为故障解决。但第二天早上气温更低（-5℃），再次起动试车时发现起动后仍熄火，且熄火后无法起动。用解码器读码仍然是 P1181——燃油压力监测故障。经分析和检测后怀疑在前一次清洗的时候不彻底。在拆下共轨压力传感器时故障找到：传感器油孔被大量蜡质堵塞，而正是由于这些蜡质导致传感器在监测共轨压力时出现信号失常，从而使发动机 ECU 报出故障码，并将发动机熄火，引起上述现象出现。于是对传感器油孔和共轨进行了彻底清洗。第三天早晨低温起动及路试一切正常，故障彻底排除。

五、玉柴 6J 电控柴油机起动困难故障排除

1. 故障现象

玉柴 6J 电控柴油机起动困难，每次起动时必须边泵手油泵，边接通起动机才能起动。

故障检查：通过故障诊断仪检测，没有发现故障码，检测数据发现共轨压力低，后试着边泵油边起动的方式，柴油机可以起动，起动后诊断仪显示各项压力参数正常，但是熄火后再起动，还是起动不了，必须泵手油泵才能起动。

2. 故障分析与排除

根据这一故障现象，应当属于油路上的问题，当松开高压泵的回油管接通起动机时，回油管不断有油流出，用起动机起动时高压泵不应该有回油。因此，拆下溢流阀螺母，发现该溢流阀被一金属丝卡死在常开状态，引起回油油路常通，引起压力泄漏，使共轨压力建立不起来，导致柴油机起动困难。

3. 故障总结

要使柴油机起动，其条件之一是共轨压力应大于20MPa，此时ECU才给喷油器通电，使喷油器打开喷油，从而使柴油机起动。因起动时柴油机转速低，靠输油泵的泵油压力无法将油路上的柴油压入高压泵柱塞腔，而使得共轨压力无法大于20MPa，喷油器无法打开喷油，柴油机无法起动。如果此时要着车，只有同时用手油泵泵油使供油量大于溢流阀的泄漏量时，油路上的柴油才有可能进入高压泵，通过柱塞往共轨内供油，当共轨内压力符合起动的压力条件时，柴油机才能顺利起动。柴油机起动后，因柴油机转速高，输油泵的供油量大于溢流阀的泄漏量，因此，柴油机空负荷运转时的参数正常。

六、玉柴国Ⅲ发动机突然熄火，不能起动故障排除

1. 故障现象

一辆公交车，配有玉柴YC4F100-30国Ⅲ电控共轨式柴油发动机，行驶途中，突然出现柴油机加速不灵，然后熄火现象。起动柴油机，柴油机起动运转正常，瞬间有点火的迹象，但同时出现"咯咯"的啸叫声，随之柴油机熄火，同时仪表板上柴油机故障指示灯点亮闪烁。再次起动柴油机继续出现异响，且不能起动。

2. 故障分析

该车采用的是美国DELPHI高压共轨燃油喷射技术，该系统顺利起动应具有以下几个条件：

1）保证ECU有正常的电源给其供电。
2）保证共轨压力迅速建立，起动油压大于10MPa。
3）保证柴油机曲轴位置传感器、凸轮轴位置传感器相位同步。
4）保证柴油机未进入停机保护状态。

只要符合上述条件，ECU才会发出喷油指令，电控喷油器才能工作。该车起动时出现啸叫声且不着车，出现这种声音可能是机械故障或者电控故障引起的（也可能是两种故障同时发生）。若电控系统发生了故障，一般柴油机故障指示灯会点亮。而此车将点火开关由"OFF"档转到"ON"档位置，不起动柴油机，发现柴油机故障指示灯已点亮并闪烁，起动时，在有着火迹象时即伴有异响声。用耳细听，该异响声可能来自高压泵内，由此排除了可能是机械故障产生的响声，初步分析认定为电控系统故障。

根据DELPHI电控高压共轨柴油机顺利起动应具备的条件，来查找异响、不着车原因。首先，用数字万用表简单检查。拔掉冷却液温度传感器接插件，打开点火开关，用直流电压档位测量冷却液温度传感器端子，有5V电压，说明ECU已工作，并证明ECU有正常的供电。连接解码器，读取故障码，故障码的提示为：① 共轨压力超高；② 燃油计量阀故障。清除历史故障码，再次起动柴油机，并读取现行故障码，为"共轨压力超高故障"。读取柴油机的状态数据流：共轨压力在40.0~184MPa之间波动。

测量燃油计量阀工作电压为12V，均正常。检测共轨压力传感器的工作电压为5V，正常，信号电压也正常。既然检查不到问题，是否为电控喷油器损坏不工作，造成的共轨压力超高呢？检查电控喷油器，结果发现只有1、4缸喷油，但油量很少，其他缸都不工作，更换喷油器，故障不能排除。是否是共轨压力传感器出现了问题？更换了共轨压力传感器，起动着车，故障仍旧存在。读取柴油机状态数据流：共轨压力还是在40.0~180MPa之间波动。怀疑高压燃油计量阀发卡，随即更换了高压泵，起动困难故障依然如初，读取故障码时，共轨压力超高的故障码时有时无。读取柴油机状态数据流：共轨压力还在40.0~184MPa之间波动。对怀疑的部件都进行了更换，但故障现象仍然没有出现根本性变化，是否ECU出现了问题呢？随即对ECU也进行了更换，但故障现象未变。读取故障码为P0255，为燃油计量阀驱动线路故障——开路。

故障原因到底是什么呢？在故障排查中，已多次对燃油计量阀进行过检测，其驱动线路和工作电压均为正常。但故障码的解释十分明确，于是再次将燃油计量阀插接件拔开，点火开关置于"ON"档位置，用数字万用表直流电压档检测计量阀端子的工作电压，仍是12V，用电阻档测量燃油计量阀驱动线圈，无开路现象，检测未发现问题。

3. 故障排除

以往的检测都是在柴油机不运转的静态下进行的，那么动态下会有什么变化呢？于是维修人员边起动边测量。这时万用表所监测的电压出现了无电压显示状态，随即产生异响声。起动停止，电压又恢复正常。由此断定故障源于线束有断路处，为进一步验证判断正确性，从电源继电器外另接了一根电源线，直接给燃油计量阀一个工作电压，这时起动柴油机，柴油机瞬间即起动成功，而且啸叫异响声也消失了。再次读取柴油机状态数据流，均在正常范围内。试车，加速性能良好，柴油机技术状况正常。

由此看来，此故障就出自ECU到柴油机电控元件的线束上，起动柴油机时，柴油机产生振动，附在柴油机上的线束跟随摆动，出现断路。不起动时，柴油机在静态，线束虽连接不良，但它还能处于接通状态。更换了该线束，故障随即排除。

七、陕汽WP10-336发动机无法起动故障排除

1. 故障现象

陕汽WP10-336发动机，行驶途中突然停机，再无法起动。

2. 故障分析与排除

接车后，起动发动机，结果发现柴油机起动时，起动机运行正常但发动机无法起动，检测故障码时无故障码，初步判断是油路问题。

对柴油的油质进行检查，发现油质不合格，于时更换合格柴油，同时排净油路中空气，但柴油机仍无法起动。连接故障诊断仪，柴油机起动时发现共轨压力无变化，无法达到起动共轨压力，共轨压力无法建立。检查喷油泵供油正常，高压油路也无漏油泄压的地方。

难道是共轨压力传感器或传感器线束故障。调换共轨及线束，共轨压力仍无法建立。就差喷油器没有检查了，于是更换喷油器，结果柴油机能够顺利起动并运转正常。造成柴油机突然熄火的原因是由于喷油器泄压造成共轨压力无法建立，熄火后无法起动。

八、华泰圣达菲加速不良、行驶时熄火故障排除

1. 故障现象

华泰圣达菲 2.0L 自动档柴油车，行驶 3 万 km。客户反映加速不良，暖机后行驶时熄火，暖机后怠速熄火。

2. 故障分析与排除

初步推测，加速不良的原因是低压燃油供给不足。用解码器读取故障码为 P1181，用 HI-DS 检测低压端（输油泵-柴油滤清器）压力为 2.8bar，供油压力过低。基本可以断定是输油泵有故障。拆下电动输油泵后，发现其内部磨损严重引起供油压力不足。更换新件后问题排除。

九、潍柴发动机"跛行回家"故障排除

1. 故障现象

一辆商务汽车，搭载潍柴 WP6.240 发动机，在行驶过程中，偶尔会出现故障指示灯长亮，转速最高只能达到 1500r/min 的现象。

2. 故障分析与排除

由于出现该故障后，通过断电重启 ECU 或者用故障诊断仪清除故障码，发现故障无法排除，判断是油路中存在问题。使用诊断仪监测历史故障码为与共轨压力相关的一些故障码。然后，使用诊断仪对柴油机的高压系统、气缸的密封性进行了诊断，结果显示喷油器、高压泵和共轨流量计量单元工作正常。因此，断定为低压油路的问题。经检查，从油箱出来至粗滤的进油管路有弯折的地方，更换油路后故障排除。

复习与思考

一、选择题

1. 在电子控制高压共轨燃油喷射系统中，电动输油泵的作用是向高压泵供给足够的燃油，它可以将燃油的压力泵到（　　）kPa。
   A. 150~250　　　B. 250~350　　　C. 350~500　　　D. 500~800

2. CP1 型高压泵其内部的高压柱塞相互错开（　　）。
   A. 60°　　　　　B. 120°　　　　　C. 180°　　　　　D. 90°

3. 在电子控制高压共轨燃油喷射系统中，电磁喷油器的电阻一般在（　　）Ω。
   A. 2~3　　　　　B. 0.2~0.3　　　C. 12~14　　　　D. 100

4. 以下（　　）选项，不是柴油机大量冒黑烟故障的可能原因。
   A. 某缸工作不良　　B. 进气量不足　　C. 超负荷行驶
   D. 有水进入发动机燃油中

5. 发动机烧机油，一般会冒（　　）烟。
   A. 黑　　　　　　B. 白　　　　　　C. 蓝　　　　　　D. 不一定

二、判断题

1. 高压燃油共轨上面一般有一个限压阀，限压阀实质上是一个安全阀。在超压的情况下，限压阀打开回油通道来控制燃油共轨中的压力。（　）
2. 在高压燃油共轨上面一般有一个流量限制器。其作用是在非正常情况下，防止喷油器长开，出现持续喷油现象。（　）
3. 齿轮式机械输油泵的供油量与发动机转速无关。（　）
4. 中压共轨系统，是用油泵将燃油或机油泵至 10～20MPa 的中压，然后将中压燃油或机油直接通过喷油器喷入气缸。（　）
5. 电子控制高压共轨燃油喷射系统中，高压泵的主要作用是将低压燃油加压成高压燃油，储存在共轨内，等待 ECU 的喷射指令。（　）

三、简答题

1. 共轨式燃油喷射系统有哪些优点？
2. 电子控制高压共轨燃油喷射系统由哪几部分组成？各部分包括哪些部件？
3. 简述高压共轨燃油喷射系统的工作原理。
4. 简述电磁式喷油器的工作原理。

第五章

掌握电控柴油机常见传感器结构原理及检修方法

📖 **学习目标：**

1. 掌握温度传感器的结构原理及检修方法
2. 掌握位置传感器的结构原理及检修方法
3. 掌握压力传感器的结构原理及检修方法
4. 掌握车速传感器的结构原理及检修方法
5. 掌握空气流量传感器的结构原理及检修方法
6. 掌握气体浓度传感器的结构原理及检修方法
7. 掌握其他传感器的结构原理及检修方法
8. 经典案例分析

★★★ 任务一　掌握温度传感器的结构原理及检修方法 ★★★

　　柴油发动机的电控系统主要由传感器、执行器、电控单元和线束组成（见图5-1）。传感器是一种安装在发动机上的测量装置，它能将发动机运行过程中的各种参数，按一定规律变换成为电信号输入发动机电控单元，电控单元根据传感器输入的电信号对发动机的喷油量、喷油正时进行最佳控制，以减小废气排放污染并提高发动机的输出功率和燃油经济性。

　　按照测量参数的不同，可以把电控柴油发动机的传感器分为温度型、压力型、位置型、速度型、流量型、气体浓度型等几类。

　　在柴油机电控系统中，有许多与温度相关的物理量需要被测量，如冷却液温度、进气温度、机油温度、燃油温度和排气温度等。ECU以此来精确控制喷油量与喷油正时，从而使发动机更好地工作。这就需要在发动机不同位置上加装不同的温度传感器。电控柴油机所用的温度传感器一般都是采用负温度系数的热敏电阻制成的，即电阻值随着温度的变化而变化。

第五章 掌握电控柴油机常见传感器结构原理及检修方法

图 5-1 柴油发动机电控系统的组成

一、发动机冷却液温度传感器

发动机冷却液温度传感器的实物如图 5-2 所示，它用来检测发动机冷却液的温度，并将温度信号转变成电信号输送给发动机 ECU，用于修正发动机的起动、暖机时的喷油量。它安装在发动机出水口上（见图 5-3），大多数是一个负温度系数（NTC）的热敏电阻，其电阻值随着温度上升而减少，但不是线性关系（见图 5-4）。考虑到热传导性，通常将带导线的元件插入带螺纹的黄铜制接头中，再用树脂材料进行密封。

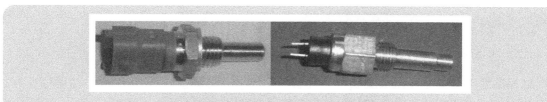

图 5-2 冷却液温度传感器的实物

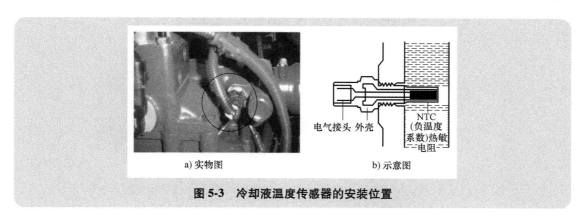

a) 实物图　　　　b) 示意图

图 5-3 冷却液温度传感器的安装位置

在发动机起动后，由于发动机温度较低，喷油器喷入的燃油不能充分雾化，部分燃油沿着壁面进入燃烧室。这其中有一部分燃油没有燃烧就被排到了发动机的外面，实际空燃比比喷油量所对应的空燃比稀薄，为了保证冷机起动以及暖机时的运转稳定，必须增加喷油量。

129

燃油附着到壁面上的情况与发动机温度有关，喷油量的增加应根据壁面温度而定，但壁面的温度可以用冷却液温度代表。ECU 根据冷却液温度信号来修正喷油量。

在中高档轿车上电控单元一般采用两端子式冷却液温度传感器，低档轿车电控单元和汽车仪表上的温度表采用单端子式冷却液温度传感器。

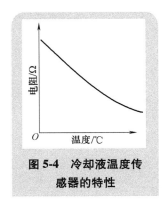

图 5-4　冷却液温度传感器的特性

二、排气温度传感器

柴油机和汽油机所用的排气温度传感器在原理上一样，排气温度传感器安装在排气管上，广泛应用的是热敏电阻式和电子传导式。

热敏电阻式传感器用金属氧化物制成，一般应用在温度比较低的场合，是用于检测汽车排气温度的传感器，一般为高温型热敏电阻式传感器。这种传感器用负温度系数热敏电阻制成，电阻值变化范围较大，从 0.1kΩ 到 100kΩ。它的可用温度范围较广，从 100℃ 到 1000℃。它还可以反复使用。

电子传导式传感器以半导体的 N 型、P 型分类，但能用于高温的很少。电子传导式传感器一般温度达到 1000℃ 时，多数氧化物的内部结构要发生变化。所以，在使用范围内必须充分进行老化处理，使元件的阻抗在使用温度范围内预先进行充分的渐变而不发生大的变化。

电子传导式传感器的适用温度范围很广，可用于判断催化剂的活性度和保护催化剂，也可用于多点温度检测、检查传感器的导通等。

三、燃油温度传感器

燃油温度传感器的实物及安装位置如图 5-5 所示，它用于向 ECU 提供燃油温度信号，ECU 根据燃油的温度变化调节供给单体式喷油器的脉宽调制信号，因为燃油密度会随着温度的升高而降低，这会导致发动机功率降低。温度不同，燃油密度也不相同。另外，此信号也用来控制燃油冷却泵开关接合。不同的燃油控制系统，燃油温度传感器的安装位置是有所不同的，但一般都安装在高压油路上。

a) 实物图　　　　　　b) 安装位置

图 5-5　燃油温度传感器的实物及安装位置

燃油温度传感器是负温度系数的热敏电阻，燃油温度升高时，传感器电阻值下降。燃油温度传感器的控制电路及输出特性如图5-6所示，其输出的信号电压应随温度的升高而逐渐降低。

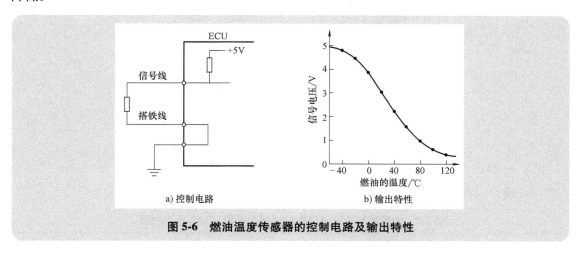

图5-6 燃油温度传感器的控制电路及输出特性

四、进气温度传感器

进气温度传感器的实物如图5-7所示，它用于向ECU提供进气管内的空气温度信号，ECU将根据进气温度调节喷油脉宽调制信号，从而进一步精确地控制喷油量。它一般与进气歧管压力传感器集成一体安装在进气歧管上，也有单独加装的。它也是采用负温度系数热敏电阻制成的，随着温度的升高，其电阻值不断下降。

图5-7 进气温度传感器的实物图

五、温度传感器的检测

温度传感器一般由NTC（负温度系数）热敏电阻制成，温度的变化引起电阻值的变化，温度越低电阻值越大，温度越高电阻值越小，而传感器输出的电压也会变化，系统依据接收到的电压值来计算出当前的温度。下面以冷却液温度传感器的检测为例进行说明（以长城2.8TC发动机电控系统为例，见图5-8）。

1. 外观检查

检查线束插头有无松动，外观有无磨损或破裂。

2. 电压的测量

打开点火开关，拔下线束插头，用万用表测量线束侧两端子的电压，其值应为5V；将线束插头插好，此时测量信号线针脚与地线针脚之间的电压，应在0.2~2.5V之间；如无变化，检查线束连接情况和传感器，重点检查线束插头处有无腐蚀及针脚脱落现象。

3. 电阻值的测量

如怀疑冷却液温度传感器内部故障，可取下传感器，将工作部分放入水中进行加热，测量两针脚之间的电阻值是否符合表5-1的规定值，否则应更换传感器（传感器要在不同温度

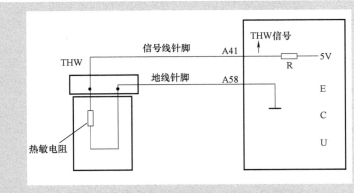

图 5-8 冷却液温度传感器与 ECU 的电路连接

下多次测量,以保证测量的精度)。

表 5-1 长城汽车冷却液温度传感器在不同温度下的电阻值

温度/℃	电阻/kΩ		温度/℃	电阻/kΩ	
	最小值	最大值		最小值	最大值
-10	8.244	10.661	40	1.080	1.227
0	5.227	6.623	60	0.555	0.639
10	3.390	4.217	80	0.304	0.342
20	2.262	2.760			

4. 读取数据流

起动发动机,接入诊断仪,选"读取数据流"项中冷却液温度一项,此时踩下加速踏板,使发动机温度上升,观察冷却液温度是否有变化,如无变化,检查线束连接情况和传感器(数据流相关内容将在第七章进行详细讲解)。

★★★ 任务二 掌握位置传感器的结构及检修方法 ★★★

在电控柴油机中,有许多与位置相关的传感器,如曲轴位置传感器、凸轮轴位置传感器、加速踏板位置传感器、针阀升程位置传感器等。这些传感器用于监测相应元件的位置(如曲轴位置、凸轮轴位置、加速踏板位置等),以便电控单元对发动机进行精确控制。

一、曲轴位置传感器

在电控柴油机中,曲轴位置传感器用于检测发动机转速和曲轴位置,ECU 根据此信号计算喷油始点和喷油量。曲轴位置传感器一般安装在缸体或喷油泵上,以及曲轴前端或飞轮壳上(见图 5-9)。

1. 电磁式曲轴加速踏板传感器

电磁式曲轴加速踏板传感器在汽车上的应用十分广泛,因为它不需要外加电源。它主要由信号盘和传感头组成。

信号盘与曲轴同步旋转,在其圆周上加工了许多凸齿或空齿(见图 5-10 和图 5-11)。传感头固定在发动机机体上(见图 5-12),磁铁与触发轮凸齿保持 0.5~1.2mm 的间隙。它的工作原理如图 5-13 所示,当发动机旋转时,信号盘的轮齿顺序通过磁头,使磁隙不断发生变化,通过感应线圈的磁通量也不断发生变化,从而在线圈的两端产生交变电动势。这些交流信号经过整形放大后,形成方波被送入 ECU。为了让 ECU 根据传感器信号判断曲轴位置,还应在触发轮上对应某一缸的上止点做一个或几个空缺齿。

图 5-9　曲轴位置传感器的安装位置

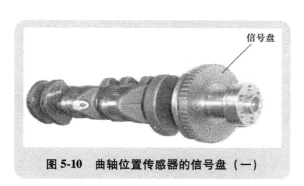

图 5-10　曲轴位置传感器的信号盘(一)

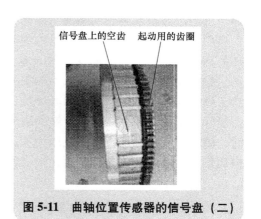

图 5-11　曲轴位置传感器的信号盘(二)

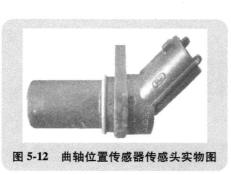

图 5-12　曲轴位置传感器传感头实物图

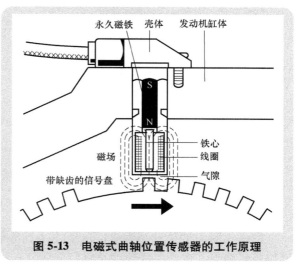

图 5-13　电磁式曲轴位置传感器的工作原理

2. 霍尔式曲轴位置传感器

霍尔传感器是利用霍尔效应原理制成的,霍尔效应原理如图 5-14 所示。当电流 I 通过放在磁场中的半导体基片(称霍尔元件),且电流方向和磁场方向垂直时,在垂直于电流和磁通的半导体基片的横向侧面上产生一个电压,这个电压称为霍尔电压 U_H。霍尔电压 U_H 的大小与通过的电流 I 和磁感应强度 B 成正比,可用下式表示:

$$U_H = \frac{R_H}{d} IB$$

式中　R_H——霍尔系数;
　　　d——基片厚度;
　　　I——电流;
　　　B——磁感应强度。

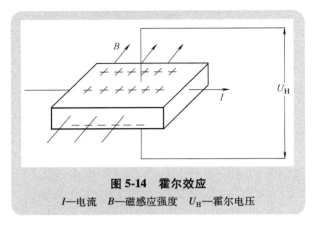

图 5-14　霍尔效应
I—电流　B—磁感应强度　U_H—霍尔电压

由上式可知,当通过的电流 I 为一定值时,霍尔电压 U_H 则与磁感应强度 B 成正比,即霍尔电压随磁感应强度的大小而变化;同时也可看出,霍尔电压的高低与磁通的变化速率无关。

利用霍尔效应制成的曲轴位置传感器具有以下特点:输出的电压信号近似于方波,输出电压的高低与被测物体的转速无关,霍尔传感器需要外加电源。传感器工作原理如图 5-15 所示。触发轮带有若干叶片,它一般安装在曲轴或凸轮轴上,随发动机运转。传感器含有一个永久磁铁和一个霍尔元件,两者固定在同一底板上,其空气间隙可以让旋转的触发叶片通过。当叶片不在间隙时,永久磁铁的磁力线就穿过霍尔元件,产生霍尔电压。当叶片进入间隙时,磁场被叶片屏蔽,霍尔电压为零。随着触发轮的不断旋转,叶片和空隙交替产生的霍尔电压信号通过电路放大整形后,形成转速信号。

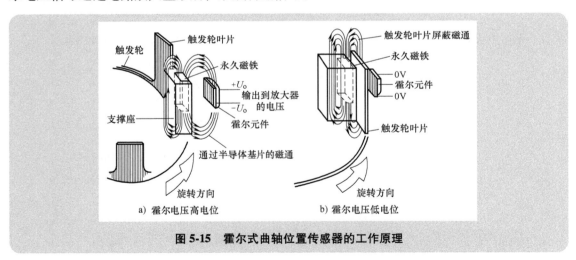

图 5-15　霍尔式曲轴位置传感器的工作原理

3. 曲轴位置传感器的检测

下面以长城 2.8TC 发动机曲轴位置传感器的检测为例进行讲解。该传感器采用电磁式曲轴位置传感器,主要由信号盘(有两个空齿)与传感头组成。

当信号盘旋转时,会产生一个交变的磁场,从而使得传感头中的电磁线圈产生一个正弦感应电压,经 ECU 滤波后形成方波,当飞轮转动到空两齿的位置时,电压便会发生一个突变,系统由此可判断出当前的曲轴位置及发动机转速。

当曲轴位置传感器出现故障时，发动机一般无法起动，或者运转不够平稳，当使用解码器读取故障码时，会产生与曲轴位置传感器相关的故障码。

（1）失效的可能原因

① 传感器上吸附了铁屑影响了磁通量，导致信号不准。

② 信号线屏蔽线破损，与整车电器产生电磁干扰，影响传递信号的准确性，线路插头氧化、锈蚀，传感器针脚锈蚀、氧化。

③ 传感器安装位置不当，间隙超差，导致信号不准确。

④ 飞轮齿圈节距不等，在某一个转速点时测得的转速不准确，导致发动机抖动。

⑤ 线路断路、飞轮安装错误，或其他原因导致飞轮将转速传感器打坏。

（2）检测方法

① 外观检查。检查屏蔽线外观是否完好，是否破损、搭铁，影响屏蔽效果，如有，应更换。检查传感器安装状态是否符合要求，传感器支架是否变形（气隙间隙为 0.8~1mm），如有变形应进行相应的调整及更换。拆下传感器检查永久磁铁部位是否吸附有铁屑，如吸附有铁屑，应更换传感头。检查飞轮齿圈上是否存在金属杂质，如有，应及时进行清理。

② 单件检测。拆下转速传感器测量电阻，20℃情况下，两针脚间的电阻应在 770~950Ω 之间。

③ 线路检查。根据电路图，使用万用表对相应的线路导通性进行检测（见图 5-16）。

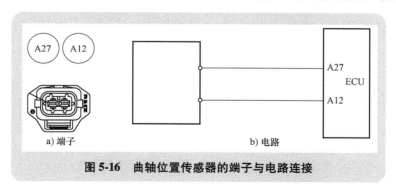

图 5-16 曲轴位置传感器的端子与电路连接

二、凸轮轴位置传感器

凸轮轴位置传感器的安装位置视凸轮轴的位置不同而不同，当凸轮轴下置或中置时，电控柴油机的凸轮轴位置传感器经常安装在高压泵上或单体泵上（见图 5-17）。当凸轮轴上置于缸盖上时，凸轮轴位置传感器位于缸盖上（见图 5-18）。它用于检测高压泵驱动轴（凸轮轴）上信号盘的位置。

1. 结构原理

凸轮轴位置传感器分为电磁式和霍尔

图 5-17 位于高压泵上的凸轮轴位置传感器

式两种，它们的工作原理与曲轴位置传感器相同。电磁式传感器也是由信号盘与传感头组成的，信号盘的凸齿数比气缸数多一个（见图5-19），因此传感器的信号数也比气缸数多一个。ECU通过该传感器测得的数字电压信号确定发动机工作的气缸，并实施喷油控制。

图5-18 位于气缸盖上的凸轮轴位置传感器
（圣达菲D4EA共轨柴油机）

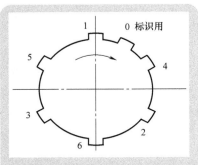

图5-19 六缸发动机凸轮轴位置
传感器的信号盘

传感头一般有三根线。电磁式凸轮轴位置传感器的3根线分别为：一根为信号+，一根为信号参考地线，还有一根为屏蔽线，用于抗干扰；霍尔式凸轮轴位置传感器的3根线分别为：一根为+5V参考电源，另一根为信号+，还有一根为信号参考地线。

ECU根据收到的数字脉冲信号电压值的高低状态，来判断信号所表示的内容。通过电压情况可以判断其信号的输出情况，但因该信号不只是要判断凸轮是否运转，还要判断信号相位关系，所以判断凸轮轴信号与曲轴信号的相对关系也很重要。曲轴位置传感器用于产生转速信号，凸轮轴位置传感器用于产生判缸信号，两者的对应关系如图5-20所示，凸轮轴位置传感器信号波形中多出的一个数字脉冲，是用于发动机ECU确定一缸上止点的辅助信号。

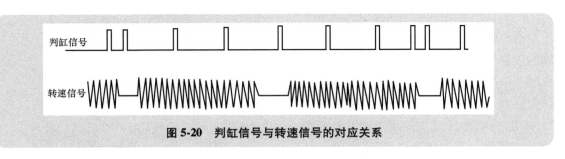

图5-20 判缸信号与转速信号的对应关系

2. 检测方法

下面以长城2.8TC发动机凸轮轴位置传感器的检测为例进行讲解。该传感器采用霍尔原理制成，其安装位置如图5-21所示。该传感器由感应磁铁和霍尔传感头组成（见图5-22），感应磁铁安装在凸轮轴的带轮上。当发动机运转时，感应磁铁与霍尔传感头的位置发生相对运动,这种变化会引起磁场变化,由于磁场变化,来自传感器的电压也会发生变化,传感器输出方波电压信号,系统根据此信号的变化来判定凸轮轴的位置,该信号是系统判定喷油时刻的重要信号之一。

图 5-21　凸轮轴位置传感器的安装位置

　　　　　　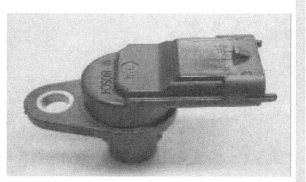

a) 感应磁铁　　　　　　　　　　　　　　b) 传感头

图 5-22　长城 2.8TC 发动机凸轮轴位置传感器的组成

当凸轮轴位置传感器出现故障后,发动机将无法起动,因为起动发动机时,系统需采集曲轴位置及凸轮轴位置信号来判定一缸上止点,如失去凸轮轴位置信号,系统无法设定喷油时刻,发动机将无法起动。

(1) 失效模式

① 传感器与感应磁铁间隙过近或过远,影响输出信号的准确性。

② 采用错误方法测量电阻,导致传感器内部电路击穿。

③ 线路短路、断路,传感器针脚氧化、锈蚀。

④ 传感器内部电路故障。

（2）检测方法

① 外观检查。首先检查传感头有无破裂、损坏，传感头与感应磁铁之间的间隙是否符合要求（正常值在0.1~1.5mm）。

② 单件检测。该传感器有3个端子，3#端子与1#端子之间电阻——1.16~1.17Ω，1#端子与2#端子之间电阻——0.16~0.62Ω，2#端子与3#端子之间电阻——无穷大，3#端子与1#端子之间的电压——5V，1#端子与搭铁之间的电压——0V。

③ 线路检查。根据电路图，使用万用表对相应的线路导通性进行检测（见图5-23）。

三、加速踏板位置传感器

电控柴油机中已普遍采用了加速踏板位置传感器，它将驾驶员的意图送给ECU。它安装在加速踏板上（见图5-24），常见的形式有双电位计式、霍尔效应式、带急速触点单电位计式等。

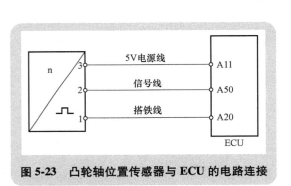

图5-23 凸轮轴位置传感器与ECU的电路连接　　图5-24 加速踏板位置传感器的实物图

1. 结构原理

（1）双电位计式加速踏板位置传感器

长城GW2.8TC型柴油机采用了双电位计式加速踏板位置传感器，如图5-25所示。

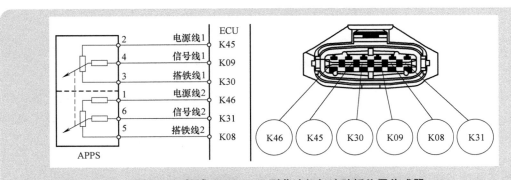

图5-25 长城GW2.8TC型柴油机加速踏板位置传感器

双电位计式加速踏板位置传感器以分压电路原理工作，ECU供给传感器电路5V电压。

电子加速踏板通过转轴与传感器内部的滑动变阻器的电刷连接,加速踏板位置传感器的位置改变时,电刷与接地端的电压发生改变,ECU 将该电压转变成加速踏板的位置信号。加速踏板位置传感器同时输出两组信号给 ECU,以保证输出信号的可靠性。

(2) 带怠速触点单电位计式

它的内部是由单电位计及怠速开关组成的,其电路如图 5-26 所示。它的工作原理与节气门位置传感器相似,一般为六线式插头结构,其插头如图 5-27 所示。

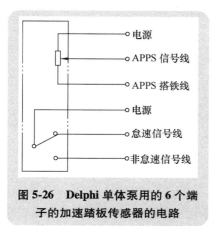

图 5-26 Delphi 单体泵用的 6 个端子的加速踏板传感器的电路

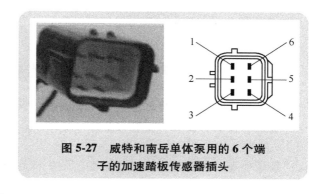

图 5-27 威特和南岳单体泵用的 6 个端子的加速踏板传感器插头

(3) 霍尔效应式加速踏板位置传感器

博世霍尔效应式加速踏板位置传感器的结构如图 5-28 所示。它的内部是由两套霍尔元件和磁铁组成的,当踏下加速踏板时,磁铁可以随之转动,从而改变了它与霍尔元件之间的位置,进而造成了霍尔元件中磁通量的变化,根据霍尔原理,这会造成输出的信号电压发生变化。

该传感器不仅可以精确地检测出加速踏板的位置,还采用了无接触式测量,并简化了结构,所以不易发生

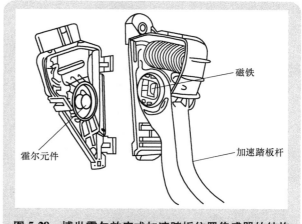

图 5-28 博世霍尔效应式加速踏板位置传感器的结构

故障。为了确保其工作的可靠性,它一般会输出两套信号——VPA1 和 VPA2,其中 VPA1 用于检测加速踏板的位置,VPA2 用于检测 VPA1 的故障(见图 5-29)。

2. 加速踏板位置传感器的检测

下面以长城 2.8TC 发动机双电位计式加速踏板位置传感器的检测为例进行讲解。

加速踏板位置传感器有故障时,一般会伴随车辆加速无力等故障现象。

(1) 失效模式

① 传感器内部电阻失效。

② ECU 至传感器之间的线路断路,无法测定加速踏板位置信号。

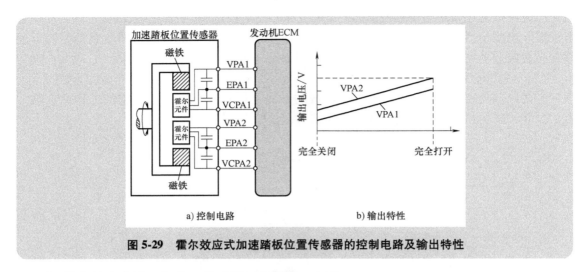

图 5-29 霍尔效应式加速踏板位置传感器的控制电路及输出特性

③ 线束插头腐蚀、氧化，传感器插头腐蚀、氧化。

④ 加速踏板断裂。

（2）检测方法

① 外观检查。检测时应注意检查加速踏板能否踩到全开位置，看是否因车内驾驶座椅下方地毯过厚或位置不当将踏板顶住而无法踩到全开位置。如仍无法达到全开状态，首先检查线路插头是否虚接，端子、插头是否存在腐蚀、氧化现象，检查确认无异常后，可判定为加速踏板故障。

② 单件检查。拆下传感器，测量5#、6#针脚之间电阻，应为（1.2±0.4）kΩ，1#、5#针脚之间电阻应为（1.7±0.8）kΩ（见图5-25），如电阻异常，可判定为加速踏板故障。

③ 线路检查。测量线路是否存在短路、断路、搭铁现象。通电状态下，线束插头1#、2#、4#、6#插片处应有5V电压，3#、5#插片电压为0V（见图5-25）。

④ 数据流检查。接入解码器，选取读取数据流一项，通电状态下，不踩动踏板时，"加速踏板1原始电压值"为0.7V左右，"加速踏板2原始电压值"为0.35V左右，加速踏板开度应为0%，如检测电阻异常，应首先检查线路插头是否虚接，端子、插头是否存在腐蚀、氧化现象，检查确认无异常后，可判定为加速踏板故障。

踩下踏板，观察随着踏板开度的增大，两组信号线的输出电压是否也随之增大，正常情况下应始终保持电阻1的电压为电阻2的电压的2倍，如检测电阻异常，首先检查线路插头是否虚接，端子、插头是否存在腐蚀、氧化现象，检查确认无异常后，可判定为加速踏板故障。

四、针阀升程传感器

针阀升程传感器是柴油发动机控制系统中重要的传感器之一，它的作用如下。

1）针阀升程传感器信号用来确定喷油器喷油始点，可以作为判缸信号。

2）感知喷油持续时间。

3）喷油器针阀升程传感器是通过检测针阀升程来换算循环喷油量，间接检测柴油机负荷的。

它安装在喷油器内部，一般应用于电控分配泵式燃油系统中。喷油器针阀升程传感器主要有差动式和霍尔式两大类型。

1. 差动式喷油器针阀升程传感器

差动式喷油器针阀升程传感器主要由电磁线圈、传动杆等组成（见图 5-30）。

当喷油器有高压燃油时，喷油器针阀传动杆上升，改变电磁线圈的磁阻以及输出信号电压，从而反馈喷油器的喷油始点给 ECU。差动式喷油器针阀升程传感器与 ECU 的电路连接如图 5-31 所示。

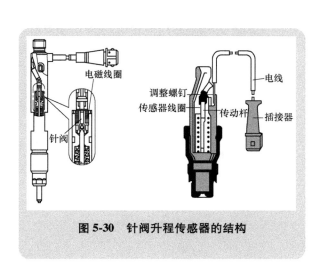

图 5-30　针阀升程传感器的结构

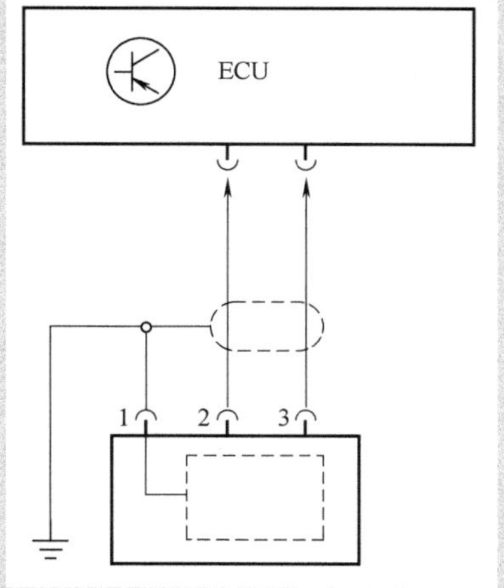

图 5-31　差动式喷油器针阀升程传感器与 ECU 的电路连接

2. 霍尔式喷油器针阀升程传感器

霍尔式喷油器针阀升程传感器的结构如图 5-32 所示，霍尔元件装在针阀弹簧座的上方，弹簧座上固定着一块永久磁铁。霍尔元件通电后，弹簧座随针阀运动，因永久磁铁的运动，使通过霍尔元件的磁感应强度发生变化，造成近似地与针阀升程呈正比的输出信号电压的变化，故可由信号电压的变化来测出喷油始点。

为了尽可能地减少处理毫伏级模拟信号问题，将霍尔元件与输出信号放大电路设计成一体，固化在一个集成电路芯片中。输出信号不需要再放大，直接可由单片机进行 A/D 转换获得。这些电路同时具有抑制和消除机械误差、磁误差及温度影响的功能。每经一次测量，就会自行重新校正一次。针阀升程传感器由固定在顶杆内的磁铁和进行检测的霍尔元件构成，非常紧凑地布置在喷油器体内。

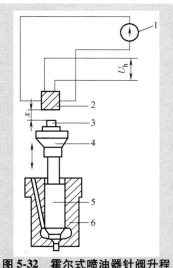

图 5-32　霍尔式喷油器针阀升程传感器的结构

1—直流电源　2—霍尔元件　3—永久磁铁
4—弹簧座　5—针阀　6—针阀座　x—间隙

3. 针阀升程传感器的检测

针阀升程传感器信号用来确定喷油器喷油始点信号。如果传感器失效，喷油器喷油始点信号转换到开环控制（根据发动机转速与发动机负荷）。在正常操作过程中，喷油器喷油始点信号由闭环功能控制（根据发动机转速、发动机负荷和温度）。下面以捷达柴油机轿车针阀升程传感器的检测（差动式喷油器针阀升程传感器）为例进行讲解。

关闭点火开关，拔下针阀升程传感器插头（如图5-33a所示）。测量插头两端子间电阻值，标准值为80~120Ω。若达不到标准值，更换带针阀升程传感器的3缸喷油器。

若达到标准值，连接接线盒 VAG1598/31 到控制单元线束，根据电路图检查接线盒与插座间导线是否断路。检测点为端子1与插口109，端子2与插口101。导线电阻最大为1.5Ω（见图5-33b）。另外，检测导线间是否彼此短路，或者对地短路或对正极短路。若未发现故障，应更换柴油发动机电控单元。

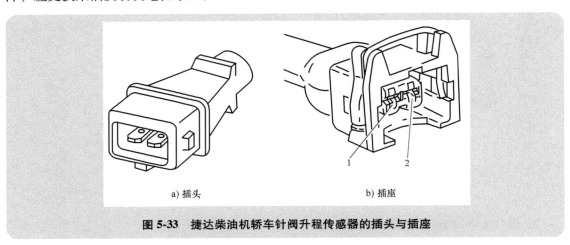

图 5-33　捷达柴油机轿车针阀升程传感器的插头与插座
a）插头　b）插座

五、齿杆位移传感器

齿杆位移传感器只用于电控直列泵燃油喷射系统中，其功用是检测喷油泵调节齿杆的位置。齿杆位移传感器安装在电控直列泵系统的电子调速器内，喷油泵齿杆罩上。齿杆位移传感器主要有三种类型：差动变压器式、差动自感式、电涡流式。

1. 差动变压器式齿杆位移传感器

差动变压器式齿杆位移传感器是根据互感原理制成的，它由一次绕组、二次绕组、衔铁和绕组骨架组成。它的典型结构如图5-34所示。二次绕组套在一次绕组的外面，二次绕组由两个结构和参数完全相同的绕组反相串联而成，即接成差动式。在一次绕组接上励磁电流，在二次绕组上就会感应出随铁心的位移呈线性增加的电压。

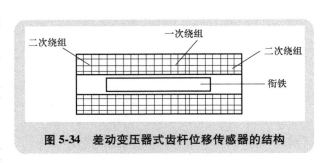

图 5-34　差动变压器式齿杆位移传感器的结构

差动变压器式齿杆位移传感器有着测量精度高、线性范围大、稳定性好等优点。这种传感器的输出特性如图 5-35 所示，当一次绕组输入电流时，会在二次绕组中产生两个感应电动势 e_{21} 和 e_{22}，它们的大小与铁心的位置有关。当铁心在中心处，e_{21} 与 e_{22} 相等，输出电压 $e_2 = 0$；铁心向左移动时，$e_{21} > e_{22}$；铁心向右移动时，$e_{22} > e_{21}$。由于两个二次绕组是差动连接，$e_2 = e_{21} - e_{22}$，也就是当铁心偏离中心位置时，输出电压增加，是单个绕组输出电压的 2 倍。

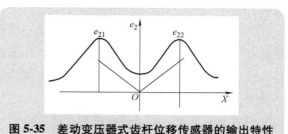

图 5-35　差动变压器式齿杆位移传感器的输出特性

典型的差动变压器式齿杆位移传感器的结构如图 5-36 所示。当电流流过线性绕组时，滑动铁心被拉向图示箭头的方向，在复位弹簧力的作用下，滑动铁心在某一个平衡位置停住。

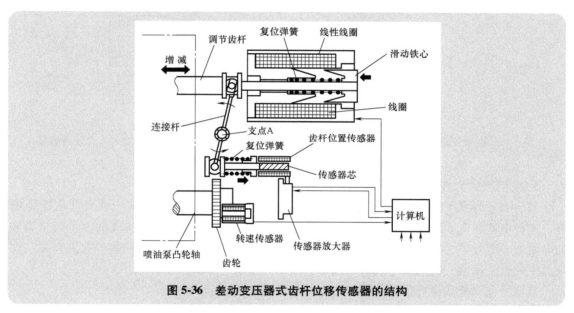

图 5-36　差动变压器式齿杆位移传感器的结构

调节齿杆和滑动铁心是连在一起的，和铁心一起联动，向增加喷油量的方向移动。如果铁心向箭头相反的方向移动，则调节齿杆使喷油量向减少的方向移动。

假设调节齿杆向增加喷油量的方向移动。和调节齿杆联动的连接杆则以支点 A 为中心，向逆时针方向转动，连接杆的下端和齿杆位移传感器的传感器铁心联动，所以，传感器的铁心向右方（箭头方向）移动。因此，齿杆位移传感器的输出发生了变化。

齿杆位移传感器送来的信号经过传感器放大器进行整流、放大，输入到电子控制单元中。然后，电子控制单元将该信号和齿杆位置的目标值进行比较，根据两者的差值向线性线圈发出驱动信号，改变喷油量。

2. 差动自感式齿杆位移传感器

差动变压器式传感器是按变压器绕组的互感原理工作的。若将差动变压器式齿杆位移传感器中的一次绕组取消，只保留一次绕组两边的二次绕组，则就变成了差动自感式齿杆位移传感器。

差动自感式齿杆位移传感器由绕组、铁心和衔铁所组成（见图5-37）。铁心和衔铁均由导磁材料如硅钢片和铁镍合金制成。在铁心和衔铁之间有气隙，其厚度为 d。传感器运动部分与衔铁相连，当运动部分产生位移时，气隙厚度 d 变化，导致绕组电感值的变化，从而可判断被测位移量的大小。

利用两个完全对称的单个自感传感器，合用一个活动衔铁构成差动式螺管自感传感器。

差动式螺管自感传感器如图5-38所示，其结构特点是：两个磁体的几何尺寸、材料、电气参数完全一致，传感器的两个电感线圈接成交流电桥的相邻桥臂。在初始位置时，活动衔铁位于中间位置，两个电感线圈的电感相同，极性相反，电桥输出为0。当衔铁偏离中间位置时，则两个电感线圈的电感一个增加一个减小，电桥不平衡。电桥输出电压的大小与衔铁移动的大小成正比，其相位与移动的方向有关。

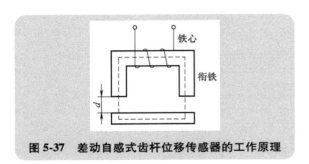

图5-37 差动自感式齿杆位移传感器的工作原理

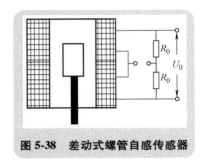

图5-38 差动式螺管自感传感器

3. 电涡流式齿杆位移传感器

整块的金属置于变化的磁场中，或者在固定磁场中运动时，金属体内就会产生感生电流，这种电流在金属体内是闭合的，因此称为电涡流（见图5-39）。电涡流的大小与金属体的电阻率、磁导率、厚度，以及线圈与金属的距离、线圈的励磁电流角频率等参数有关。固定其中的若干参数，就能按电涡流的大小测量出另外某一参数。

典型的电涡流式齿杆位移传感器的结构如图5-40所示。

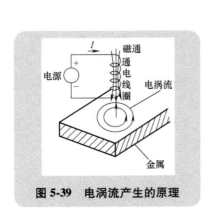

图5-39 电涡流产生的原理

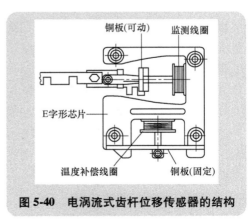

图5-40 电涡流式齿杆位移传感器的结构

齿杆位移传感器设置在调速器上部，相对于目标位置检测出调节齿杆是否位于正确的位置。齿杆位移传感器由 E 字形芯片、两组线圈及铜板组成。一个铜板安装在调节齿杆的端部,另一个固定在 E 字形芯片上。

电涡流式齿杆位移传感器的工作原理如图 5-41 所示,线圈通电会产生磁场,如果设置了铜板,则会在铜板内产生电涡流,由铜板消去以前的磁场。因此,由于铜板位置的变化,被消去的磁场强度会产生变化,在线圈内产生的反电动势也会随之变化。

另一方面,线圈和铜板设置了温度补偿,修正因温度影响所引起的电压的变化。这样,从两个线圈的反电动势之比检测出的调节齿杆的位置,消去了温度引起的误差,精度提高。

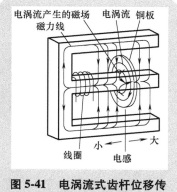

图 5-41 电涡流式齿杆位移传感器的工作原理

★★★ 任务三　掌握压力传感器的结构原理及检修方法 ★★★

柴油机电控系统中,有许多压力传感器,如共轨压力传感器、进气歧管压力传感器、燃油压力传感器、机油压力传感器、大气压力传感器、涡轮增压传感器、曲轴箱压力传感器等。ECU 通过这些压力传感器的信号,去控制相应的执行元件工作,从而完成自动控制。

一、共轨压力传感器

1. 结构原理

在高压共轨系统中,共轨压力传感器的作用是测定共轨中的燃油压力,并向 ECU 提供电信号。目前,直喷式电控柴油机的最高喷油压力已超过 150MPa,欧Ⅳ、欧Ⅴ标准电控柴油机的喷油压力在 180~200MPa。高压共轨燃油系统中的喷油器由电/液控制,喷油器针阀的开启由 ECU 控制的电磁阀实现。所以,共轨压力的高低,决定了喷油压力的高低。在高压共轨系统中,为了精确控制共轨压力,在高压泵产生的高压燃油送入共轨后,由设置在共轨上的压力传感器测定共轨内的实际燃油压力,然后向 ECU 提供反馈信息,由 ECU 对高压泵上的 PCV 阀实施反馈控制,通过增减供油量来调节共轨中的燃油压力,使其稳定在目标值范围内。共轨压力传感器安装在共轨上,如图 5-42 所示。

图 5-42 共轨压力传感器的安装位置

图 5-43 为博世公司共轨压力传感器的外观和结构,图 5-44 为电装公司 ECD-U2 系统共轨压力传感器的结构和特性曲线。

共轨系统共轨压力传感器由压力敏感元件(焊接在压力接头上)、带求值电路的电路板

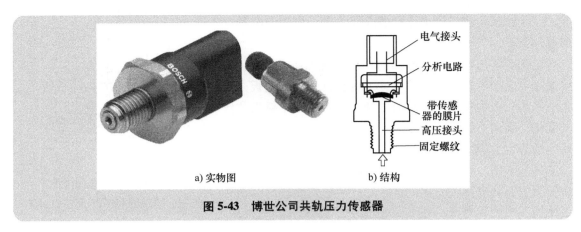

图 5-43 博世公司共轨压力传感器

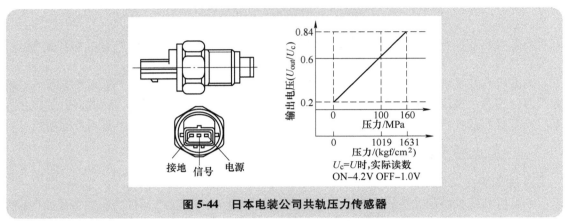

图 5-44 日本电装公司共轨压力传感器

和带电气插头的外壳组成。燃油经过一小孔流向共轨压力传感器，传感器的膜片将孔的末端封住。高压燃油经压力室的小孔流向膜片。膜片上安装有半导体压敏元件，可将压力转换成电信号。通过导线将产生的电信号传送到一个向 ECU 提供测量信号的求值电路。

当膜片形状变化时，膜片上涂层的电阻发生变化。当由系统压力引起膜片形状变化时（150MPa 时的变化量约为 1mm），引起电阻值改变，并在 5V 供电的电阻电桥中产生电压变化。电压在 0~70mV 之间变化（具体数值由压力决定），由求值电路放大到 0.5~4.5V。精确测量共轨中的压力是共轨系统正常工作的必要条件，共轨压力传感器的测量精度约为最大值的 2%。

当共轨压力传感器失效时，具有应急行驶功能的压力限制阀通过打开溢流阀来限制共轨中的压力。压力限制阀允许共轨中的短时最大压力为 150MPa。

2. 检修方法

下面以长城 2.8TC 柴油机共轨压力传感器的检测为例进行讲解，该压力传感器与 ECU 的连接如图 5-45 所示，共轨压力传感器（CRPS）为压敏效应式，有三个接线端子，CRPS 的 1#端子为搭铁线、2#端子为信号线、3#端子为电源线（5V）。

（1）外线路检查

用万用表的电阻档，分别测量 1#端子与 A08#端子、2#端子与 A43#端子、3#端子与 A28#

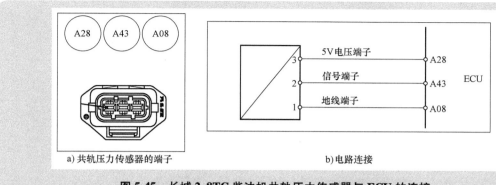

图 5-45　长城 2.8TC 柴油机共轨压力传感器与 ECU 的连接

端子之间的电阻值,从而判断外电路是否存在短路及断路故障。

（2）传感器电压值测量

关闭点火开关,拔下共轨压力传感器插头,点火开关置于 ON 档,测量传感器侧插头 3# 端子与搭铁间的电压,应为 5V,2# 端子与搭铁间的电压应为 0.5V 左右,1# 端子与搭铁间的电压应为 0V。

（3）数据流检测

用故障诊断仪读取发动机系统数据流,与共轨压力有关的数据流共有 4 个:燃油系统共轨压力、共轨压力设定值、实际共轨压力最大值、共轨压力传感器输出电压。

当发动机冷却液温度达到 80℃、急速运转时,"共轨压力传感器输出电压"应为 1V 左右,"燃油系统共轨压力"及"共轨压力设定值"均为 25.00 MPa 左右,"共轨压力设定值"与"燃油系统共轨压力"数值十分接近。

当逐渐踩加速踏板,提高发动机转速时,上述 4 个数据流逐渐增加,"燃油系统共轨压力""共轨压力设定值""实际共轨压力最大值"等最大值为 145.00MPa,"共轨压力传感器输出电压"的最大值为 4.5V。实测的数据流（部分）如表 5-2 所示。

表 5-2　实测共轨压力及共轨压力传感器输出电压数据流

数据流/状态	点火开关置于 ON 档	急速	加速 1	加速 2
燃油系统共轨压力/MPa	0.65	25	33.6	70.3
共轨压力传感器输出电压/V	0.45	1.06	1.24	2.06

二、机油压力传感器

机油压力传感器一般安装在发动机主油道上（见图 5-46）,用于实时检测机油压力,一般与机油温度传感器集成在一起。当机油压力低于期望值时,ECU 将启用降低发动机转速和功率的保护功能,来调节发动机的转速和功率。当检测到危机状态的机油压力时,ECU 将使仪表板上的红色警告灯闪亮,向驾驶员发出警告信号,有些汽车可能还伴有蜂鸣声。如果 ECU 设有停机保护功能,当机油压力低于限值 30s 后会使发动机自动停机,有些系统可能还设有手动延时按钮,按下该按钮后,发动机的运转时间将延长 30s,以便驾驶员能够将汽车安全地停靠到路边。

1. 结构原理

滑动电阻式机油压力传感器的工作原理如图 5-47 所示，它一般通过螺栓拧在缸体的油道里，其内部有一个可变电阻，一端输出信号，一端与搭铁的滑动触臂相连。当油压增大时，油压通过润滑油道接口推动膜片弯曲，膜片推动滑动触臂移动到低电阻位置，使电路中的输出电流增大；反之，油压降低时，膜片推动滑动触臂移动到高电阻位置，使电路中输出电流减小，最终在机油压力表上将机油压力的大小指示出来。

图 5-46 机油压力传感器的安装位置

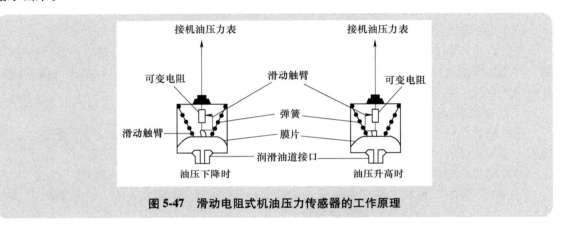

图 5-47 滑动电阻式机油压力传感器的工作原理

2. 检测方法

拔下机油压力传感器的插头，在发动机熄火时，用万用表检测机油压力传感器插头与地线之间的电阻值，在发动机起动后，油压升至 20kPa 以上时，再测量上述电阻值，后者应小于前者，否则应更换机油压力传感器。

三、进气歧管压力传感器

进气歧管压力传感器又称为进气增压压力传感器（增压压力传感器或涡轮增压传感器），该传感器一般与进气温度传感器集成在一起。

进气歧管压力传感器提供的电信号用于检查增压压力。发动机 ECU 将测量值与增压压力设定值进行比较。如果实际值与设定值不符，ECU 将通过电磁阀调整增压压力，实现增压压力控制。

当驾驶员踏下加速踏板要求增加喷油量时，ECU 将检查涡轮增压压力与所要求的喷油量是否相适应。如果不适应，ECU 将按照涡轮增压压力大小，以一定比例控制喷油量，以免喷油量过大导致不完全燃烧，防止废气排放超标。ECU 还根据进气歧管压力传感器、机油温度传感器和进气温度传感器输入的信号，防止在冷机起动时发动机冒白烟。进气歧管压力传感器安装在进气管上（见图 5-48）。

1. 结构原理

半导体压敏电阻式进气歧管压力传感器由硅膜片、真空室、硅杯、底座、真空管接头和引线组成（见图 5-49）。

硅膜片用单晶硅制成，它是压力转换元件。硅膜片的长和宽各约为 3mm，厚度约为 160μm，在硅膜片的中部经光刻腐蚀制成直径 2mm、厚度为 5μm 的薄膜片。在薄膜片的圆周上有四个应变电阻，用惠斯通电桥方式连接。然后再与传感器内部的温度补偿电阻和信号放大电路混合集成电路连接。

在真空管的进气口设有滤清器，用于过滤灰尘，以免膜片受到腐蚀而导致传感器失效。

图 5-48 进气歧管压力传感器的安装位置

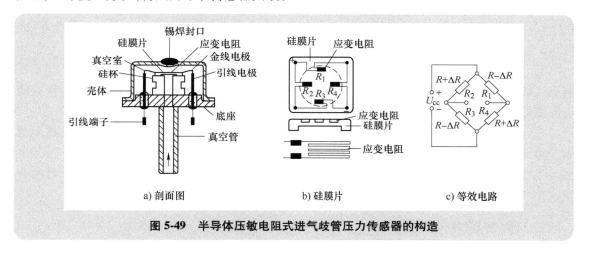

a) 剖面图　　　　b) 硅膜片　　　　c) 等效电路

图 5-49 半导体压敏电阻式进气歧管压力传感器的构造

半导体压敏电阻式进气歧管压力传感器的工作原理如图 5-50a 所示。硅膜片的两面一面通真空室，一面通进气歧管。在进气压力作用下，膜片会产生应力，应变电阻的电阻值会发生变化，惠斯通电桥上的电阻值平衡就被打破，在电桥的输入端输入一定的电压时，输出端可得到变化的信号电压。

当发动机运转时，进气流作用在硅膜片上，使硅膜片产生应力，应变电阻的电阻值会发生变化，电桥输出电压也随之变化。当节气门开度变大时，进气压力升高，膜片的应力也增大，应变电阻的阻值变化率也增大，电桥输出电压升高，经放大电路放大后，传感器输入 ECU 的信号电压也升高。而当节气门开度变小时，由于气流流速升高，进气压力反而降低，膜片的应变力减小，应变电阻的变化率减小，电桥输出电压降低，经放大后，传感器输入 ECU 的信号电压也降低。

半导体压敏电阻式进气歧管压力传感器的主要部件是硅膜片和应变电阻，其工作参数由作用在硅膜片上的进气压力大小决定，在从传感器上选取压力时，应从压力波动较小的部位选取。该传感器的输出特性曲线如图 5-50b 所示。

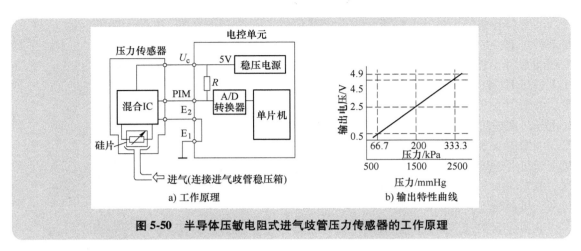

图 5-50 半导体压敏电阻式进气歧管压力传感器的工作原理

2. 检测方法

1) 电源电压的检测。进气歧管压力传感器的供电端子与搭铁端子之间的电压应为5V。

2) 信号电压的检测。当进气压力发生变化时，其电压信号随之呈线性增加。

3) 进气温度信号的检测。如果进气歧管压力传感器与进气温度传感器集成在一起，在对进气歧管压力传感器进行检测的同时，也应对进气温度传感器进行检测，其信号电压应随着温度的升高而减小。

4) 数据流检测。进气歧管压力传感器和进气温度传感器的信号也可以通过读取数据流来获得，在检测过程中，进气压力增大，进气压力信号也应增大；进气温度增加，其信号电压会相应减小。但值得注意的是，进气压力信号是线性变化的，而进气温度信号是非线性变化的。

四、大气压力传感器

大气压力传感器安装在发动机ECU内部（见图5-51）。大气压力传感器的作用是向ECU传送大气压力信号，因为大气在不同压力下（如高山和平原）含氧量是不同的，ECU利用该信号控制进气系统增压压力和废气再循环的大气压力修正值。若传感器失效，可能引起排气管冒黑烟。

大气压力传感器采用集成电路技术，在一块半导体基片上加工出压力传感器、温度补偿电路和放大电路。

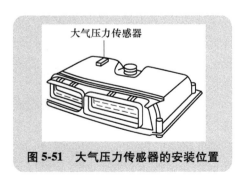

图 5-51 大气压力传感器的安装位置

在硅片中间，从反面经异向腐蚀形成正方形膜片，利用膜片将压力转换成应力。在膜片的表面，通过扩散杂质形成四个P型测量电阻，以电桥形式连接（图5-52）。利用压阻效应把加在膜片上的应力转换成电阻，该电阻的变化通过桥式电路的两个端子以电位差的方式输出。

五、燃烧压力传感器

图 5-53 所示为压电陶瓷型燃烧压力传感器。该传感器用于测量气缸内的燃烧压力，因为在高温、高压下测量，所以要求燃烧压力传感器耐高温、耐高压，还应具有抗振动和抗安装变形等特点。

图 5-54 所示为硅应变片型燃烧压力传感器。燃烧压力传感器主要用在稀薄燃烧发动机上，用于控制稀薄燃烧极限，而且燃烧压力传感器只用来监测第一缸。

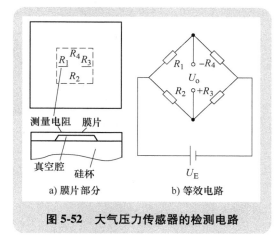

图 5-52 大气压力传感器的检测电路

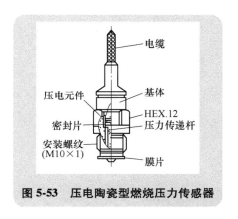

图 5-53 压电陶瓷型燃烧压力传感器

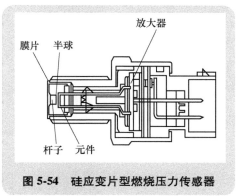

图 5-54 硅应变片型燃烧压力传感器

★★★ 任务四　掌握车速传感器的结构原理及检修方法 ★★★

车速传感器的实物如图 5-55 所示，它是电控柴油发动机中一个重要的传感器，用于向 ECU 提供车速信号。减速断油功能、巡航控制和最高车速限制功能都以该信号作为判断依据。车速传感器可以分为电磁感应式、霍尔式、光电式、簧片开关式、磁阻元件式几种形式。

一、车速传感器结构原理

1. 电磁感应式车速传感器

电磁感应式车速传感器安装在变速器输出轴附近的壳体上，用于检测输出轴的转速。ECU 根据车速传感器的信号计算车速。

电磁感应式车速传感器由永久磁铁和电磁感应线圈组成。它被固定安装在变速器输出轴附近的壳体上，输出轴上的停车锁定齿轮为感应转子，当输出轴转动时，停车锁定齿轮的凸齿不断地靠近或离开车速传感器，使线圈内的磁通量发生变化，从而产生交流电。车速越高，输出轴转速也越高，感应电压脉冲频率也越高，电控单元根据感应电压脉冲的大小计算

图 5-55 车速传感器的实物

汽车行驶的速度（见图 5-56）。

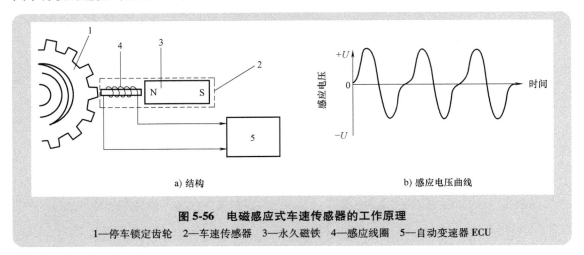

a) 结构　　　　　　　　　　　b) 感应电压曲线

图 5-56 电磁感应式车速传感器的工作原理
1—停车锁定齿轮　2—车速传感器　3—永久磁铁　4—感应线圈　5—自动变速器 ECU

2. 霍尔式车速传感器

霍尔式车速传感器的结构如图 5-57 所示，它是利用霍尔效应原理制成的。触发叶轮转动时，其叶片在永久磁铁与霍尔元件间转动，从而使通过霍尔元件的磁通量发生变化，由于

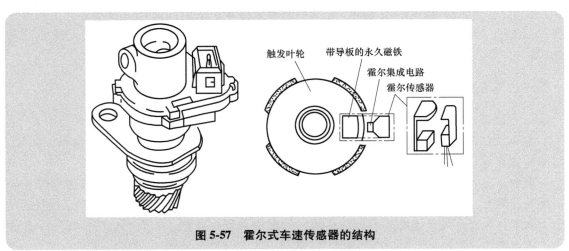

图 5-57 霍尔式车速传感器的结构

霍尔元件通过导线连接在电路中，其上通过电流，在霍尔元件上会产生一个霍尔电压，经集成电路放大整形后输出矩形方波信号（见图5-58）。

3. 光电式车速传感器

图5-59所示为光电式车速传感器的结构，它用在数字式速度表上，由发光二极管、光电晶体管以及安装在速度表驱动轴上的遮光板构成。它的工作原理如图5-60所示，当遮光板不能遮断光束时，发光二极管的光射到光电晶体管上，光电晶体管的集电极中有电流通过，使该管导通，这时晶体管VT1也导通，因此在Si端子上有5V电压输出。脉冲频率由车速决定，车速为60km/h时，仪表挠性驱动轴的转速为637r/min，仪表软轴每转一圈，传感器有20个脉冲输出。

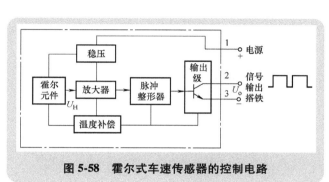

图5-58 霍尔式车速传感器的控制电路

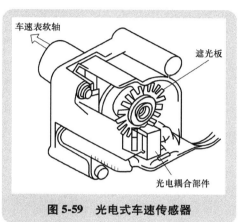

图5-59 光电式车速传感器

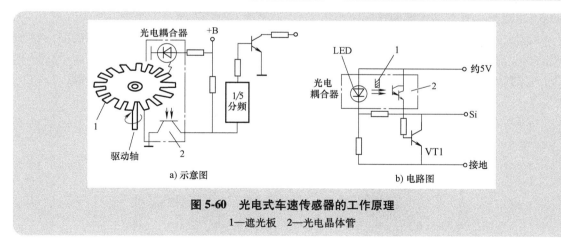

图5-60 光电式车速传感器的工作原理

1—遮光板 2—光电晶体管

4. 笛簧开关式车速传感器

笛簧开关式车速传感器是车速报警装置中常用的信息传感器。笛簧开关式传感器是由装在小玻璃管内的两个细长触点构成的，触点由铁、镍等易被磁铁吸引的强磁性材料制成，受玻璃管外磁板的控制，有时触点互相吸引而闭合，有时互相排斥而断开，从而形成了触点的开关作用。

笛簧开关式车速传感器的结构如图5-61所示，它置于车速表的转子附近，当车速表驱动轴回转时，永久磁铁也回转，磁铁的N、S极将靠近或远离笛簧开关的触点。

如图 5-62a 所示，当 N、S 磁极从接近笛簧开关到逐渐离开时，上、下两个触点变为不同极性的磁极，触点相互吸引，开关变为闭合状态。

如图 5-62b 所示，当 N 极或 S 极接近触点时，触点变为同一极性的磁极，互相排斥，所以笛簧开关断开。因为磁铁一般是 4 极的，控制部分连续工作时，车速表驱动轴每回转一圈，就会输出 4 个脉冲。

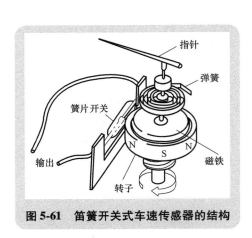

图 5-61 笛簧开关式车速传感器的结构

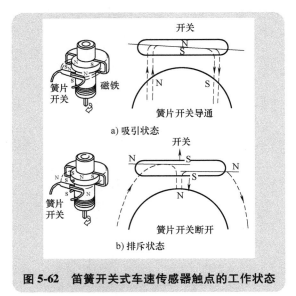

图 5-62 笛簧开关式车速传感器触点的工作状态

5. 磁阻元件式车速传感器

磁阻元件式车速传感器上采用了元件电阻随磁场变化而变化的磁阻元件，以磁阻元件来检测车速。磁阻元件式车速传感器安装在变速器壳体上，直接由变速器齿轮驱动（见图 5-63）。它的结构如图 5-64 所示，主要由磁阻元件、转子、印制电路板和磁环等组成。

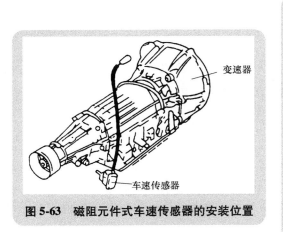

图 5-63 磁阻元件式车速传感器的安装位置

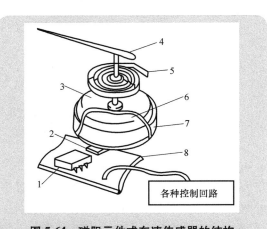

图 5-64 磁阻元件式车速传感器的结构
1—集成电路 2—磁阻元件 3—转子 4—指针
5—弹簧 6—磁环 7—磁环座 8—印制电路板

磁阻元件式车速传感器的工作原理如图 5-65 所示。当齿轮带动传感器轴旋转时，与轴连在一起的多极磁环也同时旋转，磁环旋转引起磁通的变化，使集成电路内的磁阻元件的电阻值也发生变化。当流向磁阻元件（MRE）的电流方向与磁力线方向平行时，其电阻值最大；电流方向与磁力线方向垂直时，其电阻值最小，如图 5-66 所示。

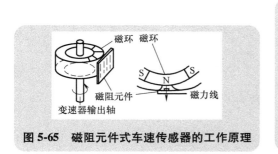

图 5-65　磁阻元件式车速传感器的工作原理

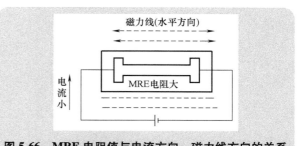

图 5-66　MRE 电阻值与电流方向、磁力线方向的关系

磁阻元件式车速传感器电路如图 5-67 所示。在磁环上 N 极和 S 极交替排列，随着磁环的回转，其磁力线方向不断变化，伴随每一回转，在内置磁阻元件（MRE）的集成电路（IC）中发出 20 个脉冲信号，该信号即车速信号，送入速度表。磁通量的变化与磁环转速成正比，这样可利用磁阻元件电阻值的变化检测出磁环旋转引起的磁通变化，将电压的变化输入到比较器中进行比较，再由比较器输出的信号控制晶体管的导通与截止，这样就可以检测出车速。

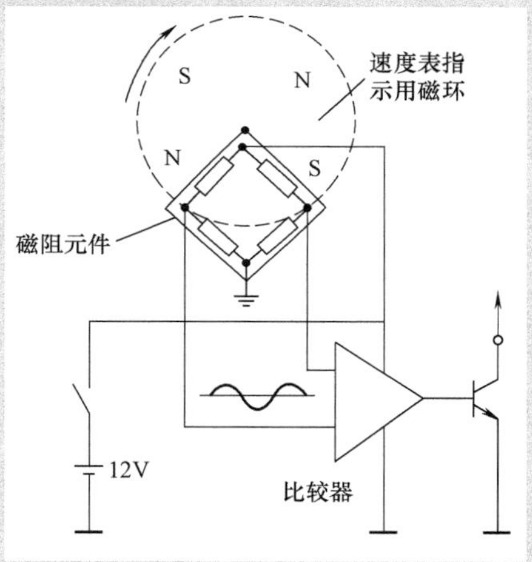

二、车速传感器检测方法

下面以电磁感应式车速传感器的检测为例进行讲解。

图 5-67　磁阻元件式车速传感器电路

1. 就车检测

拔下车速传感器插接器接头，用万用表测量传感器两接线端子间电阻，如图 5-68 所示。不同车型的车速传感器感应线圈的电阻值不同，一般为几百欧到几千欧。

将车支起，用手转动悬空的驱动车轮，同时用万用表测量车速传感器的两接线端子间有无脉冲感应电压。若万用表指针有摆动，说明传感器有输出脉冲电压，传感器工作正常；否则，说明传感器有故障，应进一步检查传感器转子及感应线圈是否脏污。若脏污，应进行清洁，然后再进行测试。若传感器仍无脉冲电压产生，可确认传感器已经损坏，应进行更换。

2. 单件检测

拆下车速传感器，测量传感器输出脉冲电压。具体操作是，用一根铁棒或一块磁铁迅速靠近或者离开传感器，同时用万用表测量传感器两接线端子间有无脉冲电压产生，如图 5-69 所示。如果没有感应电压或感应电压很微弱，说明传感器有故障，应进一步检查，然后再试验。确认有故障后，再进行更换。

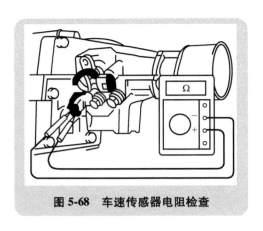
图 5-68 车速传感器电阻检查

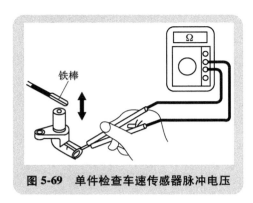
图 5-69 单件检查车速传感器脉冲电压

 任务五 掌握空气流量传感器的结构原理及检修方法

空气流量传感器主要用于测量进气量,ECU 根据进气量控制喷油量。在电控柴油机中应用最多的是热线式和热膜式空气流量传感器,它安装在空气滤清器的后面(见图 5-70)。

a) 外形结构　　　　　　　　　b) 安装位置

图 5-70 空气流量传感器的外形结构和安装位置

一、热线式空气流量传感器

我们都知道,在空气通道中放置一发热体,空气流经发热体时会带走其热量,使发热体变冷,发热体周围通过的空气流量越多,被带走的热量也越多。热线式空气流量传感器就是根据这个原理制成的。

根据白金热线在壳体内安装的部位不同,分为主流测量方式和旁通测量方式。主流测量方式的热线式空气流量传感器取样管置于空气通道中央,两端有金属防护网,防护网上有卡箍固定在壳体上,取样管由两个塑料护套和一个热线支承环构成(见图 5-71)。

热线是线径为 $70\mu m$ 的白金热线(R_H),布置在支撑环内,其电阻值随温度而变化,构成惠斯通电桥电路的一个臂，如图 5-72 所示。热线支撑环前端的塑料护套内安装有一个白金薄膜电阻器，其电阻值随进气温度变化，称为温度补偿电阻（R_K），构成惠斯通电桥电路的另一个臂。热线支撑环后端的塑料护套上黏结着一只精密电阻（R_A）。此电阻能够用激光修整，也是惠斯通电桥的一个臂。该电阻上的电压降即为热线式空气流量传感器的输出信号电压。惠斯通电桥还有一个臂的电阻 R_B，安装在控制电路板上。

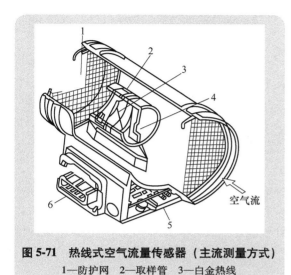

图 5-71 热线式空气流量传感器（主流测量方式）
1—防护网 2—取样管 3—白金热线
4—温度补偿电阻 5—空气线路 6—电插接器

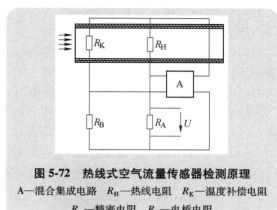

图 5-72 热线式空气流量传感器检测原理
A—混合集成电路 R_H—热线电阻 R_K—温度补偿电阻
R_A—精密电阻 R_B—电桥电阻

旁通测量方式的热线式空气流量传感器（见图 5-73）与主流测量方式不同。它是将白金热线和温度补偿电阻用铂线缠绕在线管上制成的。热线式空气流量传感器的热线因长时间暴露在空气中，会造成空气中的杂质黏附在热线上，需增加一自洁功能。当点火开关从 ON 到 OFF 位置时，ECU 会给空气流量传感器一个自洁信号，使热线瞬间温度升高到 1000℃，将黏附在热线上的杂质烧掉。

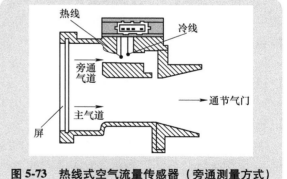

图 5-73 热线式空气流量传感器（旁通测量方式）

因旁通热线方式的空气流量传感器上的白金热线缠绕在陶瓷绕线管中，并没有暴露在空气中，所以就不需要自洁功能。传感器壳体两端设置有与进气道相连接的圆形连接接头，空气入口和出口都设有防止传感器受到机械损伤的防护网。传感器入口与空气滤清器一端的进气管相连，出口与节气门的一端相连。

热线式空气流量传感器的电子控制电路板包括电桥平衡电路、自洁电路和怠速混合气调节电位器，电子装置的大多数元件（除 R_H、R_K 和 R_A）都安装在这块集成电路板上。其上一般设置 6 个端子插头与发动机微机控制装置相连接，用以传递信息。

二、热膜式空气流量传感器

热膜式空气流量传感器是热线式空气流量传感器的改进产品,其发热元件采用平面形铂金属膜电阻器,称为热膜电阻。如图 5-74 所示,在传感器内部的进气通道上设有一个矩形护套(相当于取样管),热膜电阻设在护套中。为了防止污物沉积到热膜电阻上影响测量的精度,在护套的空气入口一侧设有空气过滤层,用以过滤空气中的污物。为了防止进气温度变化使测量精度受到影响,在热膜电阻附近的气流上游设有铂金属膜式温度补偿电阻。

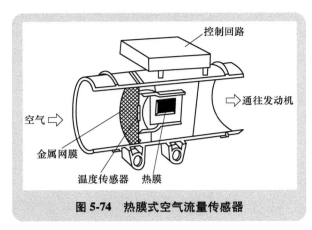

图 5-74 热膜式空气流量传感器

温度补偿电阻和热膜电阻与传感器内部控制电路连接,控制电路与线束插接器插座连接,线束插座设在传感器壳体中部。与热线式空气流量传感器相比,热膜电阻的电阻值较大,所以消耗电流较小,使用寿命长。但是,由于其发热元件表面制有一层绝缘的保护薄膜,存在辐射传导作用,因此反应灵敏度稍差。

三、空气流量传感器的检修

当空气流量传感器出现故障时,电控单元无法准确测量进气的空气流量,从而产生发动机排放超标、加速无力、最高转速下降等故障现象。空气流量传感器出现故障时,一般会产生相应的故障码,通过解码器可以读取相应的故障码。下面以长城 2.8TC 发动机空气流量传感器的检测为例进行讲解。

1. 失效模式

1) 空气流量传感器中传感器膜片过脏。
2) 空气流量传感器线路断路、短路,插头锈蚀、氧化,传感器针脚锈蚀、氧化。
3) 各种错误操作方法导致传感器失效。
① 测量电阻导致内部元件过载失效(该传感器不得测量电阻)。
② 使用高压空气吹传感器部分导致内部损坏。
③ 空气流量传感器装反,逆向空气流量过大,会导致传感器内部电路逆向电流过大,超出传感器检测范围导致传感器损坏。

2. 检测方法

(1) 外观检查
检查传感器外表有无损坏、破损,内部有无脏污等。

(2) 线路检查
拔下传感器插头,检查传感器各针脚线路至 ECU 线路通断情况、各线束之间有无短路、线束是否搭铁。在点火开关置于"ON"档,不起动发动机情况下,线束插头 1#插片的电压与蓄电池电压一致,2#插片电压为 0V,3#插片与 4#插片电压均应为 5V。如电压异常,重点检查线束连接质量（见图 5-75）。

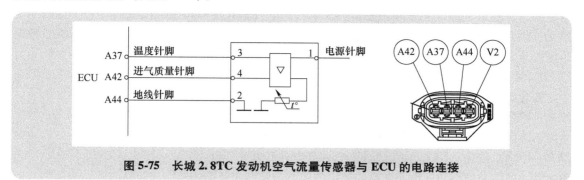

图 5-75　长城 2.8TC 发动机空气流量传感器与 ECU 的电路连接

（3）读取故障码与数据流

使用解码器进行读码操作，如果有故障码，需根据故障码的提示进行相应的检测。也可以读取数据流，并与各项标准值进行对比，如偏差较大，应首先排除废气再循环系统故障，然后再进行空气流量传感器的故障排查。

★★★ 任务六　掌握气体浓度传感器的结构与工作原理 ★★★

气体浓度传感器可以检测混合气的浓度，如氧传感器、柴油机烟度传感器等。

早在 20 世纪 60 年代，博世公司就发明了用于降低汽车尾气排放的车用氧传感器，刚开始时氧传感器只应用在汽油发动机控制系统中，随着柴油机电控技术的提高，氧传感器也逐渐应用在柴油发动机系统中（见图 5-76）。

另外，在电子控制柴油机上广泛采用一种可以连续测量柴油机排烟的传感器，用来检测柴油发动机排放气体中形成的炭烟和未燃烧的炭粒，并把表示炭烟存在的电信号输入 ECU，ECU 根据烟度信号调节空气和柴油的供给量，以达到完全燃烧，减少炭烟的目的。

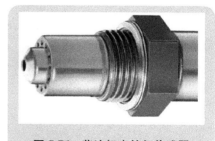

图 5-76　柴油机中的氧传感器

一、氧传感器

柴油发动机是在富氧的情况下燃烧的，即使用稀燃混合气工作。在装有废气再循环（EGR）的电控系统中，采用 EGR 阀将废气引入燃烧室，用废气挤占部分燃烧室容积的办法降低燃烧室的温度，以减少氮氧化物（NO_x）的生成量。因此引进废气量的多和少，就成为既保证发动机工作不受影响，又能降低 NO_x 排放量的关键，即电控单元必须根据发动机的工况，控制 EGR 率。

EGR 率既与进气量有关又与进气密度有关，因此柴油发动机的进气管要同时安装空气流量传感器和进气压力传感器。除此之外，EGR 率还与正在燃烧的燃烧室内的空燃比有关，因此电控单元还需获知空燃比信号，因此柴油发动机排气管上必须安装氧传感器。又由于柴油发动机使用的是稀燃混合气，又必须使用宽带氧传感器，以便能测量各种工况下的空燃比。

宽带氧传感器也是利用二氧化锆（ZrO_2）两表面出现氧浓度差时，便在两表面间产生电动势的原理制成的。宽带氧传感器实质是由两个二氧化锆氧传感器组成的，一个是向电控单元提供参考电压信号的传感器，另一个则是由电控单元根据参考电压向其通电，将参考电压恢复至450mV 的氧传感器，即被称之为泵氧元的传感器。

1. 氧化锆式氧传感器

氧化锆式氧传感器的结构如图5-77所示。氧化锆式氧传感器采用二氧化锆（一种在有氧气的情况下能产生微小电压的陶瓷材料）作为敏感元件，即在传感器端部有一个由二氧化锆制成的试管状的套管，传感器内侧通大气，外侧暴露在排气中。发动机排出的废气，穿过装在排气管中的氧传感器的端部，与二氧化锆的外侧接触。空气从传感器的另一端进入，与套管的内侧接触。套管的内外表面覆盖了薄层多孔铂作为电极，内表面是正极，外表面是负极。铂起催化作用，使排气中的氧与一氧化碳反应，以减少排气中的含氧量，提高传感器的灵敏度。一般在外侧电极表面还有一个多孔氧化铝陶瓷

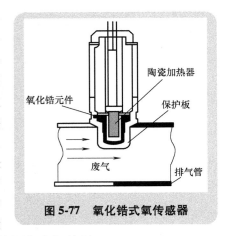

图5-77 氧化锆式氧传感器

保护层，它可以防止废气烧蚀电极，但废气能够渗进保护层与电极接触。

在一定条件下（高温和铂催化），利用氧化锆内外两侧的氧浓度差可产生电位差，且浓度差越大，电位差越大。大气中氧的质量分数为21%左右，浓混合气燃烧后的废气含氧非常少，稀混合气燃烧生成的废气，或因缺火产生的废气中含有较多的氧，但仍比大气中的氧少得多。

在高温及铂的催化下，带负电的氧离子吸附在氧化锆套管的内外表面上。由于大气中的氧气比废气中的氧气多，套管上与大气相通一侧比废气一侧吸附更多的氧离子，两侧离子的浓度差产生电动势，如图5-78所示。当可燃混合气很稀时，废气中含有大量的氧，所以，传感器内外两侧的氧浓度差较小。因此，产生的电动势很小（约0.1V）。相反，如果可燃混合气较浓，废气中几乎没有氧，这就使传感器内外两侧的氧浓度有很大差异，所以，产生的电动势相对较大（约0.9V），如图5-79所示。根据氧传感器的电压信号，ECU可以修正混

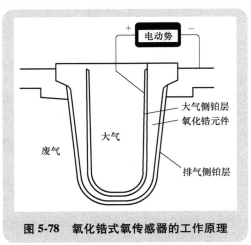

图5-78 氧化锆式氧传感器的工作原理

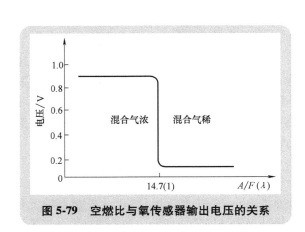

图5-79 空燃比与氧传感器输出电压的关系

合气的浓度。

氧化锆式氧传感器输出信号的强弱与工作温度有关，输出信号在 300℃ 左右时最明显，所以有些氧传感器采用加热的方法来保证其工作温度，称之为加热型氧化锆式氧传感器。该传感器的结构原理与不加热的相同，只是在传感器内部增加了一个陶瓷加热元件，如图 5-80 所示。不论排气温度是多少，只要不超过工作极限温度，陶瓷体温度总是保持不变。它的优点是使氧传感器安装灵活性大，不受极端升温的影响。同时，这也保证了发动机在进气量小、排气管温度低时，氧传感器也能输出信号。

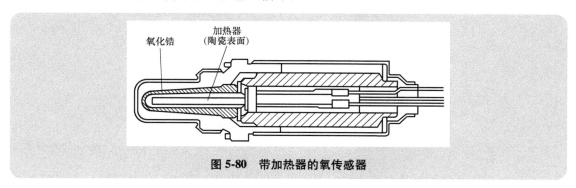

图 5-80　带加热器的氧传感器

氧化锆式氧传感器广泛地应用在汽油机汽车上，在柴油机汽车中几乎不使用，因为柴油机汽车使用的是稀混合气。

2. 宽带氧传感器

氧化锆式氧传感器的工作范围是在 $\lambda = 1$ 的附近，它在此处产生一个跳跃性的输出电压变化，一旦超出此范围，其反应性能便降低。当发动机需要进行稀混合气或浓混合气控制时，这一类型的氧传感器便无法胜任了，使得发动机的燃油控制不能十分精确，所以才有宽带氧传感器的产生。该传感器的信号是一个几乎呈线性增长的电流作为 λ 的输入值，结果 λ 值能在发动机全部转速范围内被测量到（见图 5-81）。

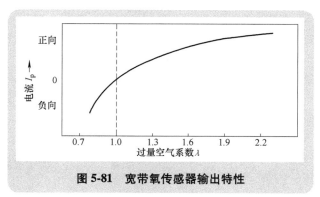

图 5-81　宽带氧传感器输出特性

宽带氧传感器的基本控制原理是以氧化锆式氧传感器为基础加以扩充的。氧化锆式氧传感器有一个特性，就是当氧离子移动时会产生电动势。若采用反向程序，将电压施加于氧化锆组件上，即会造成氧离子的移动，根据这一现象即可由发动机控制单元控制想要的比例值。

宽带氧传感器将传感器的感应组件分为两个部分：一部分是图 5-82 中的感应室，它一面与大气接触，另一面是测试腔，通过扩散孔与排气接触，就像普通的氧化锆式氧传感器一样，由于感应室两侧氧含量的不同而产生一个电动势，而不同的是发动机控制单元要把感应室两侧的氧含量保持一致，让电压值维持在 0.45V，这就需要传感器的另一部分来完成。另一部分就是传感器的关键部件泵氧元，泵氧元一边是排气，另一边与测试腔相连。泵氧元就是利用氧化锆式氧传感器的反作用原理，将电压施加于氧化锆组件（泵氧元）上，这会造成氧离子的移动，把排气中的氧泵入测试腔中，使感应室两侧电压值维持在 0.45V。

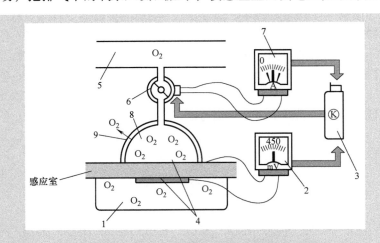

图 5-82 宽带氧传感器的工作原理

1—大气 2—感应室电压 3—发动机控制单元 4—电极 5—排气 6—泵氧元 7—泵氧元电流 8—测试孔 9—扩散孔

图 5-83 所示是宽带氧传感器的探头截面图，图中阴影部分为氧化锆组件，中间部分与一般氧化锆式氧传感器原理相同，用于产生电压，而上半部泵氧元则利用相反原理工作。

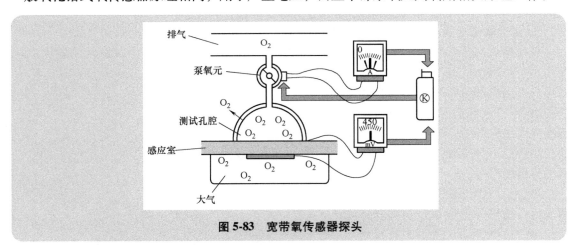

图 5-83 宽带氧传感器探头

如果混合气太浓，则排气中的含氧量下降，此时从扩散孔溢出的氧比较多，感应室的电压升高，发动机控制单元增加控制电流使泵氧元增加它的泵效率，使测试腔的氧含量增多，这样可以调节感应室的电压恢复到 0.45V。相反，如果混合气太稀，则排气中的含氧量上升，此时氧要从扩散孔进入测试腔，感应室电压降低，泵氧元又要向外排出氧来平衡测试腔中的氧含量，使感应室电压维持在 0.45V。总之，加在泵氧元上的电压可以保证当测试腔内的氧多时，排出腔内的氧，这时发动机控制单元的控制电流是正电流，而当腔内的氧少时，它负责供氧，这时发动机控制单元中的控制电流是负电流。这一过程中提供给泵氧元的电流就反映了排气中的 λ 值，如图 5-84 所示。

3. 宽带氧传感器的检测

对宽带氧传感器进行检测时，可以利用专用诊断仪通过读取数据流的方法进行诊断分

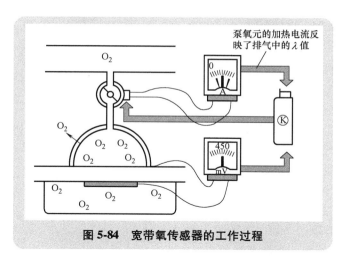

图 5-84　宽带氧传感器的工作过程

析,发动机控制单元将宽带氧传感器的电流信号转化成电压值显示出来。宽带氧传感器的电压值应在 1~2V 之间来回变化,当电压信号在 1.5V 以上时,说明混合气过稀,当电压为恒定值 1.5V、4.9V、0V 时,都说明氧传感器线路出现故障。

二、柴油机排烟传感器

在采用电子控制的柴油机上,广泛采用一种可以连续测量柴油机排烟的传感器,用它来检测发动机排放气体中形成的炭烟和未燃烧的炭粒,并把表示炭烟存在的电信号输入 ECU,ECU 根据烟度信号调节空气和柴油的供给量,以达到完全燃烧减少炭烟的目的。该传感器的感应头是由绝缘材料和两个贵金属电极组成的,暴露在烟气中的电极周围涂有强化催化剂材料,使沉积在电极上的炭能迅速被氧化,以保持电极清洁,满足连续测量的要求。

图 5-85 所示是这种传感器的工作原理,传感器的感应头由绝缘体 1、电极 2 和催化剂 3 组成。绝缘体中埋有两个电极,电极下端伸出绝缘体,两电极之间保持很小的缝隙,并涂有绝缘强催化剂,电极上端连接直流电源,电压为 12V 或 24V,图 5-85 中的 A 为电流表,表盘上标有对应的烟度值,在电子控制系统中,A1、A2 与 ECU 相连。

当感应头连接到电路中时,由于电极之间的电阻很大,电流表 A 无电流指示或指示很微小的电流,当感应头插入烟气中时,缝隙中充满了炭烟,形成电桥,电极之间的电阻就发生变化,炭烟少电阻大,炭烟多电阻小,电流表的读数随炭烟的多少相应变化。所以,ECU 输出的电信号也随炭烟的多少而发生相应变化。

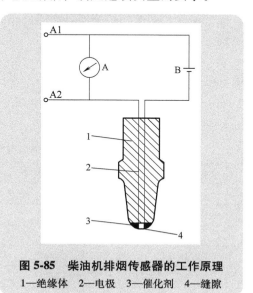

图 5-85　柴油机排烟传感器的工作原理
1—绝缘体　2—电极　3—催化剂　4—缝隙

在感应头的电极上涂有强催化剂,加上烟气中有充足的氧气存在,沉积在电极上的炭烟能迅速氧化,不会因电极上的炭烟堆积而使测量失效,在烟气温度较高的情况下,连续测量结果可以反映烟气中炭烟量变化情况。

图 5-86 所示为柴油机排烟传感器的结构，感应头装在金属体中，通过中间体同接线盒连接，金属体下端的螺纹便于传感器安装在排气管上。传感器感应头用 Al_2O_3 制成陶瓷体，暴露在烟气中的电极用金属铂或铂合金制成。为节省贵金属，电极也可采用组合结构，即用 15mm 长的铂丝 8 和其他金属丝 4 在焊点 5 处点焊在一起。把两个电极放在本体 3 中，用 Al_2O_3 粉和黏合剂按比例调和后填实，阴干 24h 后，放在烘箱中以 60℃、80℃、120℃ 三档各烘 4h，然后让露出的两个电极保持 0.1mm 左右的距离，在其周围涂上强催化剂，再按上述方法烘干。

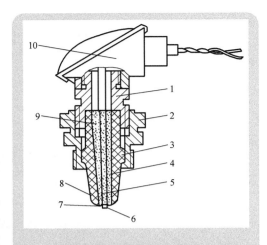

图 5-86 排烟传感器的结构图
1—中间体 2—金属体 3—传感器感应头本体
4—其他金属丝 5—焊点 6—缝隙 7—催化剂
8—铂丝 9—陶瓷粉末与黏合剂 10—接线盒

传感器的性能、质量取决于催化剂，如果没有催化剂，两电极相距仅 0.1mm 左右，很快就会因积炭而失效。催化剂应具有良好的绝缘性能，又能促进炭烟迅速氧化。这样才能保证传感器的准确性和灵敏性。催化剂可采用 Cr_2O_3、SnO_2 或 Fe_2O_3，也可采用金属氧化物的混合物，但最好采用铂化合物作为炭烟的催化剂。用质量分数为 30%～35% 的铂化合物与 Al_2O_3 加黏合剂调匀后即可。

表 5-3 为随柴油机负荷变化的排气温度、烟度和传感器电流值的变化情况（发动机转速保持在 2000r/min，传感器用 24V 直流电源）。从表 5-3 中数据可知，随着柴油机负荷的增加，排气温度、烟度和传感器电流值都相应增加，烟度与传感器电流间的关系，应满足下列关系式

$$R = kI$$

式中　R——博世烟度；
　　　I——传感器电流值；
　　　k——比例常数。

表 5-3　柴油机负荷与排气温度、烟度、传感器电流值变化

功率/kW	排气温度/℃	烟度/BSU	传感器电流/μA
0	0	0	1.0
5.00	190	0.3	2.5
5.74	200	0.5	3
7.79	240	0.8	5.5
8.75	260	1.1	7
9.04	290	1.3	10
9.41	300	1.5	12
9.71	325	1.8	15

(续)

功率/kW	排气温度/℃	烟度/BSU	传感器电流/μA
10.29	350	2.0	19
11.47	390	2.7	33
11.84	405	3.0	42
12.13	420	3.4	50
12.35	430	4.3	65
12.57	440	5.0	80

★★★ 任务七 掌握其他传感器的结构原理与检修方法 ★★★

一、着火正时传感器

着火正时传感器的构造如图 5-87 所示，燃烧产生的光通过石英棒导入光电晶体管转为电信号，ECU 根据实际着火时刻修正喷油提前角。通过对喷油提前角的修正可以减小因大气压力变化对发动机的影响，减小因不同的柴油十六烷值对发动机的影响，并减小因喷油泵机械结构差异及其他因素对发动机的影响。

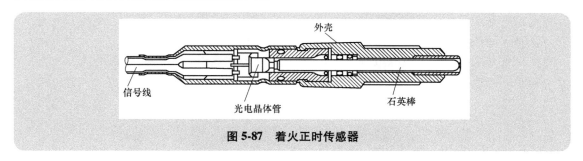

图 5-87 着火正时传感器

二、含水率传感器

含水率传感器安装在油水分离器的下方（见图 5-88），是用来探测燃油滤清器中油的含水情况的，燃油中的含水情况信息被该传感器传送给 ECU，含水率过高时打开警告灯，并使系统降级。含水率传感器能够在起动后立即向 ECU 触发一个约 1s 的高电平；否则需考虑该传感器是否坏了。当含水率传感器探测到燃油滤清器中含水量高时，警告灯会点亮来提醒驾驶员放水。

柴油机含水率传感器出现故障，一般会出现警告灯闪烁、不熄的故障现象。

1. 失效模式

1）传感器内部故障。
2）传感器针脚断裂、锈蚀、氧化，线束插头脱落、虚接、氧化。

2. 检测方法

（1）外观检查

图 5-88 含水率传感器的安装位置

检查传感器线路连接情况，检查有无脱落、虚接、氧化情况，如存在上述现象对线束进行修复。

（2）单件检测

各端子之间电阻情况（见图 5-89）：

① 1#—2#端子之间电阻无限大。

② 2#—3#端子之间方向电阻值为 4MΩ（万用表黑色表笔接 3#端子）。

③ 1#—3#端子之间方向电阻值为 1.5~2.5MΩ（万用表黑色表笔接 3#端子）。

如电阻异常，可判定为燃油含水率传感器故障。

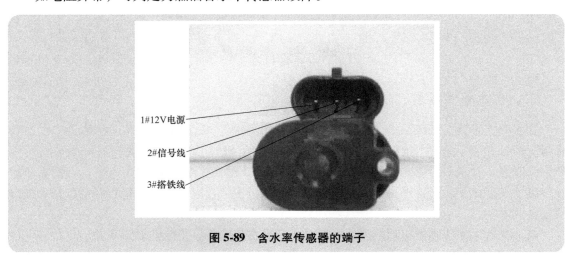

图 5-89 含水率传感器的端子

（3）线路检测

① 打开点火开关，不起动发动机，拧下传感器，将线束插头插上，此时测量电压。电极 1 处电压为 0V，电极 2 处电压为 5~6V。

② 短接两电极，测量电压。信号线端子电压约为 10V，电极处电压约为 0V。

如存在异常,应排查线路。如线路无异常,可判定为燃油含水率传感器故障。

三、离合器开关信号

离合器开关安装在离合器踏板上方,当驾驶员踩下离合器踏板时,离合器开关闭合(见图5-90)。于时由ECU提供的高电位接地,电位被降低,变成低电位,ECU便检测到该数字信号的变化。通过此信号发动机可识别离合器的离合情况,在操作离合器时,供油量暂时减少,避免在换档时产生冲击。如果信号中断,在换档时可能产生冲击。

四、制动灯开关和制动踏板开关

柴油发动机一般会加装制动灯开关和制动踏板开关(见图5-91),用这两个信号对车辆的行驶状态进行监控,以便实现相应的控制。例如,当汽车的巡航控制系统起动,汽车正在以一设定的速度行驶时,驾驶员踏下制动踏板,制动灯开关闭合,ECU检测到制动信号,将取消汽车的巡航控制。

图5-90 离合器开关

图5-91 制动灯开关

五、空调开关

空调开关是驾驶员要求空调工作的输入信号,用于控制A/C继电器的工作,同时控制发动机提升转速。A/C开关位于空调控制面板上(见图5-92),当开关被按下时,ECU输入电路接地,ECU便检测到空调开关请求信号,于是将提升发动机的怠速转速。

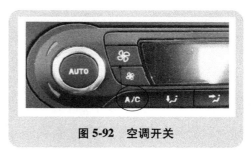
图5-92 空调开关

★★★ 任务八 实践总结 ★★★

一、宇通客车途中熄火,无法起动故障排除

1. 故障现象

一辆宇通客车,配有YC6G240-30发动机,行驶途中加速无力,后来熄火,无法起动。

2. 故障分析与排除

1)打开点火开关,故障灯亮,发动机无法起动。

2)连接诊断仪,读取故障码。

3）检查增压压力传感器，线路正负极通电正常，但信号线没电。用万用表测量 ECU 到传感器插接件之间的电阻，显示结果为不导通，说明发动机线束有问题。

4）爬到车底检查，发现发动机线束经过风扇叶片旁边，中间被风扇叶片刮到，已经刮断了一半的线束（见图 5-93）。

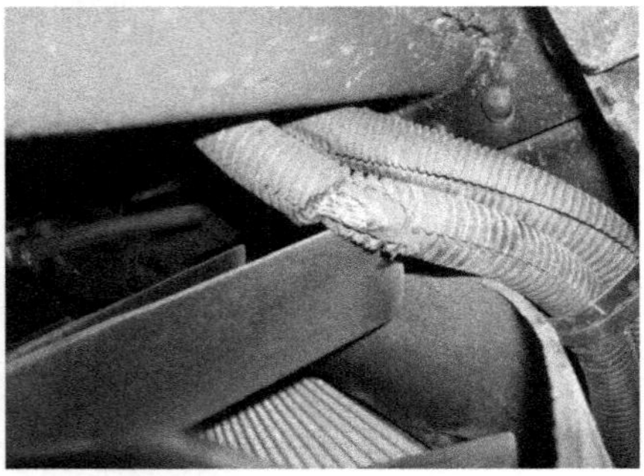

图 5-93 磨损的线束

二、宇通客车不能起动故障排除

1. 故障现象

一辆宇通客车，采用的发动机型号为 YC6G240，在一次洗车后发动机无法起动。

2. 故障分析与排除

接车后，首先连接诊断仪，显示无法连接。检查供电电路，ECU 的供电电源正常。拔下冷却液温度传感器和油温传感器测量其电压，电压显示分别为 0.37V、0.4V（正常值应为 5V），初步判定为 ECU 电源输出有故障，恰好厂内有该型号的 ECU。更换 ECU 后能顺利起动。

3. 故障总结

在线束接错的情况下，或者发动机 ECU 遇水情况下可能会造成 ECU 烧坏。

三、福特轿车行驶中熄火，起动困难故障排除

1. 故障现象

一辆福特 F550 型 V8 电控柴油机汽车行驶中熄火，起动困难。检查过程中又能正常起动，几天后，再次熄火。

2. 故障分析与排除

检查分析可能是燃油系统出现故障，导致不能起动。将回油管拆下，打开点火开关，输油泵工作，低压系统工作正常。接回油管，喷油器正常工作。分析问题应出现在燃油系统高压部分。该车的故障码为 IPR（机油压力传感器）线路故障和 ICP（燃油压力传感器）压力异常。IPR 的功能是控制机油流量，推动燃油泵给燃油加压。ICP 用于检测燃油压力，并向 ECU 提供信息。经检查，IPR 插头松动造成发动机不能起动。由于插头松动造成供电及控制回路电阻过大，致使 IPR 性能下降，此时发动机虽能起动，但极易熄火。当电路完全断开时，IPR 不工作，发动机不能起动。

四、朝柴发动机无法起动故障排除

1. 故障现象

一辆装配朝柴 CY4102-C3C 发动机的汽车在行驶途中突然熄火，后无法起动。驾驶员叙述说，车辆行驶正常，后来车辆突然抖动起来，然后突然熄火后无法再次起动。

2. 故障分析

打开点火关，ECU 故障灯长亮。用万用表测量冷却液温度传感器接插件，有 5V 电压，

证明 ECU 已经工作。连接诊断仪，读取故障码，结果读出曲轴位置传感器有故障。

发动机无法起动的主要原因是无曲轴信号。用万用表测量曲轴位置传感器两端子间的电阻值，为无穷大（正常应为 900Ω 左右），判断曲轴位置传感器断路，拆检曲轴位置传感器发现头部损坏。

传感器头部损坏，说明离合器内有杂物，为了防止再次损坏，拆检离合器，发现分离轴承散架，轴承滚子随离合器旋转将传感器打坏。

3. 故障排除

清理轴承滚子，更换分离轴承和传感头。起动发动机，发动机立即起动，故障得以排除。

五、锡柴国Ⅲ电控柴油机低速时，间歇性梲车故障排除

1. 故障现象

锡柴国Ⅲ电控柴油机，当发动机转速达到 1100r/min 以上开始间歇性梲车。

2. 故障分析与排除

此故障经诊断仪检测有"冷却液温度传感器电压过高和过低"的故障码。检查冷却液温度传感器发现塑料体断裂导致接触不良，传感器信号时有时无，这样就使燃油系统的供油不稳定，且转速升不上，最多只能到 1700r/min。更换冷却液温度传感器，故障排除。

六、6DF3 发动机加速不良故障排除

1. 故障现象

一台 6DF3 发动机，空车时转速能达到 2600r/min，松开加速踏板再踩，转速只有 2300r/min。

2. 故障分析与排除

读取该发动机的故障码，显示为 P1014，解释为"燃油流量错误"。该车为公交客运车，运行里程为 10 万 km。测量相关传感器和电磁阀的电压值和电阻值都在规定范围内，检查低压油路均正常。通过仪器检测喷油器回油量的大小，发现 30s 内回油量达 250mL，参考值为 100mL/min，更换喷油器后，故障排除。

3. 故障总结

通过分析回油量超出参考值的现象，认为是喷油器雾化状况不好而泄漏，流量计量单元检测到流量不正常，ECU 对转矩进行了限制。可能是用户使用的燃油不达标或油路疏于保养而造成该故障。

七、奥铃汽车行驶中突然熄火，不能起动故障排除

1. 故障现象

一辆奥铃汽车行驶中突然熄火，再次起动时不着车，柴油机型号为 CA4DF3-14E3；行驶里程 2247km。

2. 故障分析与排除

打开点火开关，柴油机故障指示灯不亮，说明电控系统线路有故障。用手油泵泵油时感

觉很费劲，可以排除柴油机低压油路故障。

根据仪表柴油机故障指示灯不亮，及在打开点火开关时柴油机 ECU 没有工作的声音，初步判断柴油机 ECU 没有获得工作电源。

打开蓄电池旁边的主继电器盒，用万用表测量内部熔丝没有断路现象，拔下 ECU 主继电器检查，主继电器没有断路现象。拆下主继电器盒检查线束到 ECU 之间线路通断情况，在拆下主继电器盒后发现有一根线束插头松脱，此插头正是 ECU 主继电器电源线插头，重新修复 ECU 主继电器插头后故障排除。

3. 故障总结

从以上故障现象可以看出，电控系统故障的发生可以是油路与电路故障同时发生、也可能是机械故障及电路综合原因造成的。因此在日常维修电控系统过程中不但要熟悉仪器的使用，还要对电控系统熟悉掌握，更要掌握汽车技术基础知识（油路、电路、机械）。

八、安凯客车高速行驶动力不足故障排除

1. 故障现象

一辆安凯客车，在行驶途中柴油机故障指示灯偶尔会亮起，一会儿又自动熄灭，之后出现提速反应迟钝，柴油机动力上升明显滞后的现象，以致不能灵活地换档变速。

2. 故障分析与排除

接车后对柴油机电控单元相关的电源、各种传感器及其插接器进行了仔细检查，没有发现问题。用柴油机故障指示灯读取故障码，也没有读到故障码。然后，对该柴油机燃油系统的管路及其接头、柴油滤清器、油水分离器等进行了仔细检查，也都正常，但发现手油泵活塞盖处有渗油现象，高压泵上的限压阀有卡滞现象，于是更换了手油泵，并清洗了限压阀，但故障依旧。

后来又从安凯公司借来专用诊断仪对柴油机进行了全面仔细的检测，发现冷却液温度传感器的信号失准，是它给 ECU 提供了高温信号，以致柴油机故障指示灯亮起，ECU 随之指令高压泵减少供油量，降低柴油机转速，使柴油机加速滞后。更换冷却液温度传感器后试车，柴油机动力提升响应明显加快，变速器换档自如，客车行驶正常。

九、潍柴发动机"跛行回家"故障排除

1. 故障现象

一台 WP10.270 发动机，发动机起动后转速只能达到 1500r/min，同时用诊断仪检查后报出只有凸轮轴转速传感器信号，无曲轴转速传感器信号。

2. 故障排除

汽车在起动时很困难，而且在将要起动的一瞬间发动机发出很大的咔咔声，起动后转速只能达到 1500r/min，发动机进入"跛行回家"状态。用诊断仪检查后报出只有凸轮轴转速传感器信号，没有曲轴转速传感器信号。毫无疑问首先要从曲轴转速传感器开始排查，经过检查发现曲轴转速传感器上没有接上线束接插件，而是被扔在一旁，插上曲轴转速传感器接头，故障得以排除。

第五章　掌握电控柴油机常见传感器结构原理及检修方法

复习与思考

一、选择题

1. 电控柴油机所用的温度传感器一般是采用（　　）制成的。
   A. 负温度系数的热敏电阻　　B. 正温度系数的热敏电阻
   C. 固定不变的电阻
2. 加速踏板位置传感器一般采用双电位计式，信号1与信号2的输出电压一般满足（　　）关系。
   A. 1倍　　B. 2倍　　C. 3倍　　D. 4倍
3. 电控柴油发动机的凸轮轴位置传感器安装位置，根据凸轮轴的位置不同而不同，当凸轮轴下置或中置时，凸轮轴位置传感器经常安装在（　　）上或（　　）上，当凸轮轴上置于缸盖时，凸轮轴位置传感器位于（　　）上。
   A. 高压泵　　B. 单体泵　　C. 缸盖　　D. 缸体
4. 当氧化锆式氧传感器向ECU提供0.1V的电压时，表示混合气（　　）。
   A. 浓　　B. 稀　　C. 为标准混合气
5. 捷达柴油汽车差动式喷油器针阀升程传感器正常电阻值在（　　）Ω。
   A. 10~20　　B. 20~30　　C. 40~60　　D. 80~120

二、判断题

1. 电磁式曲轴转速传感器在汽车上的应用十分广泛，在使用时需要外加电源。（　　）
2. 进气歧管压力传感器常常与进气温度传感器集成在一起。（　　）
3. 电磁感应式车速传感器安装在变速器输入轴附近的壳体上，用于检测输出轴的转速。（　　）
4. 含水率传感器安装在油水分离器的上方，是用来探测燃油滤清器中油的含水情况的传感器。（　　）
5. 当ECU收到空调开关请求信号时，将提升发动机的怠速转速。（　　）

三、简答题

1. 柴油机电控系统是由哪几部分组成的？其中传感器起到什么作用？
2. 电控柴油机中，常见的温度传感器有哪些？如何对其进行检测？
3. 加速踏板位置传感器有什么作用？如何对其进行检测？
4. 如何对宽带氧传感器进行检测？
5. 如何对长城2.8TC型柴油机的共轨压力传感器进行检测？

第六章

掌握柴油机的进排气控制系统结构原理及检修方法

学习目标：

1. 掌握柴油机的空气预热系统
2. 掌握柴油机的进气控制系统
3. 掌握柴油机的增压控制系统
4. 掌握柴油机的废气再循环控制系统
5. 掌握柴油机的尾气净化处理系统
6. 经典案例分析

任务一 掌握柴油机的空气预热系统结构原理及检修方法

知识链接

预热系统在柴油发动机上有着十分广泛的应用。发动机冷态起动时，即使压缩充分，由于温度低，喷入的燃油并未升温至自燃温度，因此，必须用预热系统来改善着火性能。柴油机的预热系统按照预热方式不同进行分类，可以分为进气预热系统、燃烧室预热系统和辅助预热系统三种。按照预热装置的不同可以分为预热塞式和预热器式两种。

一、分类

1. 按预热方式的不同分类

（1）进气预热系统

进气预热系统用预热塞（或预热器）直接加热来自空气滤清器的空气，如图6-1所示。

（2）燃烧室预热系统

燃烧室预热系统用预热塞直接加热燃烧室内的空气，如图6-2所示。

（3）辅助预热系统

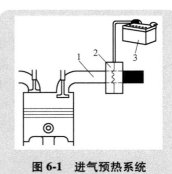

图6-1 进气预热系统
1—进气管 2—预热塞 3—蓄电池

辅助预热系统是将预热装置安装在冷却系统中，对冷却液进行预热。辅助预热系统采用的也是电预热方式，通常将预热塞安装在冷却液的管道（水管）上，如图6-3所示。

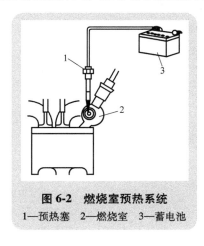

图 6-2　燃烧室预热系统
1—预热塞　2—燃烧室　3—蓄电池

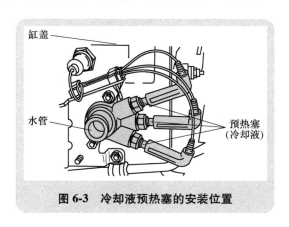

图 6-3　冷却液预热塞的安装位置

冷却液预热装置的控制过程如图6-4所示，ECU根据进气温度、冷却液温度、发电机负荷等信号，通过预热继电器控制电热塞是否通电，以及通电时间的长短。

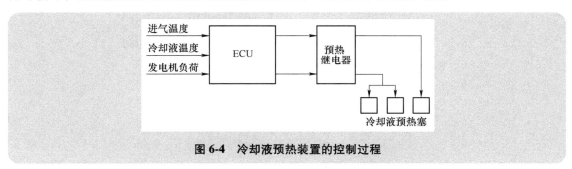

图 6-4　冷却液预热装置的控制过程

2. 按照预热装置的不同进行分类

按照预热装置的不同进行分类，可以分为火焰预热器和电预热式两种，电预热式又可分为预热塞式和预热器式两种。

（1）火焰预热器

火焰预热器只适用于进气预热中，它安装在发动机的进气管中，将燃油在进气歧管内燃烧，由此来加热空气，使在寒冷情况下的起动更为容易。

火焰预热器的实物如图6-5所示，其结构如图6-6所示，控制原理如图6-7所示。喷油泵低压腔内的燃油，经过电磁阀被输送到火焰预热器。燃油的供给和停止是根据从控制继电器发出的信号，通过电磁阀的ON/OFF来进行的。从电磁阀输送来的燃油经过燃油滤清器，从喷油嘴滴

图 6-5　火焰预热器的实物

入到加热器中。滴下来的燃油经过加热器高温（900~1000℃）加热，在加热器的前端部分着火燃烧。

(2) 预热塞式预热装置

预热塞安装在燃烧室内，前端突出，通过前端800~900℃的高温部位来辅助柴油着火，使发动机能够容易起动。预热塞一般安装在分隔式燃烧室中，最近也有在统一式燃烧室内安装的情况，见图6-8所示。预热塞式预热装置又可分为普通自我温度控制型预热塞和陶瓷预热塞两种。

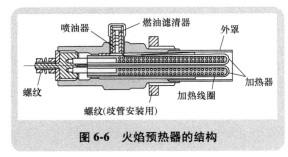

图 6-6 火焰预热器的结构

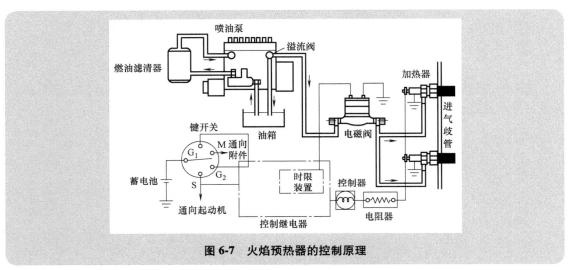

图 6-7 火焰预热器的控制原理

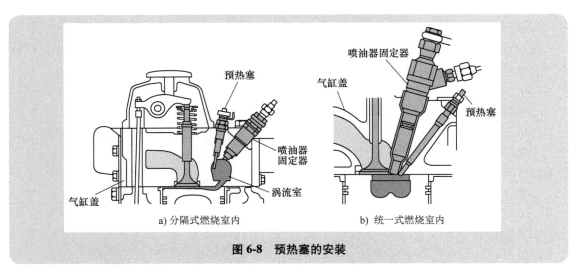

图 6-8 预热塞的安装

① 普通自我温度控制型预热塞。预热塞的实物如图6-9所示，其结构如图6-10所示，预热塞内装有电阻随温度上升而增加的控制线圈。随着温度的升高，线圈的电阻增加，从而

降低流往与控制线圈串联的加热线圈的电流,使预热塞的温度不致上升过高。预热塞的温度可升至约 900℃,电流持续时间与预热温度之间的关系如图 6-11 所示。

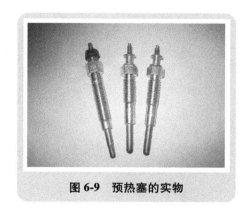

图 6-9　预热塞的实物

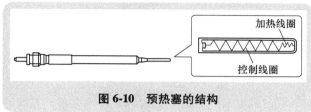

图 6-10　预热塞的结构

② 陶瓷预热塞。陶瓷预热塞如图 6-12 所示。陶瓷预热塞发热部分由导电性陶瓷构成的发热体和绝缘性陶瓷构成的绝缘体组成。陶瓷预热塞不会因为温度的过度上升而发生腐蚀现象,因此可以通过很大的电流,能够在短时间内达到高温。陶瓷预热塞也具有自我温度控制功能。

（3）预热器式预热装置

电热式预热器安装在进气道上面（见图 6-13）,它的结构如图 6-14 所示。电控系统向进气通路中设置的空气预热器通电,用红热的空气预热器来加热吸入的空气,从而提高直喷式发动机低温时的起动性能。并且,

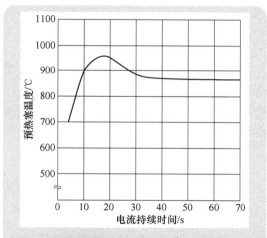

图 6-11　电流持续时间与预热温度之间的关系

起动后通电也会持续一段时间,继续加热吸入的空气（后期预热）,以此来降低冷起动后的柴油发动机工作粗暴状态和白烟的排出。

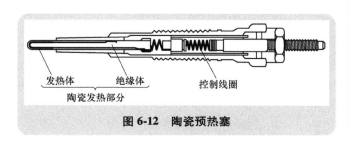

图 6-12　陶瓷预热塞

图 6-13　电热式预热器的安装位置

潍柴 WP6 系列发动机进气预热器如图 6-15 所示，所用电源由 24V 蓄电池提供，功率 1.9kW。在-20℃到-10℃时，预热时间大约为 10s，-30℃到-20℃时，预热时间为 20～30s。该装置可以有效解决冬季冷起动过程中冒"白烟"的现象。

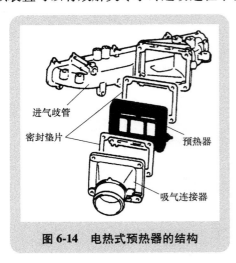

图 6-14　电热式预热器的结构

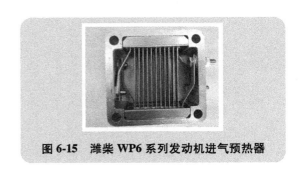

图 6-15　潍柴 WP6 系列发动机进气预热器

电热式预热器的发热体一般使用的是金属线，不过最近开始采用陶瓷材料的制品（PTC 加热器）。这是因为 PTC 材料低温时电阻小，可以通过很大的电流使温度尽快上升，而高温时电阻迅速增大，电流变小。因此，即使没有温度传感器和电流控制电路，PTC 加热器也具有能够控制自身的电流，维持一定温度的特性。

二、进气预热系统的控制

当发动机冷却液温度低时，在点火开关接通后，预热定时器或 ECU 内部的定时器接通预热塞继电器，使预热塞产生热量。

① 在依据冷却液温度决定的时间内，定时器接通，然后断开。当定时器断开时，预热指示灯也断开（预热指示灯见图 6-16）。

② 当点火开关旋至起动位置时，预热定时器或 ECU 将预热塞继电器接通，防止预热塞温度在起动时下降，从而改善起动性能。

图 6-16　预热指示灯

三、预热系统电路

1. 固定延时型电路

在固定延时型预热系统中，预热器控制预热指示灯发光时间和预热塞继电器接通的时间（预热时间）。指示灯发光时间为 5s，预热时间约为 18s，两者都按固定时间控制，其控制电路如图 6-17 所示。

2. 可变延时型电路

在可变延时型预热系统中，预热定时器控制预热指示灯发光时间，和根据发动机冷却液

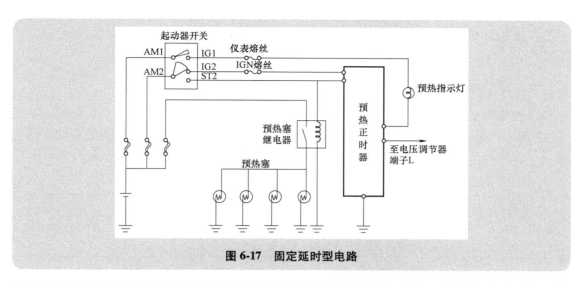

图 6-17 固定延时型电路

温度和交流发电机电压而决定的预热塞继电器接通时间（预热时间），指示灯发光时间约为 2~28s，预热时间约为 2~55s，两者都根据冷却液温度而变化，其控制电路如图 6-18 所示。

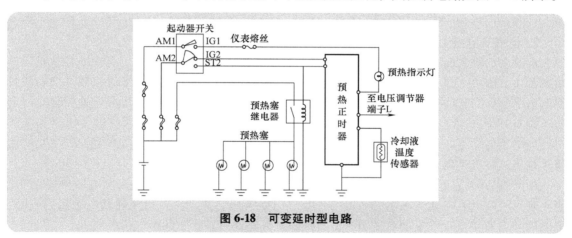

图 6-18 可变延时型电路

四、预热塞的检修

下面以捷达 1.9L 柴油发动机预热系统的检修为例进行讲解。

1. 检测要求

蓄电池的电压不低于 11.5V，点火开关关闭，柴油直接喷射系统控制单元 J248 正常，预热塞熔丝 S163 正常。

2. 检测方法

1）拔下冷却液温度传感器插头。

2）拔下预热塞插头。

3）接好万用表，测量预热塞插头对地电压。接通点火开关约 20s，预热塞插头对地电压应约等于蓄电池电压。如果检测到没有电压，需对其控制电路进行检测。

4）预热塞的检查。用万用表电阻档测量预热器的电阻，正常值在 0.2~2Ω 之间。

任务二 掌握柴油发动机常见的进气控制系统

一、进气节流控制系统

1. 进气节流控制系统的功能

在现代汽车的电控柴油发动机上，一般都会采用进气节流控制系统。它的主要功能见表6-1。

表 6-1 进气节流控制系统

控制功能	具 体 说 明
控制进气量和进气管压力	保证混合气浓度符合不同负荷时的要求；如果没有进气节流控制，在怠速或小负荷时，会因循环供油量小、进气量大而导致混合气过稀
保证发动机平稳熄火	柴油发动机有很高的压缩比，如点火开关断开时，仍像正常运转时一样吸入空气，发动机将抖动
保证低转速时能够正常进行废气再循环	如果没有进气节流控制，在低速时会因为进气管绝对压力较高而使EGR系统无法正常工作

2. 进气节流控制的方法

柴油发动机实现进气节流控制的方法就是在进气道中安装一个节气门，并由电控执行元件根据ECU的指令控制节气门的开度，以控制进气量和进气管压力。进气节流控制系统一般只在低速小负荷工况时才工作，节气门的开度一般利用直流电动机或电控气动装置来控制。

图6-19所示为直流电动机型进气节流控制系统。ECU根据加速踏板位置传感器和发动机转速传感器信号，通过直流电动机直接开启或关闭节气门。大众捷达SDI电控柴油发动机就采用了这种类型的进气节流控制系统。

图6-20所示为电控气动型进气节流控制系统。通常情况下，进气控制电磁阀不通电，真空膜片气室的真空通道被电磁阀关闭，节气门处于开启状态。当进气控制电磁阀通电时，电磁阀开启真空膜片气室的真空通道，真空膜片气室通过拉杆驱动节气门关闭。

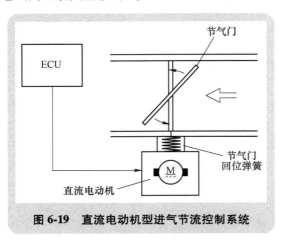

图6-19 直流电动机型进气节流控制系统

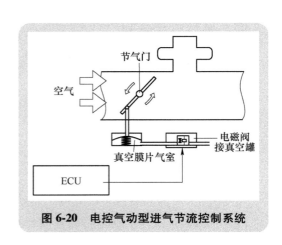

图6-20 电控气动型进气节流控制系统

第六章 掌握柴油机的进排气控制系统结构原理及检修方法

二、进气涡流控制系统

1. 进气涡流控制系统的功能

由于柴油的性质和柴油发动机直接喷射的工作特点,决定了柴油发动机对气缸内空气涡流有较高要求,依此改善混合气形成和燃烧的条件。柴油发动机气缸内的空气涡流主要包括进气道产生的进气涡流、燃烧过程产生的燃烧涡流和压缩过程产生的挤压涡流,进气涡流的强弱对混合气的形成和燃烧具有很大的影响,因而对柴油发动机的动力性、经济性、排放和噪声等有很大的影响。

在一定转速下,进气涡流的强度主要取决于进气道的结构,一定结构的进气道,只能适应某一转速对进气涡流强度的要求。柴油发动机工作中,转速变化的范围非常大,仅用机械控制方法很难实现随转速变化,调节进气涡流强度。为优化柴油发动机的混合气形成和燃烧过程,现代汽车柴油发动机的进气涡流控制系统,就是利用电控装置来改变进气道结构或干扰进气道中的气流运动,从而实现进气涡流控制。

2. 进气涡流控制方法

进气涡流的控制方法有多种(见表6-2),但无论采用哪一种方法,都应保证在不降低进气流量的前提下,能在较大范围内调节进气涡流强度,并尽量减少对进气系统结构的改变。

表6-2 进气涡流的控制方法

控制方法	特 点	工作原理	图 解
喷气式进气涡流控制	此方法对进气系统结构改动小,对充气效率影响小,控制系统简单,容易实现	喷气式进气涡流控制是通过向进气道喷入空气,对进气流进行干扰,来降低进气涡流强度。喷气孔布置在进气道下方,当发动机低速工作时,喷气孔关闭,原有进气道可以产生较强的进气涡流;发动机高速工作时,喷气孔开启并向进气道喷入空气,喷入的空气与进气道的空气流相撞,使进气涡流强度降低。通过改变由喷气孔向进气道喷气的角度或速度,可增大控制涡流强度的变化范围。通过喷气孔向进气道喷入的空气,一般来源于储气筒(见图6-21)	图6-21 喷气式进气涡流控制原理 1—进气道 2—喷气孔 3—气缸
双气道式进气涡流控制	采用双气道式进气涡流控制装置,通过改变转换阀的开度,即可实现对进气涡流强度控制的连续性。其缺点是进气系统结构改动大	设有主、副两个进气道,副进气道以一定的角度与主进气道相连,主进气道能够产生低速时所需强进气涡流,副进气道用于控制主进气道的进气涡流。当发动机低速运转时,利用转换阀关闭副进气道,利用主进气道产生强度较大的主涡流;而当发动机高速运转时,利用转换阀开启副进气道,主、副两个气道进气,既能保证较高的充气效率,又能利用副进气道产生的反向涡流,降低主进气道进气涡流的强度(见图6-22)	图6-22 双气道式进气涡流控制原理 1—转换阀 2—副进气道 3—主进气道 4—气缸

(续)

控制方法	特 点	工作原理	图 解
导气屏式进气涡流控制	采用此方法控制进气涡流,缺点是气道内隔板固定困难,而且由于隔板和旁通阀的存在,会影响充气效率	导气屏实际就是导向叶片,它安装在进气门上,并可绕气门旋转。它利用从气道上部凸出到下部的隔板将气道分为螺旋气道和旁通气道,并利用旁通阀关闭或开启旁通气道,来改变进气流通截面大小,从而实现对进气涡流的控制(见图6-23)	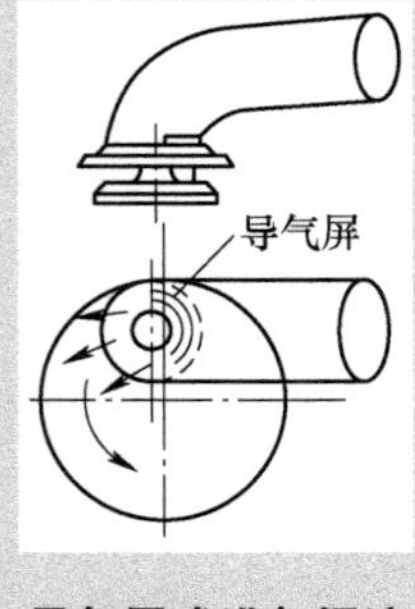  图6-23 导气屏式进气涡流控制装置
气道分隔式进气涡流控制	通过改变进气道流通截面的方法,来调节进气流的速度,从而改变进气涡流的强度。这种方法虽然简单,但对充气效率影响大	气道分隔式进气涡流控制利用水平放置的隔板将进气道分成上、下两层,类似汽油发动机的动力阀控制系统。发动机低速运转时,控制阀关闭上层进气道,进气道流通截面变小,进气流速度提高,进气涡流增强;发动机高速运转时,控制阀则开启上层进气道,两层气道进气使进气道流通截面增大,进气流速度降低,进气涡流减弱(见图6-24)	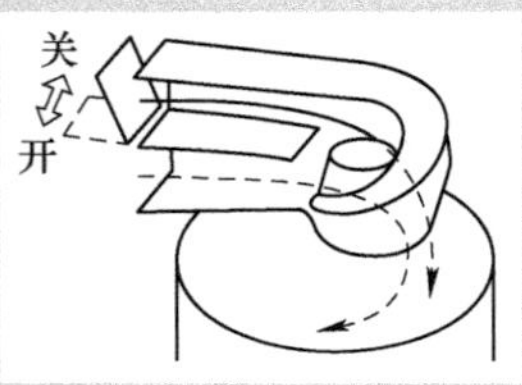 图6-24 气道分隔式进气涡流控制装置
气道转换式进气涡流控制	气道转换式进气涡流控制是在不同转速下,通过不同的气道进气实现进气涡流控制的,适用性较好	挡块将进气道分为螺旋气道(左侧)和直气道(右侧),在两气道下部会合处设有气道转换阀,在螺旋气道内装有一个节流阀。发动机高速运转时,利用转换阀关闭能产生较强涡流的螺旋气道,由直气道进气,进气涡流较弱;中等转速时,利用转换阀关闭直气道,由能产生较强涡流的螺旋气道进气,进气涡流较强;低速时,利用转换阀关闭直气道,节流阀也部分关闭,由于节流阀使进气流通截面变小,且由能产生较强涡流的螺旋气道进气,能产生很强的进气涡流(见图6-25)	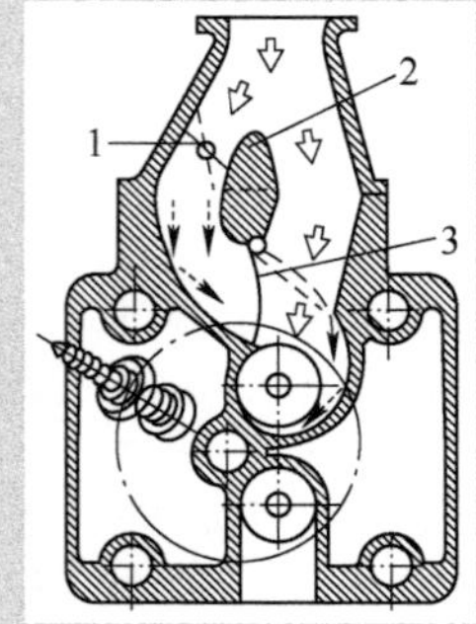 图6-25 气道转换式进气涡流控制装置 1—节流阀 2—挡块 3—气道转换阀

(续)

控制方法	特　点	工作原理	图　解
旁通气道式进气涡流控制	缺点是气道内隔板固定困难，而且由于隔板和旁通阀的存在，会影响充气效率	旁通气道式进气涡流控制与气道分隔式基本相同，它利用从气道上部凸出到下部的隔板将气道分为螺旋气道和旁通气道，并利用旁通阀关闭或开启旁通气道，来改变进气流通截面大小，从而实现对进气涡流的控制（见图6-26）	图6-26　旁道气道式进气涡流控制装置 1—气缸　2—旁通气道　3—隔板 4—旁通阀　5—螺旋气道

三、怠速控制系统

怠速控制系统主要包括怠速转速控制和各缸均匀性控制两个方面。

1. 怠速转速控制

怠速转速控制的目的，就是使发动机维持一定怠速转速稳定运转。它的控制过程是：当发动机负载增加时，适当增大发动机负荷，使之发出较大功率，以防止怠速转速低于目标转速甚至熄火；当发动机负载减小时，则适当减小发动机负荷，使之发出功率减小，以防止怠速转速超过目标转速。怠速转速的控制过程是根据发动机负载的变化，通过调节发动机负荷来实现的。由于柴油发动机与汽油发动机的负荷调节的方法不同，柴油发动机为混合气浓度（质）调节，汽油发动机为混合气量（量）调节，柴油发动机的怠速转速控制与汽油发动机也有着本质的区别。汽油发动机怠速转速控制是通过控制其怠速时的进气量来实现的，而柴油发动机怠速转速控制则是通过控制循环喷油量来实现的。

喷油量控制是柴油发动机电控燃油喷射系统最主要的功能之一。在电控柴油发动机上，ECU根据各传感器的信号等因素确定一个目标转速，然后与实际的怠速转速进行比较，再通过怠速执行机构进行调整，以得到目标转速。它的工作原理如图6-27所示。

2. 各缸均匀性控制

各缸均匀性控制的目的是尽量缩小同一工作循环内各缸供（喷）油量的差值，以保持发动机怠速运转稳定和减轻振动。

各缸均匀性控制是通过对各缸喷油量的瞬时调节来实现的。柴油发动机怠速工况时，ECU根据各缸做功行程时的转速传感器信号，确定各缸喷油量的偏差，然后进行补偿调节。

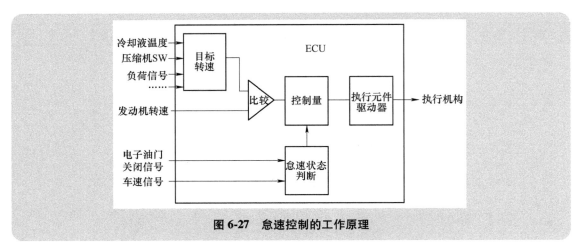

图 6-27 怠速控制的工作原理

除采用"位置控制"方式的电控燃油喷射系统外，均可实现各缸均匀性控制的功能。

任务三 掌握柴油机的增压控制系统结构原理及检修方法

柴油发动机与汽油发动机相比具有燃油消耗率低，经济性高，并且通过增压可以达到提高输出功率的特点。汽油发动机如果进行增压的话，会容易引起爆燃，但在柴油发动机中进行增压，会使压缩压力上升，同时也会提高压缩时的空气温度，所以能够缩短喷射燃油的着火延迟，并达到良好的燃烧状态。为此，增压系统多使用在柴油发动机中。按原理不同可以分为涡轮增压系统和气波式增压系统。

一、废气涡轮增压系统

废气涡轮增压系统的功用是利用废气的能量，通过增压器将发动机的进气先进行压缩，使增压后的空气密度增大，实际充入的空气量增加（见图 6-28 和图 6-29）。这样，可以向气缸内喷入更多的燃料并能获得充分燃烧，因此提高了柴油机的输出功率。

1. 涡轮增压器的结构

废气涡轮增压器的实物如图 6-30 所示，涡轮增压器一般由涡轮部分、中间壳体、压气机部分三大部分组成（见图 6-31）。

图 6-28 废气涡轮增压器在汽车上的应用

为了进一步改善涡轮增压柴油机的加速、爬坡能力，满足配套动力的使用要求，一些柴油机的废气涡轮增压器带有排气旁通阀。

（1）涡轮部分

主要包括涡轮壳、单级径流式涡轮。它们是一个能量转换器。柴油机排出的废气经过涡轮壳并以确定的方向喷向涡轮叶轮时，将废气的热量及压力能变成动能，从而使涡轮高速旋转。

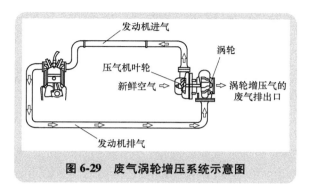

图 6-29　废气涡轮增压系统示意图

图 6-30　废气涡轮增压器

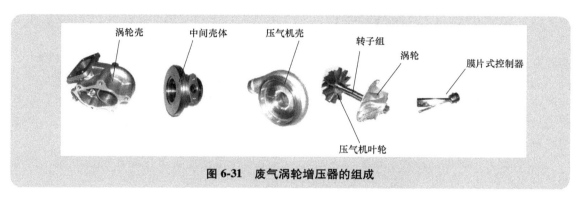

图 6-31　废气涡轮增压器的组成

（2）中间壳体

中间壳体是支承转子总成及固定涡轮壳、压气机壳的中间支承体，同时也是润滑和冷却浮动轴转子的润滑箱。

（3）压气机部分

主要包括单级离心式压气机叶轮及压气机壳体，空气经空气滤清器后被高速旋转的压气机叶轮吸入，使空气流速增加，压力升高，在经压气机壳体后，使气流的动能转变为压力能，压力进一步提高后经发动机进气管进入气缸，从而使进入发动机气缸的空气密度增加。

涡轮轴与涡轮采用焊接方式连成一体，压气机叶轮以过渡配合装入涡轮轴上，并用自锁螺母压紧。整个转子总成经过非常精确的动平衡，以保证高速运转下正常工作。

转子总成的支承采用内支承，即两个全浮式浮动轴承布置在两叶轮之间的中间体上，转子的轴向力由固定在中间体上的推力轴承承受。

增压器的润滑采用压力润滑，其作用是保证转子和轴承在正常运转下获得足够的润滑强度和冷却强度。

（4）排气旁通阀

涡轮增压器采用排气旁通阀的目的是为了保证发动机在低、中速范围内与涡轮增压器具有最佳的匹配效果，以便发动机能够得到较充足的空气量，并与随之加大的燃油供给量相适应，增大低速转矩，改善燃油消耗。在高速范围内，通过排气放气（即部分废气不经过涡轮而直接进入排气管），以避免增压器转子超速或增压压力过高而引起气缸内燃烧压力过大，加剧发动机的机械负荷等。也就是说，涡轮增压器采用排气旁通阀，重点是改善发动机的低速转矩特征，同时兼顾发动机在高速运行时的性能指标及使用可靠性。排气旁通阀的启闭由增压压力自动控制，将压气机出口的增压压力引入膜片式控制器的密闭压力室内，当增压压力达到或超过规定值时，其膜片将克服左边的弹簧力，与联动推杆一起向左移动，推动摇臂绕销轴旋转，使排气旁通阀开启，实现排气旁通放气，控制增压器转速上升。

值得注意的是：排气旁通阀的开启压力规定值由厂家设定，用户不得进行任何调整，即联动推杆上的调节螺母不得拧动，否则将会严重损害发动机的动力性、经济性及使用可靠性。

2. 中冷器的结构

废气涡轮增压系统一般加装有中冷器，以便对从涡轮增压器压气机出来的温度升高的空气进行冷却，以提高空气的密度，提高发动机的充气效率，其实物如图6-32所示。

图6-32 中冷器的实物图

（1）降低发动机进气温度的必要性

① 发动机排出的废气温度非常高，通过增压器的热传导会提高进气的温度。而且，空气在被压缩的过程中密度会升高，同时也导致增压器排出的空气温度升高，随着气压升高，氧气密度反而降低，从而影响发动机的有效充气效率。如果想要进一步提高充气效率，就要降低进气温度。有数据表明，在相同的空燃比条件下，增压空气的温度每下降10℃，发动机功率就能提高3%~5%。

② 提高对海拔的适应性。在高海拔地区，采用中冷可使用更高压缩比的压气机，这可使发动机得到更大功率，提高了汽车的适应性。

③ 改善增压器匹配和适应性。如果未经冷却的增压空气进入燃烧室，除了会影响发动机的充气效率外，还很容易导致发动机燃烧温度过高，造成工作粗爆等故障，而且会增加发动机废气中NO_x的含量，造成空气污染。

④ 减少发动机燃料消耗。

（2）中冷器的分类

中冷器一般由铝合金材料制成。按照冷却介质的不同，常见的中冷器可以分为风冷式和水冷式两种。

（3）中冷器的维护

风冷式中冷器与散热器装在一起，安装在发动机前方，靠吸气风扇和汽车行驶的风压进行冷却。中冷器若冷却不良将导致发动机动力不足、油耗增加，因此，必须定期对中冷器进行检查与维护。

① 外部清洁。由于中冷器安装在最前方，中冷器散热片通道常被树叶、油泥（转向液罐内溢出的液压油）等堵塞，使中冷器散热受阻，因此应定期对该处进行清洗。清洗的方法是用压力不太高的水枪，以垂直于中冷器平面的角度，自上而下或自下而上缓慢冲洗，但决不可斜冲以防损坏中冷器。

② 内部清洗、检查。中冷器内部管道常附有油泥、胶质等脏物，不仅使空气流通道变窄，而且使中冷器的热交换能力降低，为此，也必须进行维护和清洗。一般每年或发动机大修、焊修散热器的同时，应对中冷器内部进行清洗并进行检查。

将质量分数2%的纯碱水溶液（温度应在70~80℃）加入中冷器内。注满中冷器，等待

15min，看中冷器有无渗漏水处。如渗漏应对其进行拆检，焊修（同修散热器一样）；如没有渗漏水，前后晃动，反复数次，将洗涤液倒出，再充入干净的质量分数2%的纯碱水溶液进行冲洗，直到较为清洁为止，再加注清洁的热水（80~90℃）清洗，直到放出的水清洁为止。如中冷器外部沾上油污，亦可用碱水进行清洗，方法是：将油污处浸泡于碱液中，用毛刷清除，直到干净为止。清洗完后，用压缩空气将中冷器内的水吹干或自然晾干，或在安装中冷器时先不接中冷器与发动机连接管，起动发动机，待中冷器出气口无水分时，再接上发动机进气管。若发现中冷器芯严重脏污，应仔细检查空气滤清器及进气各管路何处有漏洞，并排除故障。

3. 废气涡轮增压系统的工作原理

废气涡轮增压系统的工作原理如图6-33所示，柴油机排出具有一定温度和压力的含能量废气，经过涡轮转换为转子的回转机械能，并带动与其同轴的压气机叶轮高速旋转，将新鲜空气加压提高密度后，经过中冷器放热后送入气缸，增加了气缸的充气量，从而可以向气缸内喷入更多的柴油，提高了柴油机的功率。

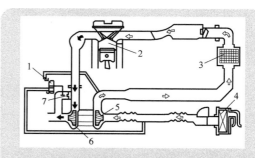

图6-33　废气涡轮增压系统的工作原理
1—旁通阀　2—燃烧室　3—中冷器　4—空气滤清器
5—压气机叶轮　6—涡轮机叶轮　7—旁通阀

废气涡轮增压系统是在不增加柴油机排量和转速的情况下，提高动力性，改善经济性，降低排气污染的行之有效的手段，也是目前柴油机的发展趋势。在高原地区，由于气压低，空气稀薄缺氧，自然吸气的发动机功率会有所下降，采用废气涡轮增压的发动机，海拔的升高对功率的影响较小，因为涡轮增压器在高原运行时随着海拔的升高，其转速也会上升，提高了增压压力，可以补偿因海拔升高而引起进气密度下降的影响，从而可以减少发动机功率下降的幅度。因此，采用废气涡轮增压技术也是恢复发动机高原功率的有效措施。

4. 废气涡轮增压系统常见的故障及故障的可能原因

（1）漏油

漏油是一种常见的故障现象，如果及时发现并排除故障原因，可使涡轮增压器避免失效。以下情况会导致增压器漏油：

① 发动机空滤器或进气管路阻塞，导致进气负压过大。
② 增压器回油管撞弯或损坏，导致回油节流。
③ 中间壳体油腔内积炭，导致回油不畅。
④ 压气机壳出气口到发动机进气管之间的连接管路漏油。
⑤ 涡壳进气口与排气管出气口的连接处漏油。
⑥ 怠速时间过长。
⑦ 曲轴箱内压力或油位过高，曲轴箱通风管堵塞。
⑧ 发动机气缸窜气过大。

（2）润滑不良

① 柴油机使用的润滑油滤清器不符合规定，或使用伪劣滤芯。
② 使用中滤芯被击穿，或柴油机主油道滤清器被堵塞，润滑油进入旁通道。

③ 没有按规定更换润滑油，更换前未清洗柴油机主油道。
④ 更换增压器或进行预润滑时，杂质进入润滑油管路。
⑤ 密封胶或密封垫片碎片流入润滑油道。
⑥ 没有按规定更换润滑油，或使用 CD 级以下的润滑油，导致润滑油结焦，丧失功能。
⑦ 发动机在大负荷工作后突然停机，产生回热，导致转子和轴承过热并结焦，损坏增压器。
⑧ 开机后未怠速运行，马上加负荷，或更换增压器前未进行预润滑，导致转子缺油，产生干摩擦，损坏增压器。
⑨ 进油管路或润滑油滤清器堵塞，润滑油泵故障，或润滑油压力低等。
⑩ 润滑油老化。
⑪ 使用劣质或变质的润滑油。
（3）异物进入涡轮增压器
① 进气管路密封不良，进气不经滤清直接进入压气机叶轮。
② 不按规定更换空气滤清器或使用伪劣滤芯，导致进气过滤不良。
③ 维护保养时异物进入增压器前进气管路。
④ 发动机气缸内有零件损坏，随排气吹出，进入涡壳。
⑤ 安装排气歧管时，不注意将螺栓等小零件掉入排气道，发动机运行后吹入涡壳。
（4）异常噪声
① 发动机排气歧管、增压器涡轮、排气尾管漏气，可依据废气的痕迹对其进行检查。
② 发动机进气歧管、增压器压气机漏气，可使用肥皂水对其进行检查。
③ 叶片与壳体有摩擦。
④ 紧固件松动。
⑤ 动平衡遭到破坏。
⑥ 不平衡量过大。
⑦ 增压与进气匹配不符而造成的喘振。
（5）温度过高
在工作或停车时，如果温度升得足够高，优质润滑油也会分解，并形成沉淀物在中间壳的整个内腔里积累，使润滑油通道受到节流，甚至堵塞润滑油进出油管。另外，沉淀物会随着润滑油流到轴承系统中去，磨损工作表面，破坏动平衡，最后造成增压器的损坏。
一般来说，引起工作温度过高的原因有：
① 润滑油温度过高。
② 重复热停车。
③ 使用劣质润滑油。
④ 排气温度过高。
⑤ 空气滤清器堵塞。
（6）使用和保养不善
驾驶员在使用和例行保养中，未按柴油机厂或汽车厂的规定操作，未及时排除柴油机故障，最后导致严重的停机、停车故障。例如：
① 大负荷工作后立即停机。

第六章 掌握柴油机的进排气控制系统结构原理及检修方法

② 不及时排除增压器的漏油故障，造成增压器的涡轮积炭，损坏增压器。
③ 起动柴油机后，立即加负荷工作。
④ 不按规定保养和更换柴油机的进气系统、润滑系统和曲轴箱的透气孔。

5. 增压器的使用注意事项

① 柴油机起动后或停车前，均应空转 3~5min，以保证柴油机热车或冷却均匀进行，一般情况下，不宜突然改变转速和负荷，怠速运转时间不得超过 10min，严禁空负荷大油门运行。

② 凡是新机使用前或更换机油、机油滤芯，以及长期停放后（约一周时间以上），必须松开增压器上面的进油口接头，注入洁净的机油，使涡轮转子轴承得到充足的初期润滑。加油时注意所用器皿、工具、相关零件及周围环境要洁净，否则得不偿失。

③ 必须采用 CD 级增压柴油机机油，按使用环境温度选择牌号，按规定定期更换，加入机油前要经过沉淀和过滤。

④ 冷却液必须是软水，否则容易引起冷却水路的堵塞。

⑤ 柴油机进空气的洁净程度，对柴油机的使用寿命有极大影响。严禁柴油机在不装空气滤清器或空气滤清器失效，以及进气系统漏气的情况下工作。

⑥ 空气滤清器阻塞将造成增压器端渗漏机油，因此必须定期保养或更换空气滤芯。

⑦ 更换一次性的机油滤清器时，应先将新的机油滤清器内部加满洁净的机油，安装前用少许机油涂在密封圈的表面，用手拧紧后，再用专用工具拧紧 3/4 圈。

6. 增压器的保养与维修

（1）增压器的保养

为了保证增压柴油机能有效可靠地工作，除了正确使用、操作外，还必须对增压器进行定期维护保养。但应注意，涡轮增压器属精密高速旋转机械，其最高转速为 120000r/min 甚至更高，正常也在 80000~90000r/min，因此除非必要情况，不得随意对增压器总成进行解体，当因脏污或积炭过多造成转子转动不灵活或柴油机性能变差时，可在不全部解体增压器的情况下进行简单的清理与清洗，具体方法如下：

① 把增压器从柴油机上拆下，注意不得以联动推杆为把手拿起增压器。应先拆下引气管，然后拆下放气阀调节器装置。拆下压气机壳、涡轮壳及进回油法兰。

② 清理和清洗压气机壳、涡轮壳以及两个叶轮表面。

③ 从进油口处注入适量的干净清洗剂，同时用手转动叶轮，反复进行直接转动，保证运转灵活。

④ 组装增压器并安装到柴油机上。

注意：在拆装和清洗过程中不得碰撞叶轮，如有碰撞，不得将变形的叶片校正后继续使用。清洗剂可用煤油、汽油或质量较好的柴油。

（2）增压器的检查

① 转子径向间隙的检查。检查时用手沿径向推动压气机叶轮，并用塞尺测量压气机叶轮与压气机壳之间的最小间隙，此值应小于 0.10mm，若大于此值应调换浮动轴承。

② 转子轴向间隙的检查。检查时可用磁性座固定在涡轮壳出口法兰面上，使百分表与涡轮转子轴端面接触，再将涡轮转子沿轴向推或拉，测得的差值即为轴向间隙值，新增压器的间隙值应≤0.10mm，使用极限为≤0.25mm，这时应进行总成解体，更换磨损零件。

二、可变截面涡轮增压器

发动机大负荷状态下时排气能量较大，但当发动机转速较低时，排气能量却很小，此时涡轮增压器就会由于驱动力不足而无法达到工作转速。这样的后果就是，在低转速时，涡轮增压器并不能发挥作用。这时候涡轮增压发动机的动力表现甚至会低于一台同排量的自然吸气发动机，这就是我们经常说的"涡轮迟滞"现象。

对于传统的涡轮增压发动机来说，解决涡轮迟滞现象的一个方法就是使用小尺寸的轻质涡轮（见图 6-34）。首先，小涡轮会拥有较小的转动惯量，因此在发动机低转速时，涡轮仍能达到较佳的工作转速，从而有效改善涡轮迟滞的现象。不过，使用小涡轮也有它的缺点：当发动机高转速时，小涡轮由于排气截面较小，会使排气阻力增加（产生排气回压），因此发动机最大功率和最大转矩会受到一定的影响。而对于产生回压较小的大涡轮来说，虽然高转速下可以拥有出色的增压效果，发动机也会拥有更强的动力表现，但是低速下涡轮更难以被驱动，因此涡轮迟滞现象也会更明显。

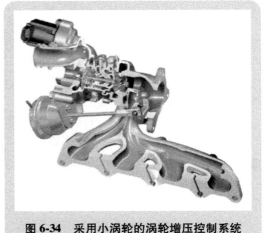

图 6-34　采用小涡轮的涡轮增压控制系统

为解决这个矛盾，让涡轮增压发动机在高、低转速下都能保证良好的增压效果，可变截面涡轮增压（VGT，或 VNT）技术便应运而生。在柴油发动机领域，可变截面涡轮增压（VGT）技术早已得到了广泛应用。可变截面涡轮增压器的结构如图 6-35 所示，其工作原理，如下所述。

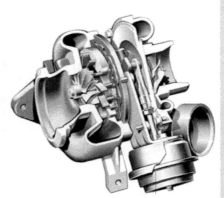

图 6-35　可变截面涡轮增压器的结构

VGT 技术的核心部分就是可调涡流截面的导流叶片，从图 6-35 可以看到，涡轮的外侧增加了一组可由电子系统控制角度的导流叶片，导流叶片的相对位置是固定的，但是叶片角度可以调整。在系统工作时，废气会顺着导流叶片送至涡轮叶片上，通过调整叶片角度，可以控制流过涡轮叶片的气体的流量和流速，从而控制涡轮的转速。当发动机低转速排气压力较低的时候，导流叶片打开的角度较小。根据流体力学原理，此时导入涡轮处的空气流速就会加快，增大涡轮处的压强，从而可以更容易推动涡轮转动，有效减轻涡轮迟滞的现象，也改善了发动机低转速时的响应时间和加速能力。而随着转速的提升和排气压力的增加，叶片也逐渐增大打开的角度，在全负荷状态下，叶片则保持全开的状态，减小了排气背压，从而达到一般大涡轮的增压效果。此外，由于改变叶片角度能够对涡轮的转速进行有效控制，这也就实现了对涡轮的过载保护，因此使用了 VGT 技术的涡轮增压器都不需要设置排气旁通阀。

需要指出的是，可变截面涡轮增压器只能通过改变排气入口的横截面积改变涡轮的特性，但是涡轮的尺寸大小并不会发生变化。如果从涡轮 A/R 值去理解的话，可变截面涡轮的原理会更加直观。

A/R 值是涡轮增压器的一项重要指标，用以表达涡轮的特性，在改装市场的涡轮增压器销售手册上也常有标明。A 表示 Aera（区域），指的是涡轮排气侧入口处最窄的横截面积（也就是可变截面涡轮技术中的"截面"），R（Radius）则是代表半径，指的是入口处最窄的横截面积的中心点到涡轮本体中心点的距离，而两者的比例就是 A/R 值。相对而言，压气端叶轮受 A/R 值的影响并不大，不过 A/R 值却对排气端涡轮有着十分重要的意义。

导流叶片的开度能够影响导向涡轮叶片的气流速度，低转速时开度小（如图 6-36），提高空气流速，高转速时开度大（如图 6-37），可减小排气负压。

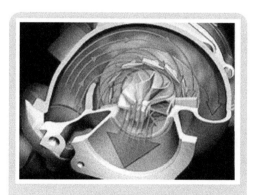

图 6-36　低转速时导流叶片的开度

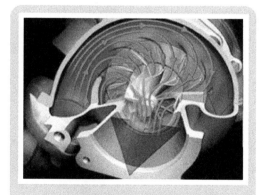

图 6-37　高转速时导流叶片的开度

当 A/R 值较小时，表示废气通过涡轮的流速较高，这种特性可以有效减轻涡轮迟滞，涡轮也就能在较低的转速区域取得较高的增压压力，而发动机高转速时则会产生较大的排气背压，使高转速时功率受到限制。反之，当 A/R 值较大时，涡轮的响应速度就变慢，低转速时涡轮迟滞明显，不过在高转速时，拥有较小的排气背压，且能够更好地利用排气能量，从而获得更强的动力表现。

而 VGT 技术所实现的可变截面就是指改变 A 值。当叶片角度较小时，排气入口的横截面积便会相应减小，因此 A 值会随之变化，从而拥有小涡轮响应快的特点。而当叶片角度增大时，A 值随之增大，这时 A/R 值增大，从而在高转速下获得更强的动力输出。总而言之，通过变更叶片的角度，VTG 系统可随时改变排气涡轮的 A/R 值，从而兼顾大/小涡轮的优势特性。

三、其他增压控制

1. 气波增压系统

气波增压器安装在发动机的进气管路与排气管路之间，发动机的曲轴经传动带驱动气波增压器转子，增压器利用排气压力波使进入到进气管路中的空气受到压缩，以提高进气压力，其工作原理如图 6-38 所示。气波增压系统的优点是结构简单，加工方便，工作温度不高，不需要耐热材料，无需冷却；与涡轮增压相比，其低速转矩特性好。不足之处是体积大，噪声水平高，安装位置受到一定的限制。

2. 惯性增压系统

惯性增压系统顾名思义就是利用空气的惯性进行增压的一种增压控制系统。典型的电子控制式惯性增压系统如图 6-39 所示。它主要由各种传感器、电子控制单元、电磁阀、空气室、空气控制气缸、控制阀等组成（各部件的作用见表 6-3）。

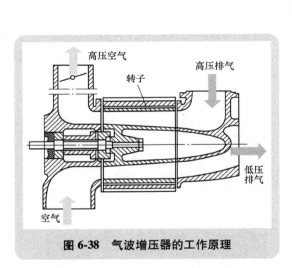

图 6-38 气波增压器的工作原理

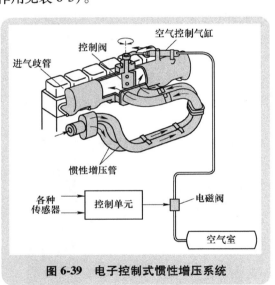

图 6-39 电子控制式惯性增压系统

表 6-3 惯性增压系统的组成

序号	组成	作　　用
1	各种传感器	检测出发动机状态，向控制单元输出信号
2	电子控制单元	将从各传感器处收集到的信息经过测算，向电磁阀输出指示信号
3	电磁阀	从电子控制单元接收指示信号，来开闭从空气室到空气控制气缸的空气通路
4	空气室	大容量空气室
5	空气控制气缸	通过从空气室输出的空气来使控制阀工作
6	控制阀	设置在进气歧管中央部分，将吸气通路分为两部分

控制单元根据从传感器得到的发动机状态，经过计算，适时地向电磁阀发出指令。系统

将6根（六缸发动机）进气管根据气门分为1、2、3号气缸（四缸发动机为1、2号），4、5、6号气缸（四缸发动机为3、4号）两组，通过电磁阀切换空气通路，将从空气室输出的空气输送到空气控制气缸使控制阀工作。因为可以根据发动机运行状态来控制进气歧管的通道面积，从而起到一定的增压效果。

任务四　掌握柴油机废气再循环控制系统结构原理与检修方法

一、废气再循环控制系统的作用

废气再循环（Exhaust Gas Recirculation）简称EGR，是指在发动机工作时将一部分废气引入进气管，并与新鲜空气混合后吸入气缸内再次参与燃烧的过程。在发动机上加装废气再循环的主要目的是为了降低NO_x的生成量，因为氮氧化物是混合气在高温和富氧条件下燃烧环境中，含在混合气中的N_2和O_2发生化学反应产生的。燃烧温度越高，N_2和O_2越容易反应，排出的NO_x越多。所以减少NO_x的最好方法就是降低燃烧室的温度。

EGR系统工作时，将一部分废气引入进气系统，与新鲜的可燃混合气混合，使混合气变稀，从而降低了燃烧速度，燃烧温度随之下降，从而有效减少NO_x的生成，如图6-40所示。EGR系统的关键部件是EGR阀，其实物如图6-41所示。

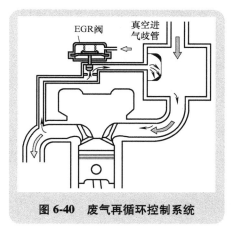

图6-40　废气再循环控制系统

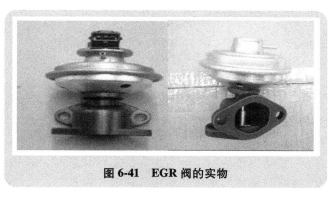

图6-41　EGR阀的实物

由于废气再循环会使混合气的着火性能和发动机输出功率下降，因此，应选择NO_x排放量比较多的发动机运转工况范围，进行适量的废气再循环。EGR的控制量用EGR率表示，其定义为再循环废气的量占整个进气量的百分比。

二、废气再循环系统的分类

1. 按有无中冷器进行分类

废气再循环按有无中冷器进行分类，可以分为无冷却器的废气再循环系统和有冷却器的废气再循环系统。

在增压控制柴油机废气再循环系统中，一般采用有冷却器的废气再循环系统。使用冷却器以降低进气温度，因为进气温度过高，导致缸内的燃烧温度大幅度升高，抵消了EGR降低NO_x的作用。试验证明，在无冷却器的废气再循环系统中，其炭烟、CO、CO_2和HC的排放量都要增高。此外，温度较高的废气会对进气系统的充气量产生影响。因此，在增压控制柴油机废气再循环系统中，一般要加装冷却器。

2. 按冷却的方式不同分类

在废气再循环系统中，按冷却的方式不同可以分为水冷却的EGR系统和空气冷却的EGR系统。例如奥迪车型的3.0TDI柴油发动机上，就加装有水冷却的EGR系统（见图6-42）。为了能有效减少废气中的颗粒和氮氧化物（NO_x），在发动机暖机时，废气由一个冷却器来冷却（见图6-43），该冷却器内部充满流动的水，且可由开关控制。

图6-42 有冷却器的废气再循环系统

图6-43 水冷却EGR系统冷却器

当发动机在冷机状态时，冷却器内的旁通阀打开，废气不需进入冷却通道，而是从旁通的管道经过，进入进气管，废气再循环直接进行，以便以最快的速度使发动机暖机，加热催化转化器。

当发动机暖机后，进入正常的工作状态时，其排气温度较高，冷却器内的旁通阀关闭，废气被强制通过用水冷却的废气再循环冷却器。

三、废气再循环的故障表现

如果EGR阀在怠速和发动机低速时保持打开，那么发动机的怠速运转就不会稳定，且在低速时会发生喘振，或减速之后过载熄火，或冷起动后过载熄火。如果EGR阀始终不能打开，将会造成发动机工作粗暴，且NO_x排放量增大。

四、废气再循环系统诊断的注意事项

① 在诊断EGR系统之前，发动机必须处于正常工作温度。

② 如果发动机已持续运转一段时间，EGR阀会很热，在诊断或维修EGR阀时要戴防护手套。

③ 不要将 EGR 阀放在任何溶剂里清洗。

五、废气再循环系统的诊断

如果废气再循环（EGR）系统工作不良，例如 EGR 系统工作提前、推迟或过量运行，不仅会使发动机排气污染增加，而且会使发动机产生回火、急速不稳、失速、加大油门瞬间减速等现象，因此应特别注意对 EGR 系统的维修。

EGR 系统的诊断步骤随汽车生产厂及车型年度的不同而异。应按照具体车型的维修手册中的诊断步骤进行诊断。一般诊断 EGR 系统时，首先要检查系统中所有真空软管、EGR 阀和电接头。很多 EGR 系统中，发动机控制单元是根据冷却液温度传感器、加速踏板位置传感器及进气压力传感器等信号来控制 EGR 阀的，所以 EGR 系统若工作不正常有可能是这些传感器的故障所致，因此还要检查相关传感器及其线路。

任务五　掌握柴油机尾气净化处理系统

一、柴油机的尾气及危害

柴油机尾气具有复杂的化学组成，并且随着发动机的工况变化，尾气的组成也会显著不同，其排放的污染物中主要包括二氧化碳（CO_2）、一氧化碳（CO）、水蒸气（H_2O），氮氧化物（NO_x）、碳氢化合物（HC）、硫化物、含炭颗粒（PM）等，各种污染物的危害见表6-4。因为柴油机尾气中 O_2 含量较高，故 HC 和 CO 排放量较少，一般只有汽油机的 1/10，NO_x 排放量与汽油机大致处于同一数量级；而 PM 的排放量约为汽油机的几十倍。因此，降低 NO_x 和 PM 排放是柴油机车尾气催化转化的主要课题。

表6-4　柴油机尾气的污染物及危害

污染物的种类	危　　害
二氧化碳	使全球温度逐步提高，造成明显的温室效应，所以柴油机排放的二氧化碳也成为我们要控制的对象。要想控制柴油机排放二氧化碳，就要提高其燃烧效率、热效率和机械效率，减少做单位功所排出的二氧化碳
一氧化碳	柴油机燃烧过程的时间很短，可燃混合气在燃烧室内混合不可能均匀，所以燃料燃烧就可能不完全，燃料在燃烧区停留时间不足以完全燃烧生成二氧化碳，就会生成一氧化碳，排气中就会有不完全燃烧产生的一氧化碳甚至未燃烧的燃料。负荷过大时也会产生很多一氧化碳，一氧化碳可以与人体内输送氧气的血红蛋白结合使人窒息
水蒸气	柴油燃烧所产生的水蒸气本身，我们不认为它是一种污染物，但它遇到碳化物或硫化物时，仍有可能产生有害的酸性物质
氮氧化物	燃烧室内温度很高，空气中的氮会在高温下氧化生成各种氮氧化物而污染大气。柴油机排放的氮氧化物大都是一氧化氮，只有少量二氧化氮。一氧化氮是无色气体，在空气中正常浓度下不会有直接毒性。但是浓度过高时会引起中枢神经的功能障碍，并影响肺的功能。一氧化氮在空气中氧化很缓慢，但在有紫外线照射时会迅速转化成二氧化氮。二氧化氮是褐色气体，有刺激性气味，进入人体后会与水分结合生成亚硝酸，导致咳嗽、气喘等病症。二氧化氮也是形成光化学烟雾的原因

(续)

污染物的种类	危害
碳氢化合物	燃料燃烧不充分或未燃烧就产生了碳氢化合物,如烷烃、烯烃、芳香烃、醛、酮、有机酸等。现在还未发现烷烃对人体的直接危害。烯烃略带甜味,有麻醉作用且对黏膜有刺激作用,烯烃与氮氧化物是形成光化学烟雾的罪魁祸首。芳香烃有香味,但也有很强的毒性,苯的浓度高了会引起白血病,损伤肝脏和中枢神经系统。醛类是刺激性物质且有毒,柴油机排出的醛类主要有甲醛、乙醛和丙烯醛,它们都会刺激喉、支气管和眼黏膜,对血液也有伤害。但是柴油机过量空气系数较大,所以排放的碳氢化合物较少
硫化物	柴油中含有的硫燃烧后变成二氧化硫或三氧化硫排出,二氧化硫是一种无色气体,在空气中会慢慢转化成三氧化硫,它与水结合会生成亚硫酸,对人的口鼻黏膜有强烈的刺激性。虽然以上所说硫化物的危害很大,但柴油机排放的硫化物对环境造成的污染作用较小
含炭颗粒	柴油机所排放的微粒主要成分是碳化物,它可以深入人的肺部,损伤肺内各种通道的自净作用,从而使其他化合物发挥致癌作用。这些炭粒上还吸附有很多有机物质,包括多环芳烃,它们都有不同程度的诱变和致癌作用

二、常用的控制手段

1. 机内净化

由于柴油机排放颗粒状物质的相当部分是由窜入燃烧室的机油不完全燃烧造成的,应尽可能地减少窜入燃烧室的机油量;提高喷油压力和减小喷孔直径,提高喷油压力和减小喷孔直径可明显地降低 PM 排放;改进燃烧室的形状,供油系统、进气流动的最佳匹配,既可改善柴油机性能,又可降低柴油机尾气排放物,尤其是 PM 物质的排放;采用共轨式电控高压喷射技术,如德国博世公司开发的共轨喷射系统,可自由选择喷油压力,高精度控制喷油量,灵活控制喷油正时,并可灵活进行预喷射和多级喷射,对颗粒和烟度的降低很有利。

2. 废气再循环(EGR)

上一节已经讲过,EGR 系统工作时,将一部分废气引入进气系统,与新鲜的可燃混合气混合,使混合气变稀,从而降低了燃烧速度,燃烧温度随之下降,进而降低 NO_x 的生成,如图 6-44 所示。

3. 氧化催化转化器

柴油发动机工作时,其可燃混合气中的氧是有剩余的(即过量供给)。因此无法通过氧传感器来调节氧含量,氧化催化转化器(见图 6-45)通过多余的氧气来进行催化转化。也就是说:柴油发动机中无法调节废气催化转化,氧化催化转化器只是氧化废气成分中可氧化的成分,这样可明显减少 HC 和 CO。

氧化催化转化器的工作原理如图 6-46 所示,没有完全燃烧的 HC、CO,以及部分微粒进入氧化催化转化器后,与氧进行氧化反应,产生的热进一步使催化剂催化化学反应,生成二氧化碳(CO_2)和水(H_2O)。为使催化剂尽快起催化作用,有些车型采用电加热的办法,在冷起动时对催化器加热。在 150℃ 以上的排气温度时,催化剂对微粒才有催化的效果,而当温度高于 350℃ 时,硫酸盐会大量生成,使微粒排放剧增,所以采用加热办法对催化转化器加热时,要严格控制温度。

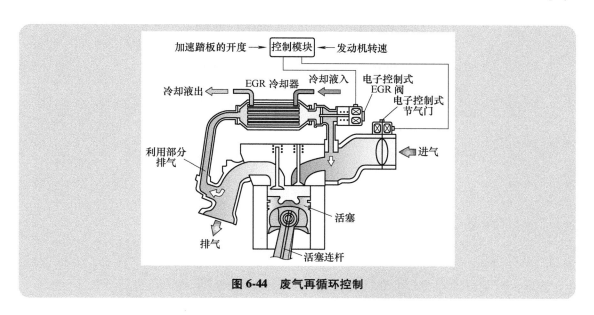

图 6-44 废气再循环控制

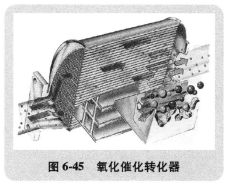

图 6-45 氧化催化转化器

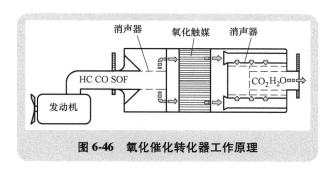

图 6-46 氧化催化转化器工作原理

4. 选择性还原催化转化器

在柴油富氧燃烧的情况下，由于排气中氧的含量很高，在这种情况下，要使 NO_x 进行还原反应，对催化剂就提出了苛刻的要求。

选择性催化还原技术（SCR）中的"选择性"，是指在催化还原转化过程中，利用还原剂的特性优先选择 NO_x 在催化剂作用下一起被氧化，而不是按自然规律先使比较容易氧化的 HC 和 CO 被氧化，从而大大提高 NO_x 的转化效率（可达 99%），它是近年来比较成功的 NO_x 催化还原技术（见图 6-47）。

选择性催化还原剂主要有氨、尿素及碳氢化物（如柴油等）。氨是一种有毒物质，气态氨的储存和运输都不方便。碳氢化合物比较容易获得，但它的还原催化能力并不是很强。尿素水溶性好，储存运输很方便，而且价格低廉，使用安全。所以一般都采用尿素当成还原剂，即向转化器内喷入尿素，尿素由喷雾电磁阀喷入，尿素的喷射量由电控单元根据宽带氧传感器提供的空燃比信号决定。

5. 颗粒过滤器

颗粒过滤器（Diesel Particulate Filter，DPF）是一种安装在柴油发动机排放系统中的陶

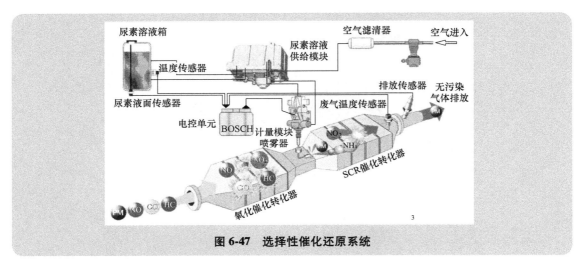

图 6-47 选择性催化还原系统

瓷过滤器，它可以在颗粒排放物质进入大气之前将其捕捉（见图 6-48）。

柴油发动机的污染主要来自以下几个方面：颗粒排放物质、碳氢化合物（HC）、氮氧化物（NO_x）和硫化物。其中颗粒排放物质（烟灰）大部分是含碳化合物的微小颗粒（尺寸小于 4~20μm）所组成的。

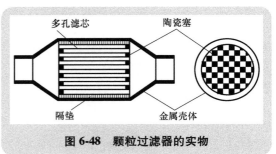

图 6-48 颗粒过滤器的实物

柴油发动机颗粒过滤器的核心是过滤体和过滤体再生装置。过滤体由多孔陶瓷过滤材料或多孔金属材料制成，目前过滤体的过滤效率可达 90%以上，而且不会引起过高的排气阻力。当过滤体过滤的颗粒物引起柴油发动机排气不畅时，需要及时清除这些颗粒物，以免造成对发动机性能的影响。因此必须使颗粒烧净，这称为颗粒过滤器的再生。

使滤芯上的颗粒燃烧的办法是升温加热，由于柴油发动机排气温度很低，仅有 130℃左右，不能点燃颗粒，所以必须采用加热的办法将其点燃。

过滤器加热的办法是在废气进入捕捉器之前，采用电加热或用燃烧器点燃燃油的办法，将进入过滤器的废气加热，使颗粒在氧中燃烧，放出大量热量，温度可达到 1000℃以上，因此，滤芯应采用耐高温材料。

6．氧传感器

柴油发动机是在富氧的情况下燃烧的，即使用稀混合气工作，为净化排气中的氮氧化物，采用 EGR 阀将废气引入燃烧室，用废气挤占燃烧室容积的办法来降低燃烧室的温度，以抑制氮氧化物（NO_x）的生成量。因此引进废气量的多和少，就成为既保证发动机工作不受影响，又能降低 NO_x 排放量的关键，即电控单元必须根据发动机的工况，控制 EGR 率。EGR 率定义为再循环废气的量占整个进气量的百分比。有资料表明 EGR 率达到 15%时，NO_x 的排放量可减少到 60%。但 EGR 率增加过多，会使发动机动力性能下降，将导致燃油消耗增加、HC 的排量增加，以及由于废气再循环造成了缺火率增加，使燃烧变得不稳定，发动机性能下降。所以必须对 EGR 率进行控制。根据发动机工况不同，进入进气歧管的废气量一般控制在 6%~23% 之间。

EGR 率既与进气量有关又与进气密度有关，因此柴油发动机的进气管要同时安装空气流量计和进气压力传感器。除此之外，EGR 阀开度还应与正在燃烧的燃烧室内的空燃比有关，电控单元还需获知空燃比信号，因此柴油发动机排气管上必须安装氧传感器。又由于柴油发动机使用的是稀混合气，又必须使用宽带氧传感器，以便能测量各种工况下的空燃比。氧传感器的工作原理见第五章。

★★★ 任务六 实 践 总 结 ★★★

一、捷达 SDI 柴油车加速无力故障排除

1. 故障现象

一辆捷达 SDI 柴油车，行驶里程为 12 万 km 左右。车主介绍该车加速无力、发闷，车速在 40~50km/h 之间，3 档状态锉车严重，车速超过 50km/h 后表现正常。

2. 故障分析与排除

为准确判断故障原因，首先进行比较测试。使用解码器读取怠速状态下各项基本数据，例如冷却液温度、燃油温度、进气温度、喷油始点角（理论和实际）、喷油量等，未发现异常情况。接着检验燃油油质、执行元件工作状况，二者都满足车辆使用要求。于是进行路试，以便再现故障情况。路试中发现该车低速锉车严重，2 档就有加速锉车情形，尤其换 3 档以 40km/h 左右运行时，锉车感觉明显变大，仿佛随时要熄火，锉车时的情形与发动机前支点断裂状态下起步感觉一样。但当加速超过 50km/h 后，锉车现象消失。

此外，该车最高车速仅为 100km/h 多一点，之后无论怎么踩加速踏板车速也无法提高。另外，路试中还通过读取数据流发现，当发动机转速维持在 3000r/min 左右时，数据 08 功能 000 组 2 区（喷油器喷油始点信号）、4 区（喷油量）均未能达到标定值（正常标定值 3 档驾驶冷却液温度不低于 80℃，发动机转速在 2800~3200r/min 时，2 区值在 113~150，4 区值在 100~135）。现在 2 区显示为 58~67，4 区为 48~65，显示值明显过低。将怠速和路试时所测数据进行比较，初步判断该车故障是运行状态功率损失过大造成的，尤其在低速状态表现明显。EGR 系统是柴油车的必备装备，且在怠速和中小负荷时都进行工作。尽管它的使用降低了排放污染，但相对地使整车中低速时功率下降。因此，在保证车辆进气良好的情况下，做了一个简单的试验，短暂地切断 EGR 系统，之后又进行一次路试，结果低速时锉车现象消失，但高速仍不尽人意。

依据前后两次路试数据结果及对部件检查得出，该车故障为排气不畅引起，拆下带氧化催化转化器的首节排气管，用内窥镜察看，发现本应看到的氧化催化转化器蜂巢状孔道已看不到，取而代之的是厚厚的炭粒，最后为该车更换一个新的氧化催化转化器，故障彻底消失。

3. 故障总结

当车辆出现加速不良、锉车、冒黑烟等故障现象时，可以从以下几个方面对故障进行诊断：

1）清理进气系统（空气滤清器应经常清洁更换）。

2）排查排气系统（超过8万km的车辆应首先检查）。

3）最后解决引起故障的油路系统、EGR系统及电控电路。

当进气系统或排气系统工作不良时，喷油量等数据可能超出标准范围，所以不要轻易断言高压喷油泵损坏。当排气出现问题后，对堵塞较轻的催化转化器一般可用高压气泵进行气流排污，只有堵塞过于严重和催化转化器失效时才需更换。

二、捷达SDI柴油车熄火后无法起动故障排除

1. 故障现象

一辆捷达SDI柴油车发动机突然熄火后再无法起动。

2. 故障分析与排除

维修人员经初步检查后确定喷油泵不供油，用解码器调取故障码为17970和17971，含义分别为喷射量调节器N146上极限停止值和喷射量调节器N146下极限停止值。拆下喷油泵后，发现喷油泵内有水，更换燃油箱内燃油，清理燃油管路，更换新泵后，发动机起动顺利。维修人员建议用户换个加油站加油，客户将车开走。过了一段时间，该车又出现同样的故障和故障码，拆下喷油泵，这次没有发现喷油泵内有水，再次更换喷油泵后故障消失。客户将车开走，可是几个小时后该车又无法起动了，对电路进行检查没有发现电路有故障。难道是喷油泵又坏了吗？于是决定分解喷油泵，打开喷油泵，发现内部的柱塞已经断成了几截，提取泵内的燃油样品，呈褐色，正常的柴油颜色应该是浅黄色，由此确定是燃油质量太差，导致柱塞润滑不良而卡滞，最后抱死折断。更换喷油泵后，故障排除。

3. 故障总结

该车故障在捷达柴油SDI轿车中是常见故障，很多车都是因为油品质量不过关导致喷油泵的损坏；因此建议客户一定要到正规的、质量过关的加油站加油，以免造成不必要的损失。

三、捷达CDX柴油车熄火后不能起动故障排除

1. 故障现象

一辆捷达CDX汽车，行驶中熄火之后不能起动。

2. 故障诊断与排除

因在行驶中突然熄火，故先检查了正时带情况。结果张紧度正常，正时带无松脱和浸油等情况，正时无偏差。用解码器读取故障码，仅有车速信号超差（偶发性故障码，发动机系统）故障码。查阅防盗系统，无故障码。将发动机故障码清除后起动车辆，起动机工作有力，但车辆无法起动。似乎喷油器不喷油，拆检柴油滤清器，发现进油管无油流出，柴油滤清器内所存柴油低于能被高压泵吸入的底线，于是向柴油滤清器内重新加注柴油，并从高压泵回油管和喷油器两处进行了人为排气，当二者均有油流出后连续起动两次，起动了。

在怠速状态下观测数据流，未发现异常。认为该车不起动可能是加油不及时或更换柴油滤清器时未加注柴油造成的。可就在该车运行大约5min后，发动机开始抖动，并随后熄火，再也起动不了。打开柴油滤清器上的预热阀，发觉柴油滤清器又没油了，而且从油箱过来的进油管仍无油，难道是进油管漏油？带着疑问从发动机舱检查到油箱，并把油浮子拆出，观察是否因油质不良而堵塞进油滤网，结果无异常。在不得已的情况下，分别将进回油管直接

连接，仅是在进油管中加了几层滤纸，而回油管路则把预热阀取消，重新排气后起动车辆，发现车辆立刻起动了，而且一直都没有出现熄火现象。这就奇怪了，为什么油管装在柴油滤油器上就不能正常泵油呢？于是换了一个新柴油滤清器（怀疑原车柴油滤清器密封不良漏气），可装上后故障又出现了。由于进油管没有漏油、漏气的地方，那也就只剩装在柴油滤清器上的预热阀有问题了。于是，更换了一个新预热阀，再起动车辆一下就起动了，而且起动也不困难。最后检验旧的预热阀，堵住阀上的两个孔通过另一个孔吹气，发现从管的根部有气排出，原来此阀在多次更换柴油滤清器时已损坏，但从外观上却不好辨别。此车更换新预热阀后，没再出现故障。

3. 故障总结

该车预热阀上的两道密封橡胶圈是不可重复使用的，若橡胶圈出现破裂磨损后，就会造成类似本例的故障，若停车时间稍长就会出现难以起动或加速无力等。

四、捷达 SDI 柴油车加速无力，偶尔冒黑烟故障排除

1. 故障现象

一辆捷达 SDI 柴油车，行驶里程大约 5 万 km，加速无力，最高车速达不到 100km/h，偶尔冒黑烟。车主介绍该车工作性能一直不错，没有出现过故障。加速无力这种情况是最近几天才出现的，此故障来我厂前维修过两次，均未能解决。于是在维修前技师询问了曾检查过该车的同事，他们都说：未发现什么特殊情况，用仪器诊断没调出故障码，试车感觉有点闷，便轻微调整了一下喷油起始角，让车主跑几天观察观察。

2. 故障分析与排除

听了他们的介绍，可以知道他们已对喷油起始角进行过调整。喷油起始角即供油提前角，它的大小将影响到柴油机备燃期的长短，是影响发动机噪声的重要条件，所以它的大小有一定的范围。

对于已校好的喷油泵来说，喷油起始角是不应变化的，于是接上 V.A.G1552，在发动机怠速工况下对发动机电控系统元件进行了检查，发现显示数组 000（冷却液温度 80℃ 以上）2 区的理论喷油起始角在 48°~56°间跳动。对应物理量显示组 004 的 3 区实际喷油起始角在 1.5~1.8VOT 间（标准值 0.0VOT 到上止点前 3.0VOT，怠速工况），都没有超差，很正常。接着又测量了几个影响喷油量的传感器（如冷却液温度传感器 G62，进气温度传感器 G81 等）的工作状态，发现与实际工况相符。

确认没有什么可疑数据后，便进行路试。在运行过程中发现中、小负荷时，车辆缓缓加速，慢慢提速还可以，一旦急加速或车速在 110km/h 偏高一点时，则无论怎么踩加速踏板，车速都上不去，且发动机工作噪声特别大，而此时检查的几个数据，像喷油量、起始角、发电量、加速踏板位置等显示都没有过大的偏差。

根据试车的情况分析，该车出现加速不良的原因应该是在大负荷或急加速时有功率损失。对于捷达柴油车来说，能影响功率损失的主要有以下几点：

① 进气是否充分。
② 排气是否畅通。
③ 废气再循环系统工作是否正常。
④ 喷油系统是否有堵塞或渗漏。

为了一次能将故障排除，便通过逐一排除的方法对上述四项逐个进行检查。因为1.9L柴油机采用的是自然吸气方式，空气滤清器脏污情况与其功率有直接关系，而该车的空气滤清器已30000km没换了，于是换了一个新空气滤清器，又检查了进气系统的各个连接点，没发现漏气的地方，之后检查了排气管路，用内窥镜检查了氧化催化转化器通透情况，发现仅有很少的炭粒，但并没有堵。初步处理后，试车，故障现象依旧。

现在已将进气和排气系统存在隐患的地方都检查过了，看来只能在废气再循环系统和燃油喷射系统查找故障原因了。而捷达柴油车的必备装置废气再循环系统相对来说是比较简单的。本着先简后繁的原则，决定先检查废气再循环系统。利用V.A.G1552在发动机系统03功能对元件进行测试，用手触EGR控制阀N18，发现有工作的表现（正常可听到"咔哒"的工作声音，只能用手触摸感觉），又选取04功能003显示组观察其工作状况，也未见异常。于是准备拆下EGR阀真空管检查一下EGR阀，并测量一下EGR控制阀N18的电阻。检查时，意外发现两根真空管居然插反了（将真空源来的管和EGR阀的管插反了）。

故障根源找到了，因为捷达柴油车吸进的是空气，所以进气量越大，发动机工作越好。但在进气变得充分后，却无法像汽油机那样能在进气歧管处产生真空度，而为了满足空调系统、制动助力系统、废气再循环系统（机械式）对真空的需要，故加装了真空泵。捷达柴油车EGR系统在急速和中、小负荷都工作，但在大负荷时为了满足功率输出是不工作的。然而，当两根真空管插反后，则出现了大负荷时EGR阀依然工作，引入废气进入气缸，从而造成功率损失，加速无力。插好管路后，再试车，故障排除。

最后询问车主，得知他有一次在绑扎计价器线束时，曾将EGR控制阀上的真空管拔下，恢复时没注意就插上。想不到一个小错误却引来了大毛病。

五、捷达柴油车，发动机舱内有异响，加速无力且费油故障排除

1. 故障现象

一辆搭载1.9LSDI柴油机的捷达车，发动机舱内有嗡嗡声，加速无力且费油。此故障时有时无，无故障时加速有力，有故障时发动机噪声大。

2. 故障诊断与排除

1）用故障诊断仪读码，未发现故障码。

2）进行试车，行驶大约1h，突然出现"嗡嗡"声且声音越来越大，类似单向阀响。

3）打开发动机机舱，发现声源是EGR控制阀发出的。

4）常温下测量其阻值为64Ω，远大于标准值14~20Ω，说明EGR控制阀有故障。

5）更换EGR控制阀后，试车，故障依旧。

6）经过仔细检查，发现EGR控制阀两根粗细不同的管插反，将两管插回原位，故障排除。

复习与思考

一、选择题

1. 辅助预热系统是将预热装置安装在（　　　）系统中。

A. 燃油供给　　　B. 冷却　　　C. 润滑
2. 火焰预热器安装在发动机的（　　）中。
A. 进气管　　　B. 燃烧室　　　C. 排气管
3. 混合气在（　　）条件下，容易生成氮氧化物。
A. 低温贫氧　　B. 低温富氧　　C. 高温富氧　　D. 高温贫氧
4. 当氧化锆式氧传感器向 ECU 提供 0.1V 的电压时，表示混合气（　　）。
A. 浓　　　B. 稀　　　C. 为标准混合气
5. 捷达柴油发动机预热塞正常阻值在（　　）Ω。
A. 10～20　　B. 0.2～2　　C. 3～5　　D. 80～120

二、判断题

1. 燃烧室预热系统是用预热塞直接加热燃烧室的空气。　　　　　　　　（　　）
2. 汽油机的 PM 排放量远远高于柴油机，而 NO_x 的排放量却远远低于柴油机。（　　）
3. 氧化催化转化器直接参与排气管中的化学反应，从而有效降低排放。　　（　　）
4. 在电控柴油发动机中，加装废气再循环系统的目的是为了降低排气管中 CO 的生成量。
　　　　　　　　　　　　　　　　　　　　　　　　　　　　　　　　（　　）
5. 柴油发动机实现进气节流控制的方法就是在进气道中安装一个节气门，一般只在高速大负荷工况时才工作。　　　　　　　　　　　　　　　　　　　　（　　）

三、简答题

1. 柴油机按照预热方式不同进行分类，可以分为哪几个系统，各系统有哪些不同？
2. 废气涡轮增压器由几部分组成，各部分有哪些作用？
3. 简述废气再循环系统的工作原理。
4. 柴油机的废气污染物排放有哪些？不同种类废气污染物排放的危害有哪些？
5. 氧化催化转化器的作用是什么？简述它的工作原理。

第七章

电控柴油发动机的故障排除方法

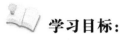

1. 了解柴油机故障检修的基础知识
2. 掌握基础方法对电控柴油发动机进行故障检修
3. 掌握自诊断法对电控柴油发动机进行故障检修
4. 掌握数据流分析法对电控柴油发动机进行故障检修
5. 电控柴油发动机常见故障诊断方法
6. 经典故障案例分析

 任务一　了解柴油机故障检修的基础知识

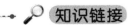

　　电控柴油发动机与电控汽油发动机在结构与控制原理上有许多不同，但作为汽车上的动力源，对它们进行检修的基本思路应该是相同的。在检修过程中，我们要牢记检修的相关注意事项，将"基础检测法"和"仪器检测法"两者紧密结合在一起，按步骤、按方法对故障进行检测与排除。

一、柴油机汽车使用注意事项

1. 油品的正确使用

　　柴油的品质对柴油发动机有着十分重要的影响，含有水分或杂质的劣质柴油会对柴油发动机造成严重损害。

　　柴油机汽车是绝对不能错加汽油的，如果加油站工作人员错误将汽油加入，车主不要起动汽车，应立即与技术人员取得联系，以便及时修理，同时应该选择合适标号的柴油加注。加注错误的情况在加油站时有发生。

2. 及时更换机油与三滤

　　柴油发动机是非常耐用的，使用寿命大约为 85 万 km。这是因为柴油发动机的转速相对较低，发动机部件的磨损相对较少，加之柴油车没有高压点火系统和节气门，发动机的故障率低，使用寿命比汽油机长。但是柴油发动机对机油的要求也与汽油机不同，它需要专用的机油。而且它的维修时限与每个厂家生产的发动机和当地的油品都有关系。

在使用过程中，还要加强空气滤清器、机油滤清器和柴油滤清器这三种滤清器的保养，充分发挥它们的作用。

3. 防止燃油管路中有空气进入

柴油发动机的动力性与经济性都比较好，相同排量的柴油发动机要比汽油机的动力高出许多，而且油耗也很低。但是，柴油发动机绝对不能把柴油使用完了再加油，因为在此情况下发动机将会处于空转状态并吸入空气，会让发动机严重损坏。

4. 认真观察故障指示灯

新型的柴油发动机大都有预热塞装置，故障指示灯同时用于提示用户预热塞正在加热，当发动机处于冷态时，打开点火开关，该灯先亮起然后熄灭时即可起动发动机。若发动机处于暖态时，则该灯不亮，可直接起动发动机。同时，该灯还具有警告功能，在行驶过程中，故障指示灯闪亮，则表明发动机电控系统发生故障。

5. 正确行驶与关机

柴油车起动时不要踩加速踏板，同时起步不要太快，转速也不要太高。当发动机长时间高速运转后，切勿立即关机，应以怠速继续运转 2min 左右，待温度降下来再关机，避免热量积聚，造成发动机损坏。

6. 不宜长时间怠速运转

柴油车长时间怠速运转会降低喷油雾化质量，加速缸壁早期磨损。雾化质量的优劣主要与喷油压力、喷油器孔径和凸轮轴转速有直接关系。由于喷油器孔径不变，故燃油雾化质量取决于喷油压力和凸轮轴转速。凸轮轴转速越慢，喷油压力升高的时间越长，燃油雾化质量越差，而凸轮轴转速又随柴油机转速的变化而变化。长时间怠速可导致柴油机燃烧温度过低，燃烧不完全，由此可能引起积炭堵塞喷油器喷孔、黏住活塞环或使气门卡住。此外，如果柴油机冷却液温度过低，一些未燃烧的柴油将会冲刷气缸壁上的油膜，稀释机油，从而使柴油机所有的运动零部件得不到良好润滑，导致零部件过早磨损。所以怠速时间应控制在 10min 左右。

二、冬季柴油汽车使用注意事项

1. 注意机体保温

冬季气温低，容易使柴油机工作时冷却过度，故保温是冬季用好柴油机的关键。在北方地区，冬天使用的柴油机都应配备保温套和保温帘等防寒设备。

2. 不要用明火助燃起动

有些驾驶员在冬季发动机起动困难时，把空气滤清器取下，用棉纱蘸上柴油点燃后当成引火物置于进气管内实行助燃起动。这种做法在起动过程中，外界的含尘空气会不经过滤而直接吸入气缸内，造成活塞、气缸等零件的异常磨损，还会造成柴油机工作粗暴，损害机器，因此不要用明火进行助燃起动。

3. 发动机起动后不要急于起步

刚起动的发动机由于机体温度低，机油黏度大，机油不易充入运动副的摩擦表面。如果汽车急于起步，立即投入负荷作业，会引起机件严重磨损。另外，柱塞弹簧、气门弹簧和喷油器弹簧由于"冷脆"也容易断裂。因此，冬季柴油机起动着火后，应以低中速空转几分钟，等冷却液温度达到50℃时，再起步运行。

4. 注意燃油选用

冬季气温很低，使柴油的流动性变差，黏度增大，不易喷散，造成雾化不良，燃烧恶化，导致柴油机的动力性和经济性能下降。所以，冬季应选用凝点低和发火性能好的轻柴油，一般要求柴油机的凝点应低于本地当前季节最低气温7~10℃。

5. 不要用明火烘烤油底壳

用明火烘烤油底壳会使油底壳内的机油变质，甚至烧焦，润滑性能降低或完全丧失，从而加剧机器磨损。因此，冬季应选用低凝点的机油，起动时可采用机外水浴加温的方法来提高机油温度，不能用明火烘烤油底壳的方法来提高机油温度。

三、柴油机燃油供给系统的维修注意事项

进行柴油机燃油供给系统维修时，在普通柴油机和一般电子控制系统维修注意事项的基础上，应特别注意以下几点：

1）一定要加注符合国标的燃油。

2）定期放出油水分离器中的水分。

3）严禁在发动机运转时拆卸高压油管，因为此时高压油管中的油压很高，一定要停机静置15min以上才能拆卸，以确保安全。

4）必须使用柴油机生产厂家认可的柴油滤清器滤芯，否则容易造成喷油泵及高压共轨损坏。

5）电控共轨系统对燃油的清洁度与含水量要求更高，因此对电控燃油系统进行维护保养时，要特别注意清洁。

6）严格按照维修手册的要求定期更换燃油滤清器及油水分离器。更换柴油滤清器滤芯时，要注意以下问题。

① 用专用工具将滤芯从座上拧下，用力要均匀，以免挤压变形。

② 检查新滤芯的密封圈是否完好。

③ 不允许往新滤芯中灌注柴油。

④ 更换滤芯后要排出管路中的空气。

四、柴油机电控系统维修注意事项

1）发动机高速运转时禁止将蓄电池从电路中断开，以防产生瞬变过电压将ECU和传感器损坏。

2）不要用试灯去测试任何和ECU相连接的电气装置。

3）蓄电池搭铁极性切不可接错，必须负极搭铁。

4）雨天检修及清洗发动机时，应防止将水溅到电子设备及线路上。

5）在断开导线插接器时，要注意松开锁紧弹簧或按下锁扣。在装插插接器时，应插到底并锁止。

6）当发动机出现故障，故障指示灯点亮时，不能将蓄电池从电路中断开，以防止ECU

中存储的故障码及有关资料信息被清除。只有通过自诊断系统将故障码及有关信息资料调出并诊断出故障原因后,方可将蓄电池从电路中断开。

7) 当诊断出故障原因,对电控系统进行检修时,应先将点火开关关闭,并将蓄电池搭铁线拆下。如果只检查电控系统,则仅关闭点火开关即可。

8) 在车身上进行电弧焊时,应先断开电控单元电源。在靠近ECU或传感器的地方进行车身修理作业时,更应特别注意。

9) 除在测试过程中特殊指明外,不能用指针式万用表测试ECU及传感器,应用高阻抗数字式万用表进行测试。

10) ECU、传感器必须防止受潮,不允许将ECU或传感器的密封装置损坏,更不允许用水冲洗ECU和传感器,ECU必须防止受剧烈振动。不要打开ECU盖板,因为ECU即使坏了也无法修理,若ECU是好的,打开后很可能将ECU损坏,或破坏其密封性。

五、柴油机故障诊断的必备条件

要想快速诊断柴油机故障,必须具备下列条件:

1) 完整地、系统地掌握柴油机的基础知识,包括柴油机的基本结构、工作原理及相关系统的组成部件及相应关系等。

2) 对所维修的柴油机类型要非常熟悉,即掌握该柴油机是电控的还是非电控的,是增压的还是非增压的等。

3) 必须掌握所维修柴油机的相关技术参数。

4) 熟练掌握查找和判断柴油机故障的一般原则和方法。

以上仅仅是具备了诊断柴油机故障的必要条件,但还不是充分条件。柴油机的故障诊断实际上是一个维修经验积累的过程。只有在实际工作中积累了丰富的维修经验,并能熟练运用这些经验,才能快速地诊断柴油机故障。

六、故障诊断基本原则

电控柴油发动机进行故障诊断应遵循的原则如下:先简后繁、先易后难,先思后行、先熟后生,先上后下、先外后内,先备后用、代码优先。

1. 先简后繁、先易后难

发动机电控系统的结构和发生故障的原因十分复杂,为避免在故障诊断过程中走弯路,应首先借助简单工具,利用眼看、鼻闻、耳听、手摸等手段进行简单检查,如闻一闻有无电器线路或元件烧焦的气味;听一听发动机有无异响,怠速转速是否平稳,有无漏气声等;用手摸一摸相关电控元件、继电器、可疑的线束插接器是否有松动,摸一摸电控元件的温度有无异常,摸一摸喷油器、电磁阀是否存在有规律的振动等。如果通过简单检查诊断不出故障,需借助于仪器设备进行故障诊断时,也应优先对就车检查的项目、采用简单仪器设备的项目、较容易检查的项目进行检查,然后再进行拆卸检查、使用较复杂仪器设备检查、对较困难的项目检查。

2. 先思后行、先熟后生

在对电控系统进行故障诊断时,应首先运用自己所掌握的专业知识和经验,针对故障现象进行推理分析,明确引起故障的可能原因、优先检查的方向和部位,做到有的放矢,避免对与故障无关项目进行无谓的检查，也防止与故障有关的项目漏检。

此外，由于设计制造以及使用环境等方面的因素，有些汽车的某些故障，常常以某个部件或总成故障比较常见，维修人员根据平时积累的经验，应对这些部件或总成进行优先检查，这样往往也能手到病除。

3. 先上后下、先外后内

随着电子技术在汽车上的应用越来越多，汽车零部件和线束的数量也不断增加，尤其是发动机舱内几乎没有空余空间，有时为了进行某项检查，需要拆除周围很多的零部件。因此，掌握好先上后下、先外后内的原则，对省工省时十分有益。

4. 先备后用、代码优先

对电控柴油系统进行故障诊断时，确定电控元件性能好坏、线路是否正常，常以其精确的电压或电阻等参数值来判断，如果没有这些数据资料，而且不具备采用换件法诊断故障的条件，将无法进行故障诊断。"先备后用"就是要求在进行故障诊断前，先准备好维修资料以备后用。维修资料主要包含维修手册、专业书刊上收集整理和平时工作过程中积累的资料（例如，曾经检测过的电压、电阻等）。

汽车上的电控系统一般都有故障自诊断功能，在对电控系统进行故障诊断时，应优先调取故障码，并按故障码提示进行诊断。将故障码提示的故障排除后，如果发动机故障现象仍然存在，或者开始就无故障码输出，则再对发动机可能的故障部位进行检查。

七、电控柴油机故障诊断的一般程序

电控柴油发动机汽车故障的诊断与检修的程序如图 7-1 所示。

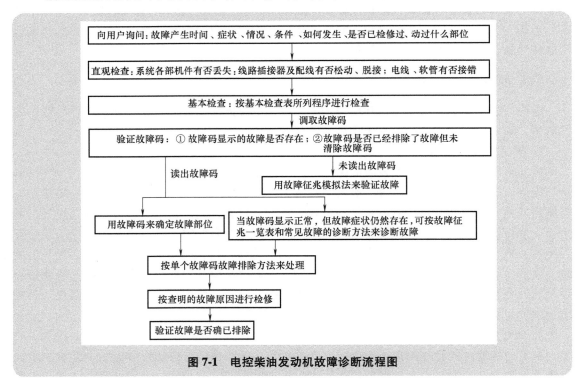

图 7-1　电控柴油发动机故障诊断流程图

任务二　掌握基础方法对电控柴油发动机进行故障检修

一、直观诊断法

直观诊断就是通过人的感觉器官对汽车故障现象进行看、问、听、试、闻等检查，了解和掌握故障现象的特点，通过人的大脑进行分析、判断得出结论的诊断方法。

直观诊断方法，也称经验诊断或人工诊断。随着科学技术的发展，汽车结构越来越复杂，尤其是电子技术在汽车上越来越广泛的应用，使得直观诊断方法越来越不能满足汽车故障诊断的要求。另外，直观诊断方法的诊断效率和准确性与诊断者的工作能力、工作经验有相当大的关系。因此，这种单纯的直观诊断方法，在现代电控汽车故障诊断中运用得越来越少。但是，由于直观诊断方法不需要任何仪器设备，只要求操作者掌握一定程度的方法和经验，因此直观诊断的范围随诊断者的经验而定，没有绝对的界限。而仪器诊断则不同，再先进的仪器都会受到自身功能的限制。同时，仪器诊断也有其一定的局限性，对于某些故障，仪器诊断远不如直观诊断方法来得容易。比如，对明显机械零部件的裂纹、变形所引起的故障，密封件的泄漏问题，以及电子控制系统中线路连接件的松动等故障，直观诊断就显示出了采用仪器诊断所无法相比的效果。正因为如此，现今乃至未来，直观诊断都不会被仪器诊断所完全取代。直观诊断的主要内容有以下几项。

1. 看

即目测检查，其目的是了解电控发动机的电控系统类型、车型等，在进入更为细致的测试和诊断之前，能消除一些一般性的故障原因。

1）看车型和电控系统类型：注意看故障车型是何公司、何年代生产的，采用何种燃油喷射类型。因为不同公司不同年代生产的汽车，燃油喷射系统的型号不同，其故障诊断方法也不同。

2）拆除空气滤清器，检查滤芯及其周围是否有脏物、杂质或其他污染物，必要时更换。

3）检查真空软管是否老化、破裂或挤坏；检查真空软管经过的途径和接头是否恰当。

4）检查电控系统线束的连接状况：传感器或执行器的插接器是否良好，线束间的插接器是否松动或断开，电线是否有磨破或线间短路现象，电插接器的插头和插座有无腐蚀现象等。

5）检查每个传感器和执行器有无明显的损伤。

6）运转发动机（如果可能）并检查进、排气歧管及氧传感器处是否有泄漏。

2. 问

为了迅速地查找故障源，首先必须了解故障出现时的情形、条件、如何发生，以及是否已检修过等与故障有关的情况和信息。为此，必须认真听取客户对故障现象的描述，尽管客户的描述可能被曲解或不全面，也可能是自相矛盾的，但它可令人把握住问题的关键。最好的做法是：在倾听客户的初步意见之后，思索一下，进行一次初步诊断，随后询问一些有关的问题，来帮助确定或否定初步诊断的结论，同时认真填写客户调查表。此表所含项目是电控发动机电控系统故障现象的写真记录，与诊断测试结果一起构成查找故障源的依据。

3. 听

主要是听发动机工作时的声音：有无工作粗爆、敲缸、失速、进气管或排气管放炮等。

4. 试

主要是维修人员根据前述检查，有针对性地试车，以便进一步确定故障。

5. 闻

在对线束进行检测的时候，如果存在明显的烧焦气味，则很可能是此处存在短路或搭铁故障。

二、故障征兆的模拟试验方法

在故障诊断中往往遇到所谓隐性故障，即有故障但没有明显的故障征兆。遇此情况必须进行全面的故障分析，然后模拟与用户车辆出现故障的相同或相似的条件和环境进行试验，以便找出故障之所在。

在故障征兆的模拟试验中，不仅要对故障征兆进行验证，而且还应找出故障的部位或零部件。因此，在试验前必须把可能发生故障的电路范围尽可能缩小，然后再进行故障征兆的模拟试验，判断被测试的电路是否正常，同时也验证了故障征兆。在缩小故障征兆可能性时，应参考故障诊断一览表。故障征兆的模拟方法主要有以下几项。

1. 振动法

当振动可能是引起故障的原因时，即可采用振动法进行试验。振动法的基本方法主要包括以下几项。

1）插接器。在垂直和水平方向轻轻摇动插接器（见图 7-2）。也可以前后方向轻轻拉动，检查连接部位是否接触不良。

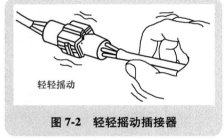

图 7-2 轻轻摇动插接器

2）配线。在垂直和水平方向轻轻摆动配线（见图 7-3）。插接器的接头、支架和穿过开口的插接器体等部位都应仔细检查。

3）零部件和传感器。用手轻拍传感器或其他零部件，检查是否失灵（见图 7-4）。

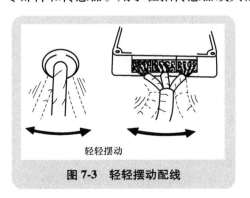

图 7-3 轻轻摆动配线

图 7-4 轻拍怀疑有故障的零件

2. 加热法

当有些故障只是在热车时出现，可能是因有关零部件或传感器受热而引起的。可用电吹风或类似加热工具加热可能引起故障的零部件或传感器，检查是否出现故障（见图 7-5）。

但必须注意以下几点。

1）加热温度不得高于60℃（温度限制在不致损坏电子元器件的范围内）。

2）不可直接加热ECU中的元件。

3. 水淋法

当有些故障是在雨天或高湿度的环境下产生时，此时可用水喷淋在车辆上，检查是否发生故障（见图7-6）。但应注意：不可将水直接喷淋在发动机电控零件上，而应喷淋在散热器前面间接改变湿度和温度。不可将水直接喷在电子元器件上，尤其应该防止水渗漏到ECU内部。

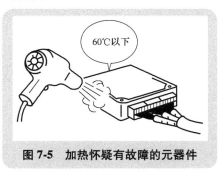

图7-5　加热怀疑有故障的元器件

图7-6　用水喷淋在车辆上检查是否发生故障

4. 电器全接通法

当怀疑故障可能是因用电负荷过大而引起时，可接通车上全部电气设备，检查是否发生故障。如果发生故障则说明故障可能是因用电负荷过大引起的。

三、观察法

通过观察柴油机的排烟等故障特征，可以判断故障情况。柴油机排气管冒的烟常见的颜色有白色、蓝色、黑色三种。如果排气管冒白色的烟一般是有水进入发动机中，如果排气管冒蓝色的烟一般是烧机油造成的，如果排气管冒黑烟一般则是燃烧不完全造成的。

四、听诊法

根据柴油机异常声音，可以凭听觉判断故障部位性质及程度。可以使用旋具或汽车听诊器来对柴油机的异响进行判断，听诊器的结构如图7-7所示，它可用来帮助区分发动机故障和其他噪声的来源。使用时，将听诊器的探头与被测零部件相接触，并将听诊器的接收器放在维修人员耳朵上。接收器会对声音进行放大，使声音更清晰。

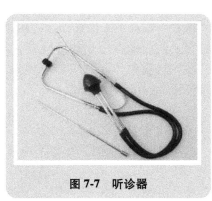

图7-7　听诊器

五、断缸法

断缸法顾名思义就是使某个缸停止工作，借以判断故障是否出现在该缸。断缸法一般是对怀疑出现故障的气缸停止供油，比较断缸前后发动机的状态变化（如转速），为进一步查找故障部位或故障原因缩小范围。

六、替换法

对某些总成或零部件，采用替换的办法确定是否存在故障。与其他方法相比，这种方法比较实用和有效，尤其在一些大型的配件齐全的修理厂比较适用。

七、万用表检测法

汽车万用表是汽车电气修理中最常用的工具，它与一般万用表有一定的区别，可以提供更为专业的功能，如测量占空比、温度、转速、闭合角等功能（见图7-8）。

正确地使用万用表能达到事半功倍的效果。在实际修理过程中，经常需要使用万用表对断路和短路进行检查。

1. 断路的检查

将万用表调到二极管档（见图7-9）。万用表红黑表笔分别放在被检查的导线两端的位置，如果万用表的蜂鸣器发出声音，说明导线正常。否则说明存在断路情况，应分段进行检测。

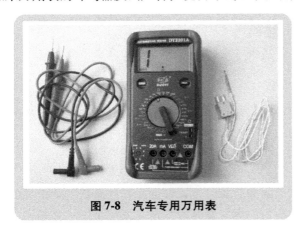

图7-8　汽车专用万用表

图7-9　万用表二极管档的位置

2. 短路故障的检查

如果怀疑配线短路搭铁，可通过检查该导线是否与车身或搭铁线导通来判断短路的部位。

将万用表调到二极管档。万用表两个表笔一个放在被测量的导线上，一个放在良好的搭铁位置上，如果万用表的蜂鸣器发出声音，说明该导线存在短路现象，此时应分段排查，直至找到相应的短路位置。

3. 电源与信号电压的检测

（1）电源电压的检测

汽车上采用的是12V、24V电源，传感器采用的是5V电源，当需要对电源电压进行检测时，将万用表调到直流电压档上（见图7-10），并调到相应的合适量程，打开点火开关，如果该导线应该有相应的电源电压，但实际没有，则说明该导线线路出现故障。

图7-10　将万用表调到直流电压档

第七章 电控柴油发动机的故障排除方法

（2）信号电压的检测

将万用表黑表笔放到搭铁位置，红表笔放在相应的信号线上，打开点火开关，应该有相应的信号电压（符合维修手册），该信号电压应随着状态的变化而变化（如节气门的开度、温度的高低等）。

任务三　掌握自诊断法对电控柴油发动机进行故障检修

现代汽车柴油机控制系统都具有故障自诊断功能。当柴油机电控系统出现故障时，仪表板上的故障指示灯会点亮，同时 ECU 将故障信息存入存储器。可以通过一定的程序将故障码从 ECU 中调出，根据故障码所显示的内容，迅速准确地确定故障的性质和部位，有针对性地去检查有关部位、元件和线路，将故障排除。因此，调取故障码诊断微机控制系统的故障，是检修现代汽车很重要的基本方法。故障诊断并排除后，还应当将存储器内所存储的故障码清除。不同车型调取和清除故障码的方法各有不同。

一、通过故障指示灯读取故障码

1. 潍柴国Ⅲ柴油机

潍柴国Ⅲ柴油机出现故障时，可以通过整车仪表板上的故障指示灯读取故障码（闪码），然后查找资料找出相应的含义，以此来判断故障的原因。潍柴国Ⅲ柴油机通过故障指示灯读取故障码的方法如下。

在点火开关接通或发动机运转状态下均可进行，按下——松开故障诊断开关（见图 7-11）。此时故障指示灯将报出故障码（见图 7-12）。每一次操作只闪烁一个故障码（例如 3-2-4），直至循环到第一个为止。故障码由三位组成。例如，闪码 324 代表车速传感器有故障，其闪烁规律如图 7-13 所示。

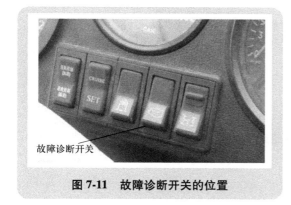

图 7-11　故障诊断开关的位置

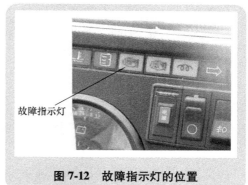

图 7-12　故障指示灯的位置

2. 玉柴国Ⅲ柴油机

玉柴国Ⅲ柴油机通过故障指示灯读取故障码的方法如下。

将点火开关打开，待机与运行工况下均可进行，按下——松开诊断请求开关即可闪烁故障码，每一次操作只闪烁一个故障码，依次进行即可读完所有故障码，故障码规律如图 7-14 所示（闪码为 553），依照相应的故障码，我们就可以找出故障信息。

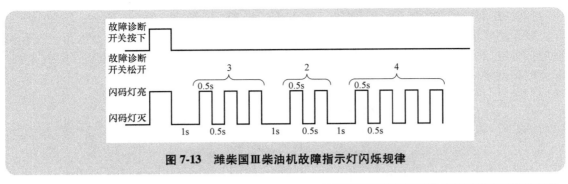

图 7-13 潍柴国Ⅲ柴油机故障指示灯闪烁规律

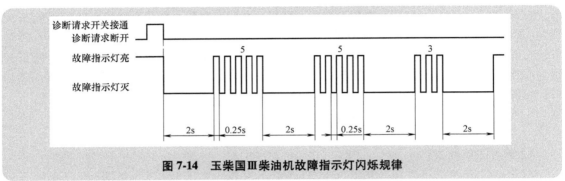

图 7-14 玉柴国Ⅲ柴油机故障指示灯闪烁规律

二、通过专用故障诊断仪读取故障描述

使用专用的故障诊断仪，可以读取相应的故障码。如深圳元征 X431，博世 KTS650、KTS510F（见图 7-15）等故障诊断仪都具有该功能。

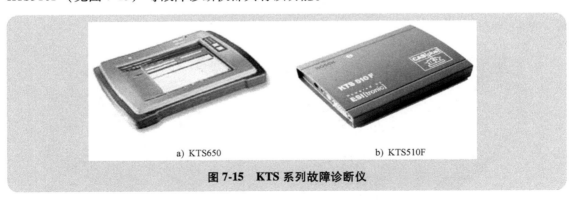

a) KTS650　　　　　　　　b) KTS510F

图 7-15 KTS 系列故障诊断仪

任务四 掌握数据流分析法对电控柴油发动机进行故障检修

所谓的数据流就是由其中一个电脑（ECU）发送，并由另外一个电脑（解码器）接收然后显示出来的电子编码信息。这些信息包括车载电脑（ECU）对系统控制所采集的输入信息（如传感器和各种开关输入给电脑的信息），以及输出的执行信息（如对喷油器、电磁阀等输出的指令信息），还有电脑计算的信息（如燃油修正等）。数据流是采用串行方式进

行通信的,所以也称为串行数据流。数据流是通过车辆上的故障诊断插座的数据通信线,将控制电脑里的实时数据参数,以串行的方式传送给故障诊断仪,然后显示出来的部分数据参数。

一、数据流常用分析方法

1. 数值分析法

数值分析法是对数据的数值变化规律和数值变化范围的分析,即数值的变化,如转速、车速、电脑读值与实际值的差异等。如汽车的车速实际在变化,而通过仪器读取数据流却显示不变化或变化与实际不相符,则说明车速信号或其相关线路出现故障。

2. 时间分析法

时间分析法是对数据变化的频率和周期的分析。仪器在分析某些数据参数时,要考虑传感器的数值,而且要判断其响应的速率,如氧传感器。

3. 因果分析法

它是对相互联系的数据间响应情况和响应速度的分析。在各个电控系统的控制中,许多参数之间是有因果关系的,如 EGR 阀与 EGR 阀位置传感器。

4. 比较分析法

比较分析法是对相同车型及系统,在相同的工况下进行数据流的对比分析,对间歇性故障出现瞬间的某个或某几个数据值变化进行对比分析,可以容易地诊断出故障的原因。

5. 关联分析法

它是对互为关联的数据间存在的比例关系和对应关系的分析,也就是对几个参数之间的逻辑关系进行分析。如进气压力传感器、加速踏板位置传感器、发动机转速传感器的信号与喷油时间是直接相关联的。

二、利用数据流排除间歇性故障

间歇性故障没有规律可循,时有时无,重现的时间长短也不确定,因此诊断并排除间歇性故障是不能按排除持续性故障的思路和方法进行的。但我们知道,只要有故障现象,一定会有相关数据参数偏离正常值,如何来选取、捕捉该类参数并进行合理分析,则是解决这类问题的关键所在。但数据流的刷新速率很快,仅凭肉眼有时是很难观察到的,而通过波形显示则直观得多,或者能将数据流保存下来进行回放,以便于对数据进行细致的分析。排除间歇性故障的步骤和方法具体如下。

1. 重现故障现象

根据客户对故障的描述,反复创造同样的使用条件,尽量多次重现故障现象,如路试、加热、晃动、急加速、淋水、加载、降温等。

2. 利用诊断设备捕捉故障现象出现瞬间数据流的变化

在重现故障现象的过程中,使用诊断设备读取数据流,并启用诊断设备的记录功能,将所选择的数据流保存起来,当间歇性故障现象出现时,对记录的数据流进行对比分析。通过数据回放显示,对故障出现前后的数据流进行对比分析,可以发现是哪些数据流的变化直接或间接导致了故障的出现。

三、使用电脑通信方式获得数据流

电脑通信方式是通过控制系统在诊断插座中的数据通信线，将控制电脑的实时数据参数以串行的方式传送给诊断仪。在数据流中包括故障的信息、控制电脑的实时运行参数、控制电脑与诊断仪之间的相互控制指令。诊断仪在接收到这些信号数据以后，按照预定的通信协议将其显示为相应的文字和数码，以便维修人员观察系统的运行状态，并分析这些内容，发现其中不合理或不正确的信息，以进行故障的诊断。使用电脑通信方式获得数据流的方式有两种：一种称为通用诊断仪，另一种称为专用诊断仪。

通用诊断仪的主要功能有控制电脑版本的识别、故障码读取和清除、动态数据参数显示、传感器和部分执行器的功能测试与调整、某些特殊参数的设定、维修资料及故障诊断提示、路试记录等。通用诊断仪可测试的车型较多，适应范围也较宽，因此被称为通用型仪器，但它与专用诊断仪相比，无法完成某些特殊功能，这也是大多数通用仪器的不足之处。

专用诊断仪是汽车生产厂家的专业测试仪，它除了具备通用诊断仪的各种功能外，还有参数修改、数据设定、防盗密码设定更改等各种特殊功能。专用诊断仪是汽车厂家自行或委托设计的专业测试仪器，它只适用于本厂家生产的车型。

通用诊断仪和专用诊断仪的动态数据显示功能，不仅可以对控制系统的运行参数（最多可达上百个）进行数据分析，还可以观察电脑的动态控制过程。因此，它具有从电脑内部分析过程的诊断功能。它是进行数据分析的主要手段。

四、数据流分类

1. 静态数据流

静态数据流是指接通点火开关，不起动发动机时，利用故障诊断仪读取的发动机电控系统的数据。例如，进气压力传感器的静态数据应接近标准大气压（100~102kPa）；冷却液温度传感器的静态数据冷车时应接近环境温度等。

2. 动态数据流

动态数据流是指接通点火开关，起动发动机时，利用诊断仪读取的发动机电控系统的数据。这些数据随发动机工况的变化而不断变化，如冷却液温度传感器的动态数据随冷却液温度的变化而变化。通过读取控制单元动态数据，能够了解各传感器输送到 ECU 的信号值，通过与真实值的比较，能快速找出确切的故障部位。

（1）有故障码时的方法

可重点针对与故障码相关的传感器的数据进行，分析是什么导致数据的变化，以找出故障原因所在。

（2）无故障码时的方法

通过对基本传感器信号数据的关联分析和定量对应分析，来确定故障部位。

五、数据流分析举例

下面以捷达 SDI 电控柴油发动机几组常见的数据流的分析为例进行讲解。

1. 条件

1）冷却液温度至少为 80℃。

2）所有的用电器例如后窗加热器等必须关闭。

2. 操作方法

接上车辆故障诊断仪 VAG1552。起动发动机，并输入地址码 01，选取发动机控制系统。选择读取数据流功能，选取所需要的显示数组，如 000 显示组、001 显示组、002 显示组等。

（1）000 显示组

怠速时 000 显示组各部分含义见表 7-1。

表 7-1　怠速时 000 显示组各部分含义

读取数据块 000 X X X X X X X X X X 1 2 3 4 5 6 7 8 9 10	<屏幕显示 理论值	对应物理量
1→发动机转速	41…45	861…945/min
2→喷油起始	37…75	0°上止点前…3°
3→加速踏板位置	0	0%
4→喷油量	15…45	3.0…9.0mg/Hub
5→进气管压力	无意义	……
6→大气压力	181…222	900…1100mbar
7→冷却液温度	80…35	80…110℃
8→进气温度	138…190	5…40℃
9→燃油温度	91…201	20…80℃
10→显示无意义	无意义	……

（2）001 显示组

怠速时 001 显示数组含义见表 7-2。

表 7-2　怠速时 001 显示数组含义

读取数据块 001　　　　　→ xxxx/　xx, x x, xxxV　xxx, x℃ 　1　　　2　　　3　　　　4	<屏幕显示 理论值	评　　价
1→发动机转速	861…945/min	……
2→喷油量	3.0…9.0mg/Hub	见表 7-3
3→喷油调节行程传感器电压	1.5…2.1V	见表 7-4
4→冷却液温度	80℃…110℃	……

表 7-3　001 显示组显示区域 2 数据分析

VAG1552 显示	可能的故障原因	故障排除
低于 3.0mg/Hub	喷油泵失效	更换喷油泵
高于 9.0mg/Hub	发动机太冷	允许发动机以较高转速暖机，然后重新检查
	喷油泵失效	更换喷油泵

表7-4 001显示组显示区域3数据分析

VAG1552显示	可能的故障原因	故障排除
低于1.5V	喷油泵失效	更换喷油泵
高于2.1V	发动机太冷	允许发动机以较高转速暖机,然后重新检查
	喷油泵失效	更换喷油泵
	发动机加载	关闭用电器

(3) 002显示组

怠速时002显示组的含义见表7-5。

表7-5 怠速时002显示组各部分含义

读取数据块002　　　→ xxxx/ xxx, x% xxx xxx, x℃ 1 2 3 4	<屏幕显示 理论值	评价
1→发动机转速	861…945/min	……
2→加速踏板位置	0.0%	见表7-6
3→工况	010	见表7-7
4→冷却液温度	80℃…110℃	……

表7-6 002显示组显示区域2数据分析

-VAG1552显示	可能的故障原因	故障排除
1…100%	1. 加速踏板位置传感器-G79失效 2. -G79的线束断路	检查加速踏板位置传感器-G79

表7-7 002显示组显示区域3数据分析

			当显示位=1时,含义
X	X	X	工况
—	—	1	空调装置工作
—	1	—	怠速开关闭合(不踩加速踏板)
1	—	—	空调装置工作时转速升高

 任务五　电控柴油发动机常见故障诊断方法

一、电控柴油发动机不能起动及起动困难

柴油发动机要想正常起动必须具备以下几个条件:
① 足够的喷油压力与喷油量。
② 足量的空气。
③ 正确的喷油时刻。
④ 正常的气缸压缩压力。

第七章　电控柴油发动机的故障排除方法

通常某一工作条件异常便会引起发动机不能起动或起动困难。导致电控柴油发动机起动故障的因素较多，如起动系统、燃油喷射系统和发动机机械故障等。发动机机械故障应在排除了燃油喷射系统和电控燃油喷射系统的故障后再做进一步的检查。当出现不能起动或起动困难故障时，可按以下方法进行处理。

1）故障码的检查。检查有无故障码，若有，应按故障码内容进行检查。我们在修理过程中一定要记住故障码优先的原则。

2）发动机起动状态的检查。检查起动时发动机能否转动。

① 当起动时，起动机不转，应按起动系统故障原因进行检查。首先，检查蓄电池电压情况和极柱连接与接触情况。如果正常，则检查起动线路、熔断器及点火开关。如果起动时，起动机能转动而发动机不能转动，为起动机与发动机啮合部分故障。

② 当起动时，发动机转速正常，而发动机就是不起动，应对燃油喷射系统及进气系统分别进行检查。

③ 加速踏板线束的检查。脱开加速踏板线束，如此时发动机可以进入怠速运转，则说明加速踏板出现了故障。

4）进气系统的检查。重点检查进气管路有无漏气。

5）油路检查。检查油管的连接状态、燃油的品质、是否漏油等。

6）线束检查。线束连接是否有松动现象或插接不牢固的现象。

7）传感器的检查。检查传感器是否失效、线路松动或断裂，以及曲轴与凸轮轴的同步信号是否正常。

8）喷油器控制信号的检查。检查喷油器有无控制信号，若无控制信号，应检查熔断器、线路和ECU。若有控制信号，则应检查喷油器的喷雾情况是否正常。

二、发动机减速或自动熄火

发动机运行时放开加速踏板或在车辆行驶时自动熄火，其根本原因是发动机从非怠速至怠速时，怠速不易稳定，所以立即熄火。具体原因有加速踏板故障；曲轴位置传感器与凸轮轴位置传感器信号不同步；燃油油压故障；控制单元信号错误；喷油正时不正确等。重点检查从非怠速至怠速时的数值变化情况。

三、发动机动力不足或加速不良

发动机动力不足是指发动机无负荷运转时基本正常，但带负荷运转时加速缓慢，上坡无力，加速踏板踩到底仍感到动力不足，转速提高不多，达不到最高转速。

发动机加速不良是指踩下加速踏板后发动机转速不能马上升高，有迟滞现象或在加速过程中发动机转速有轻微的波动。

发动机动力不足或加速不良的原因有：燃油系统油压过高或过低；喷油器喷油不良；传感器信号错误；喷油量过小；喷油正时不正确；气缸压缩压力低；排气管堵塞等。

四、跛行回家

在某些不正常的情况下，如加速踏板传感器失效、曲轴和凸轮轴传感器失效、蓄电池电压过高、进气压力传感器失效，发动机故障指示灯将点亮，控制单元将控制发动机以较低的转速和较小的负荷运行，车辆可以慢速地开到附近的维修站，这就是"跛行回家"功能。

★★★ 任务六 实践总结 ★★★

一、五十铃汽车发动机动力不足故障排除

1. 故障现象

汽车行驶中发动机动力不足，最高车速为50km/h。

2. 故障分析与排除

接车后，首先检查柴油发动机燃油供给系统，发现柴油滤清器滤芯过脏，将滤芯用柴油清洗后再用，车辆行驶一段时间后又出现动力不足现象，最高车速降到40km/h。更换柴油滤清器并使用清洁柴油，使发动机动力恢复正常。

3. 故障总结

该车加注的柴油未经过充分沉淀，柴油中杂质多，使柴油滤清器滤芯堵塞，造成柴油滤清器供油不足，所以发动机动力降低。

二、锡柴国Ⅲ电控柴油机功率不足故障排除

1. 故障现象

锡柴国Ⅲ电控柴油机，起动发动机后，有抖动、声音异常、加速无力、排气管冒黑烟等故障症状。

2. 故障分析与排除

一般发动机声音异常或有抖动的情况，首先应考虑是否个别缸喷油器不工作或工作不良。可以先通过断缸试验，判别出工作不良的缸，然后检查到底是喷油器还是线束或油管的问题。如果是喷油器线束接触不良或断路引起，用诊断仪检测会有故障码的提示，等确定问题后再处理。

三、亚星客车一加油就熄火故障排除

1. 故障现象

一辆亚星客车，发动机怠速运转正常，运行一段时间后，一踩加速踏板就熄火，停车一段时间后，再次起动正常。此种现象已出现一月，为间歇性故障。

2. 故障分析

连接诊断仪读取故障码：0113（进气温度传感器值过高）；0016（同步信号出错）；0181（燃油温度不合理；0336（曲轴信号高频错误）。

对于0016（同步信号出错）和0336（曲轴信号高频错误）这两个故障码提示，首先怀疑曲轴位置传感器与凸轮轴位置传感器有脏污，影响传感器信号，于是将两传感器拆下进行清洁。结果起动发动机后故障码消失。

对于0113（进气温度传感器值过高）和0181（燃油温度不合理）两个故障码提示，先将冷却液温度传感器与燃油温度传感器进行调换，起动后，无故障码产生，测试油温、冷却液温度正常，所以判断燃油温度传感器无故障。

第七章 电控柴油发动机的故障排除方法

3. 故障排除

再次采集数据，发现实际油量比油门油量小很多，而且在空车踩加速踏板时油温上得很快，在发动机维持最高转速运行 10min 后，油温达到 93℃，因此认为油路有堵塞现象，给车辆更换柴油滤清器。再次跟车试验，没有再出现熄火现象，一切正常。后来服务站跟踪该车没再出现问题。

四、锡柴国Ⅲ柴油发动机起动困难故障排除

1. 故障现象

一辆装有锡柴国Ⅲ柴油发动机的汽车，起动机和发动机均有正常起动转速，但不着火；或者有时经过多次长时间的起动方可着火。

2. 故障分析与排除

接车之后，首先调取故障码，结果没有出现故障码，感觉应该不是电气方面的故障，根据经验，感觉这种故障很可能是燃油管路中有空气造成的。

排除燃油管路中的空气，故障得到彻底的排除。

3. 故障总结

锡柴国Ⅲ车采用共轨系统，油路排空空气相对困难一些，往往操作人员感觉到空气排除干净了，实际上还是没有彻底排干净。根据实际使用情况来看，应该松开高压泵回油螺栓来排空空气，必要时可松开高压油管，利用起动机带动发动机空转来排空空气；如果仅仅是松开燃油滤清器的放气螺钉来排空空气，可能不容易彻底排除燃油管路的空气，比较费力。

五、锡柴国Ⅲ柴油发动机不着火故障排除

1. 故障现象

一辆装有锡柴国Ⅲ柴油发动机的汽车，起动时，发动机有正常起动转速，但不着火。

2. 故障分析与排除

接车后，对机械方面进行了检查，结果一切都正常。于是进行故障码读取操作，发现有"冷却液温度传感器""共轨压力传感器""加速踏板位置传感器"等一些故障显示，清除故障码后，发动机顺利起动。

3. 故障总结

此车从机械方面检查均正常，估计是维修或操作人员对电控系统的接插件进行了带电插拔的操作。这样系统会产生故障码储存在 ECU 中，引发系统保护作用，限制一些功能甚至引起无法起动。

六、依维柯国Ⅲ共轨柴油机加速无力故障排除

1. 故障现象

一台依维柯国Ⅲ共轨柴油机，当柴油机转速达到 3500r/min 时，出现加速踏板发软，柴油机转速加不上去故障现象，同时故障指示灯闪亮。偶尔发动机转速能达到 4000r/min，但当转速下降后，故障指示灯自动熄灭，同时柴油机恢复正常。

2. 故障分析与排除

接车后，使用诊断仪读取故障码，故障码的含义为"负油压偏差"，这说明高压泵产生

的实际共轨压力与 ECU 标定的理论油压偏差过大，已无法跟踪。

出现这种故障一般是由高压泵故障和喷油器故障造成的。这两个元件一个是产生高压的元件，一个是释放油压的元件，两者在 ECU 的控制下可以实现柴油机各种工况下的最佳共轨燃油压力，所以两者任何一个出现故障都可能造成高压泵产生的实际共轨压力，与 ECU 设定的理论油压偏差过大和共轨压力不稳。

使用诊断仪观察数据流，在故障出现的柴油机转速 3500r/min 以下时，共轨燃油压力数值始终跟随共轨压力目标值；而当柴油机转速超过 3500r/min 以上时，共轨燃油压力数值明显低于共轨压力目标值，当达到 46.0MPa 时就难以继续提高了，这时柴油机故障指示灯也立刻闪亮，因此可以判断该车故障是 ECU 发现共轨燃油压力无法控制。同时由于故障出现时共轨燃油压力偏低，导致喷入气缸内的燃油减少，柴油机转速就加不上去，加速踏板自然发软。另外，结合故障现象分析，如果是喷油器泄压导致的共轨燃油压力数值低于共轨压力目标值（比如喷油器出现卡滞滴漏），此时的故障现象往往还伴随柴油机工作不稳定，而该车故障发生时，柴油机并无缺缸、工作粗爆、异响等运转不稳定现象，所以判断高压泵故障的可能性较大。更换高压泵后故障排除。

七、解放汽车无法起动故障排除

1. 故障现象

一辆解放汽车，发动机型号为 6DF3，采用博世高压共轨技术。起动发动机，起动机运转但无法起动，无故障码。

2. 故障排除

用户反映熄火后无法起动，经服务人员常规检查未发现异常，又检查了 1、2、3 缸喷油器并且更换了高压泵等零件，故障依然存在。后来经过工程师了解情况后指导直接外接第一缸喷油器，起动机器观察喷油器喷油情况，没有喷油，判断为共轨压力无法建立；进一步检查，通过逐缸断油（用高压油管做专用油管，一端断开电焊封死）起动，断到第四缸时，发动机顺利起动，证明该缸喷油器泄漏而无法建立共轨压力。更换此缸喷油器后，故障排除。

3. 故障总结

通过断缸的方法可以快速判断故障的大约位置，其实，也可以把 6 个喷油器全部外接，看哪个喷油器泄漏。服务人员开始只检查了 3 个缸的喷油器，而故障恰好出现在第 4 个喷油器上。

油品质量不符合要求往往会造成喷油器堵塞或泄漏，此车可能也是平时所用燃油品质不良引起的。

复习与思考

一、选择题

1. 用万用表检查导线的断路故障时，一般将万用表调到（　　）档位。
A. 直流电压档　　B. 电阻档　　C. 直流电流档　　D. 二极管档

2. 以下不是直观诊断法的是（　　）。
   A. 目测检查　　　B. 试车　　　C. 询问　　　　　D. 使用仪器对汽车进行检查
3. 当拔下某缸的喷油器插头后，如发动机的转速不变，说明该缸（　　）。
   A. 工作　　　　B. 不工作　　C. 不确定
4. 当读取数据时，如果快速踩下加速踏板，而与之匹配的节气门位置信号却不发生变化，则很可能是（　　）传感器或线路出现故障。
   A. 冷却液温度　　　　　　　B. 发动机转速
   C. 节气门位置　　　　　　　D. 车速
5. 通过排气尾气的颜色来判断故障的方法，我们称之为观察法，如排气管冒蓝烟可能是由于（　　）造成的。
   A. 有水进入发动机　　　　　B. 有机油进入发动机
   C. 混合气过浓　　　　　　　D. 混合气过稀

二、判断题

1. 在冬天起动柴油机时，如果打不着车，可以用明火烘烤油底壳。（　　）
2. 当发动机有故障码时，说明电控系统一定存在故障。（　　）
3. 使用柴油发动机时，需要定期更换三滤。（　　）
4. 读静态数据流时需接通点火开关，但不用起动发动机。（　　）
5. 打开点火开关，当发动机预热指示灯点亮时，可以起动发动机。（　　）

三、简答题

1. 柴油机汽车在使用过程中应注意哪些事项？
2. 基础的故障诊断方法有哪些？
3. 何谓数据流，数据流常用的分析方法有哪些？
4. 故障诊断的基本原则有哪些？
5. 电控柴油发动机故障诊断的一般程序是什么？

附录
捷达电控柴油车电路图

本电路适用于新内饰捷达柴油车，发动机代码为 AQM，1.9L 柴油发动机。

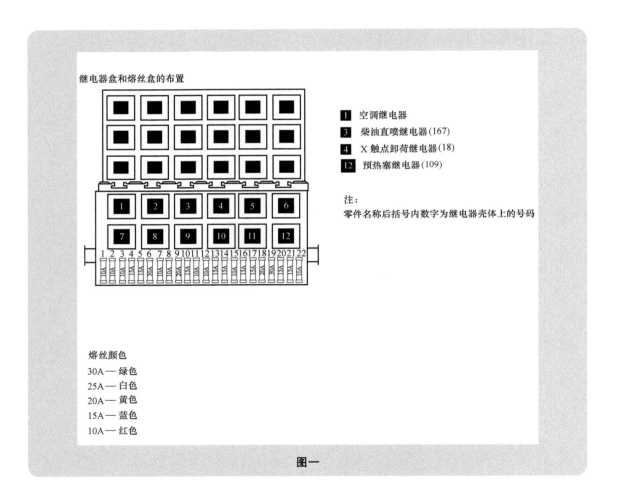

图一

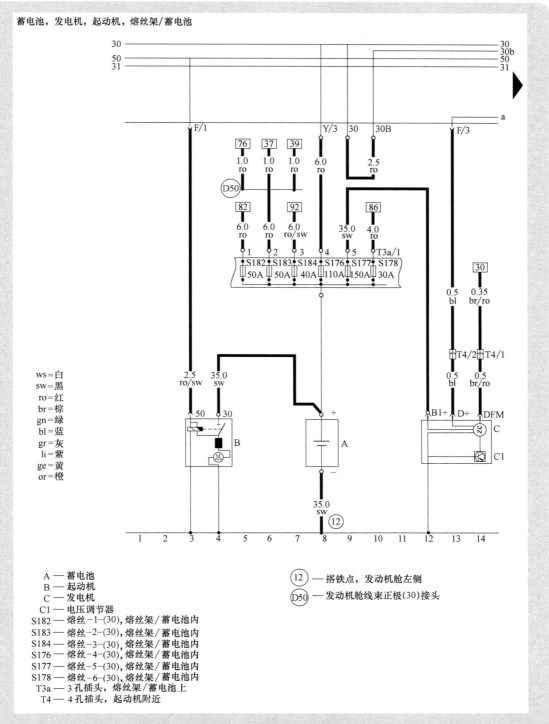

图二

电控柴油发动机结构原理与维修 第2版

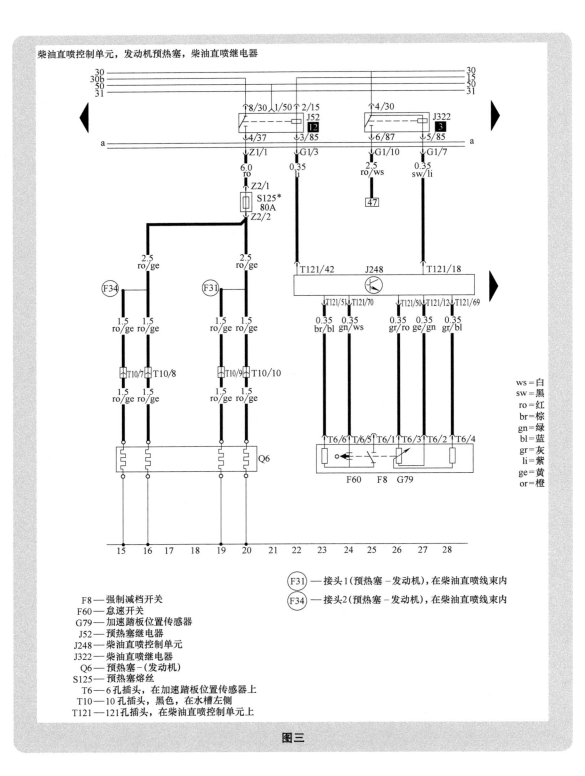

图三

附录　捷达电控柴油车电路图

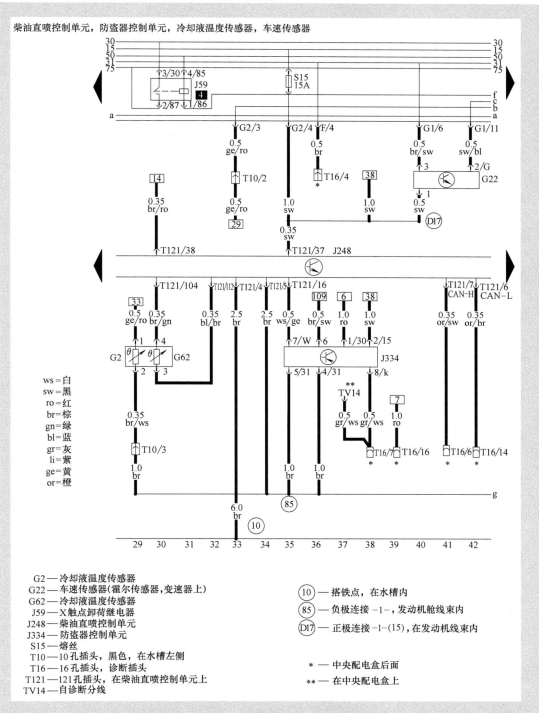

图四

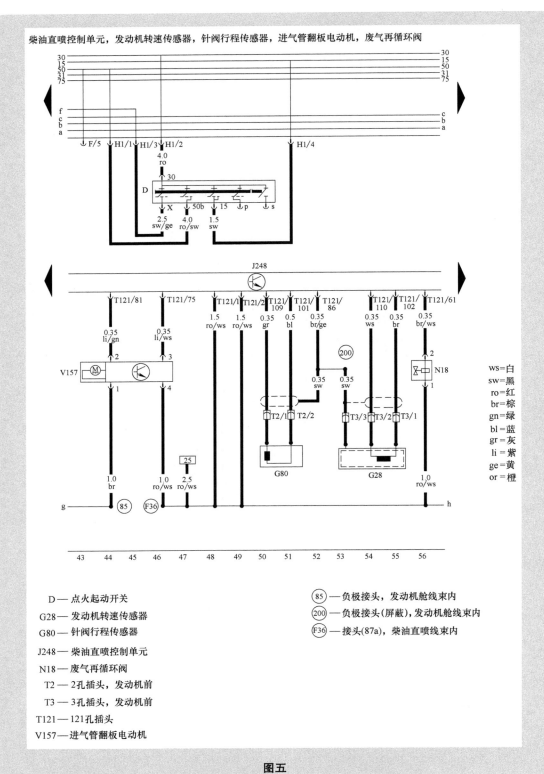

图五

附录 捷达电控柴油车电路图

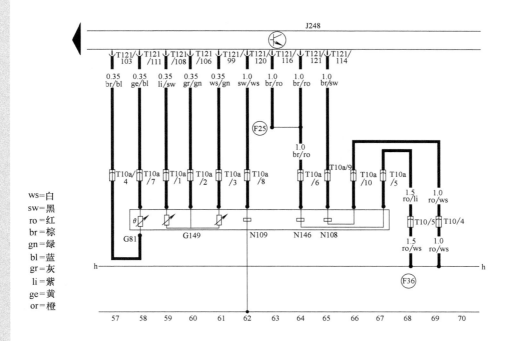

G81 — 燃油温度传感器
G149 — 调节滑块行程传感器
J248 — 柴油直喷控制单元,在水槽内
N108 — 始喷阀
N109 — 燃油切断阀
N146 — 油量调节器
T10 — 10孔插头,黑色,在水槽左侧
T10a — 10孔插头,在发动机前
T121 — 121孔插头,在柴油直喷控制单元上

F25 — 接头-1-,柴油直喷线束内
F36 — 接头(87a),柴油直喷线束内

图六

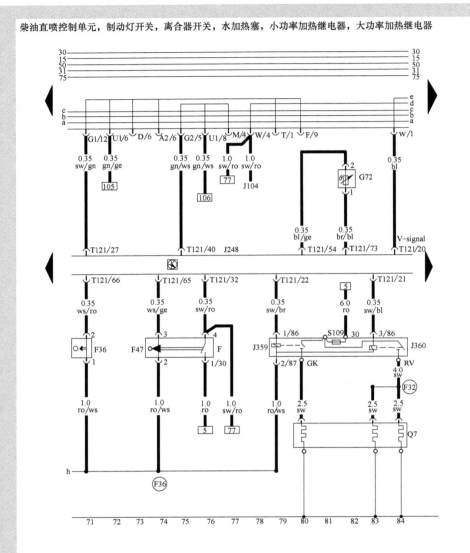

图七

附录 捷达电控柴油车电路图

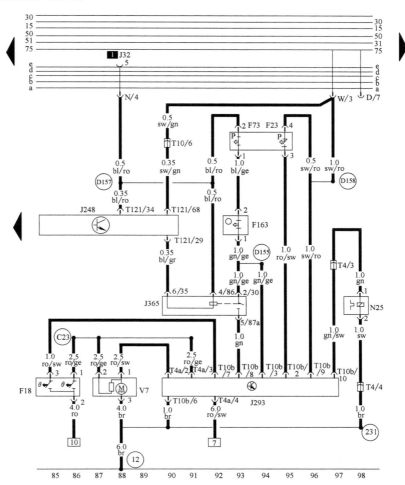

柴油直喷控制单元，空调系统，冷却风扇

ws=白
sw=黑
ro=红
br=棕
gn=绿
bl=蓝
gr=灰
li=紫
ge=黄
or=橙

F18—风扇温控开关
F23—空调高压开关
F73—空调低压开关
F163—空调切断温控开关
J32—空调继电器
J248—直喷控制单元
J293—冷却风扇控制单元
J365—空调切断继电器
N25—空调电磁离合器
T4—4孔插头,起动机附近
T4a—4孔插头,冷却风扇控制单元上
T10—10孔插头,黑色,在水槽内左侧
T10b—10孔插头,黑色,在风扇控制单元上
T121—121孔插头,在柴油直喷控制单元上
V7—冷却风扇

12 —接地点，在发动机舱左侧
231 —负极接头，在空调线束内
C23 —接头（风扇1档），在前照灯/空调线束内
D155 —接头1(空调压力开关)，发动机舱线束内
D157 —接头（打开空调），发动机舱线束内
D158 —正极接头(X)，发动机舱线束内

图八

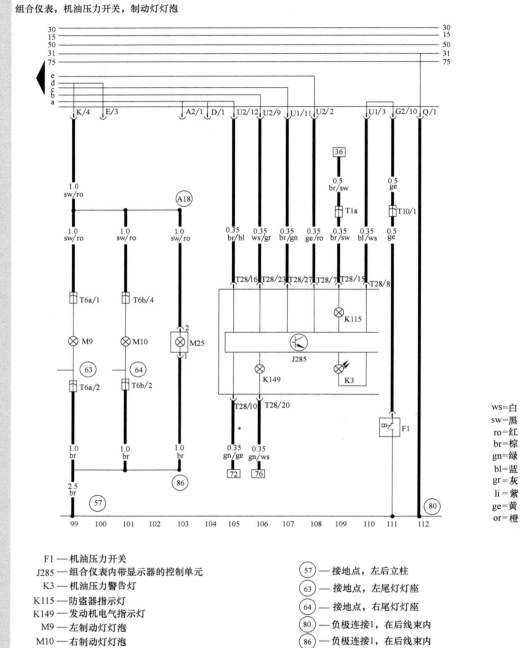

图九

参 考 文 献

[1] 张西振，田有为. 汽车柴油机电控技术 [M]. 北京：人民交通出版社，2007.
[2] 王永伦，杨晓波. 汽车发动机构造与检修 [M]. 武汉：华中科技大学出版社，2015.
[3] 周立平，周耀. 汽车发动机原理与检修 [M]. 武汉：华中科技大学出版社，2014.
[4] 张金柱，韩玉敏. 柴油发动机维修技术 300 问 [M]. 北京：化学工业出版社，2010.